IFRS

Entendendo e aplicando as normas internacionais de contabilidade

CB035480

Luiz Murilo Strube Lima

IFRS

Entendendo e aplicando as normas internacionais de contabilidade

SÃO PAULO
EDITORA ATLAS S.A. – 2010

© 2009 by Editora Atlas S.A.

1. ed. 2010 (3 impressões)

Capa: Leonardo Hermano
Composição: Set-up Time Artes Gráficas

Dados Internacionais de Catalogação na Publicação (CIP)
(Câmara Brasileira do Livro, SP, Brasil)

Lima, Luiz Murilo Strube
IFRS: entendendo e aplicando as normas internacionais de contabilidade/Luiz Murilo Strube Lima. -- São Paulo: Atlas, 2010.

Bibliografia.
ISBN 978-85-224-5748-9
eISBN 978-85-224-8164-4

1. Contabilidade 2. Finanças internacionais I. Título.

09-11526   CDD-657

Índice para catálogo sistemático:

1. Contabilidade internacional   657

TODOS OS DIREITOS RESERVADOS – É proibida a reprodução total ou parcial, de qualquer forma ou por qualquer meio. A violação dos direitos de autor (Lei nº 9.610/98) é crime estabelecido pelo artigo 184 do Código Penal.

Depósito legal na Biblioteca Nacional conforme Lei nº 10.994, de 14 de dezembro de 2004.

Impresso no Brasil/*Printed in Brazil*

Os direitos autorais deste livro foram doados para uma instituição sem fins lucrativos, que estimula boas práticas na relação de consumo.

Editora Atlas S.A.
Rua Conselheiro Nébias, 1384 (Campos Elísios)
01203-904 São Paulo (SP)
Tel.: (011) 3357-9144
www.EditoraAtlas.com.br

Agradeço aos meus pais pelo amor e carinho que sempre recebi e à minha esposa, Luciane, a quem dedico esta obra, por me inspirar e acompanhar nesta empreitada.

Sumário

Prefácio, xiii

1 **Introdução, 1**
    1.1   Normas internacionais de contabilidade, 1
    1.2   Princípios contábeis geralmente aceitos nos Estados Unidos, 3
    1.3   Convergência, 6
    1.4   *Securities and Exchange Commission* (SEC), 6
    1.5   Recomendações para a solução de problemas contábeis, 8

2 **Diferenças entre IFRS e US GAAP, 13**
    2.1   Adoção inicial, 13
    2.2   Pagamento com base em ações, 13
    2.3   Combinações de negócios, 15
    2.4   Contratos de seguros, 18
    2.5   Ativos de longo prazo mantidos para venda e operações descontinuadas, 18
    2.6   Exploração e avaliação de recursos minerais, 19
    2.7   Instrumentos financeiros, 19
    2.8   Reporte de segmentos, 22
    2.9   Apresentação das demonstrações financeiras, 23
    2.10 Estoques, 24
    2.11 Demonstrações de fluxos de caixa, 24
    2.12 Contratos de construção, 25
    2.13 Imposto de renda, 26
    2.14 Ativo imobilizado, 27
    2.15 *Leasing*, 28
    2.16 Reconhecimento de receita, 29
    2.17 Benefícios a empregados, 29
    2.18 Custos de captação, 30
    2.19 Consolidação, 32

viii IFRS: Entendendo e aplicando as normas internacionais de contabilidade · Strube Lima

2.20 Investimentos em associadas, 32

2.21 Economias hiperinflacionárias, 32

2.22 Lucro por ação, 33

2.23 *Impairment* de ativos fixos, 33

2.24 Provisões, passivos contingentes e ativos contingentes, 34

2.25 Ativos intangíveis, 36

3 Combinações de negócios, 37

3.1 Geral, 37

3.2 Escopo, 38

3.3 Identificando o adquirente e determinando a data de aquisição, 41

3.4 Ativos identificáveis adquiridos, passivos assumidos e NCI na adquirida, 42

3.5 *Goodwill* ou ganho por compra com barganha, 50

4 Instrumentos financeiros e custo amortizado, 57

4.1 Geral, 57

4.2 Método da taxa efetiva – *Bonds*, 58

4.3 Método da taxa efetiva – rendimentos variáveis, 60

5 Derivativos, 63

5.1 Geral, 63

5.2 Escopo, 65

5.3 Derivativos embutidos, 74

5.4 Contabilização de *hedge*, 79

5.5 Itens cobertos por *hedges*, 80

5.6 Instrumentos de *hedge*, 82

5.7 Relações de *hedge*, 85

5.8 *Hedge* de valor justo, 88

5.9 *Hedge* de fluxo de caixa, 90

5.10 *Hedge* de investimento líquido em operações estrangeiras, 93

6 Imposto de renda diferido, 95

6.1 Geral, 95

6.2 Diferenças temporárias × permanentes, 95

6.3 Reconhecimento de imposto de renda diferido, 98

6.4 Medição de imposto de renda diferido, 103

7 *Leasing*, 107

7.1 Geral, 107

7.2 Escopo, 112

7.3 Transferências de riscos e benefícios, 115

7.4 Composição dos pagamentos mínimos, 118

7.5 Taxa implícita, 119

7.6 Mudanças nos termos do contrato, renovação ou extensão, 121

7.7 Subarrendamentos, 123

7.8 *Sale-leaseback*, 124

8 Benefícios definidos, 129

8.1 Geral, 129
8.2 Obrigação com benefícios definidos, 130
8.3 Ativos do plano, 133
8.4 Ganhos ou perdas atuariais, 135
8.5 Contabilização, 138
8.6 Ativos sujeitos a reconhecimento, 141
8.7 Redução ou liquidação de planos de benefício definido, 148

9 Capitalização de custos de captação, 151

9.1 Geral, 151
9.2 Metodologia de capitalização, 155

10 Lucro por ação, 163

10.1 Geral, 163
10.2 Escopo, 163
10.3 LPA básico, 164
10.4 LPA diluído, 165

11 *Impairment*, 169

11.1 Geral, 169
11.2 Unidades geradoras de caixa, 171
11.3 Quando avaliar a recuperabilidade de um ativo, 176
11.4 Medindo o valor recuperável, 178
11.5 Reversão de perdas de *impairment*, 184

12 Provisão para abandono de ativos, 189

12.1 Geral, 189
12.2 Mudanças na provisão para abandono, 190
12.3 Obrigações condicionais de abandono de ativos, 194

13 IFRSs emitidos em 2009, 197

13.1 IFRS 9 – *Financial Instruments*, 197
13.2 Alterações do IFRIC 14, 210

14 Documentos para discussão e minutas emitidas em 2009, 213

14.1 Valor justo, 215
14.2 Instrumentos financeiros: classificação e medição, 221
14.3 Imposto de renda, 226
14.4 *Leasing*, 235
14.5 Benefícios definidos: adiantamentos e capitalização mínima, 241
14.6 Instrumentos financeiros: custo amortizado e *impairment*, 243

15 Pesquisas em *websites*, 245

15.1 IFRS, 245
15.2 US GAAP, 248

Apêndice A – Simbologia utilizada, 251

Apêndice B – Conversão das referências para o sistema de codificação, 253

Apêndice C – Listagem por assunto dos IFRS e categoria A da FAS 162, 263

Apêndice D – Listagem de interpretações sobre derivativos em US GAAP, 279

Apêndice E – Listagem de questões do guia de implementação do IAS 39, 287

Apêndice F – Listagem por assunto dos EITFs, 293

Anexo A – Itens monetários e não monetários, 309

Glossário, 315

Bibliografia, 321

Índice remissivo, 325

Principais abreviações

AcSEC	*Accounting Standards Executive Committee*
AICPA	*American Institute of Certified Public Accountants*
APB	*Accounting Principles Board*
ARB	*Accounting Research Bulletins*
ARO	*Asset Retirement Obligation*
CAP	*Committee on Accounting Procedure*
CGU	*Cash Generating Unit*
DIG	*Derivative Implementation Group*
DP	*Discussion Paper*
ED	*Exposure Draft*
EITF	*Emerging Issues Task Force*
EPS	*Earnings per Share*
FASB	*Financial Accounting Standards Board*
FIN	*FASB Interpretations*
FPI	*Foreign Private Issuer*
FSP	*FASB Staff Positions*
IAS	*International Accounting Standard*
IASB	*International Accounting Standards Board*
IASC	*International Accounting Standing Committee*
ICF	*Investimentos em Créditos Fiscais*
IFRIC	*International Financial Reporting Interpretations Committee*
IFRS	*International Financial Reporting Standard*
LAIR	Lucro Antes do Imposto de Renda
LPA	Lucro por Ação
LIFO	*Last In First Out*
NCI	*Non-Controlling Interest*
OCI	*Other Comprehensive Income*
P&D	Pesquisa & Desenvolvimento

QSPE	*Qualifying Special Purpose Entity*
SEC	*Securities and Exchange Commission*
SIC	*Standing Interpretations Committee*
SME	*Small and Medium-Sized Entities*
SOP	*Statements of Position*
SPE	Sociedade de Propósito Específico (ou *Special Purpose Entity*)
TVM	Títulos e Valores Mobiliários
UEPS	Último a Entrar Primeiro a Sair
US GAAP	*United States Generally Accepted Accounting Principles*
VIE	*Variable Interest Entity*
YTD	*Year to Date*

Prefácio

Como alguém pode se preparar para utilizar as normas internacionais de contabilidade, também chamadas *International Financial Reporting Standards* (IFRSs)? Existem, naturalmente, algumas barreiras aos que se dispõem a essa tarefa: (1) o idioma, para aqueles que não são fluentes na língua inglesa; (2) a ausência de literatura farta sobre o assunto; e (3) a necessidade de interpretar normas baseadas em princípios. Para muitos, isso representa uma mudança cultural profunda que se consolidará através de um processo de reeducação profissional. Os que estão se formando nesse novo contexto das normas internacionais precisam se assegurar de que serão capazes de atuar de maneira independente na aplicação das mesmas.

Em resumo, vários são os desafios, mas também várias são as oportunidades.

Esta obra tem como principal proposta servir de ferramenta no uso diário das normas internacionais de contabilidade, da seguinte forma:

i. em situações nas quais os IFRSs não possuem instruções sobre como devem ser aplicados (uma vez que são baseados em princípios), segue-se a premissa de que seria recomendável utilizar os requerimentos existentes nas normas americanas de contabilidade, também chamadas US GAAP (*United States Generally Accepted Accounting Principles*). Isso é apresentado na obra em questões-chave que, obviamente, representam apenas uma amostra do universo de dúvidas que surgem no uso das normas internacionais, mas que podem oferecer um conteúdo didático para um leitor que deseje realizar suas próprias pesquisas, posteriormente;

ii. em situações nas quais os IFRSs possuem instruções sobre como devem ser aplicados, mas que devido à linguagem utilizada acabam se tornando de difícil entendimento, procura-se nesta obra traduzir tais requerimentos utilizando-se uma forma diferente de apresentação, rica em recursos visuais (quadros e diagramas) e, quando possível, equações e condições de lógica. Novamente, isso é feito em questões-chave, em geral consideradas complexas e relevantes.

O Autor

1

Introdução

1.1 Normas internacionais de contabilidade

As Normas Internacionais de Contabilidade (*International Financial Reporting Standards* – IFRS) são pronunciamentos e interpretações adotadas pelo *International Accounting Standards Board* (IASB). Estas compreendem: (1) os *International Financial Reporting Standards* (IFRSs); (2) os *International Accounting Standards* (IAS); e (3) as interpretações produzidas pelo *International Financial Reporting Committee* (IFRIC) ou pelo seu antecessor, o *Standing Interpretations Committe* (SIC).[1]

> 📢 **Ponto de Atenção:** para fins de simplificação, nesta obra as referências feitas aos pronunciamentos existentes em IFRS e em US GAAP são apresentadas em notas de rodapé da seguinte forma: tipo de pronunciamento, número do pronunciamento e número do parágrafo consultado no pronunciamento. Exemplificando, o IAS 8.5 equivale ao parágrafo 5 do *International Accounting Standard* nº 8. Nos tópicos 1.1 e 1.2 deste capítulo introdutório, são dadas as explicações sobre as entidades emissoras dos pronunciamentos consultados na elaboração deste livro.

O IASB é uma organização internacional independente criada a partir da reformulação, ocorrida em 2001, do *International Accounting Standing Committee* (IASC), do qual herdou as responsabilidades técnicas e os IASs até então emitidos. Novos pronunciamentos emitidos pelo IASB passaram a se chamar IFRS, assim como as novas interpretações das normas internacionais, que de SIC passaram a se chamar IFRIC.

Tendo como missão o desenvolvimento, no interesse do público, de um conjunto único de normas internacionais de contabilidade de alta qualidade e compreensíveis para demonstrações financeiras de uso geral, o IASB está inserido em uma estrutura composta hoje pelas seguintes partes:

---

[1] IAS 8.5.

- IASC Foundation: os conselheiros do *International Accounting Standards Committee Foundation* (IASC Foundation) são responsáveis pela governança da estrutura da qual o IASB faz parte;[2]
- IASB: resumidamente, os conselheiros do IASB são responsáveis por todos os assuntos técnicos relativos aos IFRSs.[3] Além dos conselheiros, o IASB também conta com uma equipe (IASB Staff) que inclui um Diretor de Atividades Técnicas (*Director of Technical Activities*);[4]
- SAC: o *Standards Advisory Council* (SAC) consiste em um fórum através do qual o IASB pode realizar consultas;[5]
- IFRIC: o comitê interpretativo do IASB, anteriormente conhecido como *Standing Interpretations Committee* (SIC), foi rebatizado em 2001 como *International Financial Reporting Interpretations Committee* (IFRIC). O IFRIC interpreta a aplicação dos IFRSs a questões contábeis para as quais não há tratamento definido e que provavelmente resultariam em práticas divergentes ou não aceitáveis, na ausência de instruções bem definidas.[6]

As partes dessa estrutura se relacionam da maneira definida pela Constituição do IASC Foundation, conforme reproduzido na figura abaixo:[7]

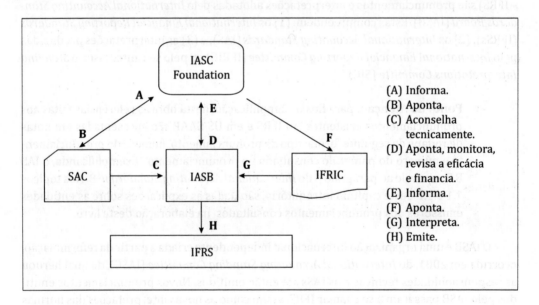

---

[2] IASC Foundation Constitution – fevereiro de 2009 (parágrafo 3).
[3] IASC Foundation Constitution – fevereiro de 2009 (parágrafo 37a).
[4] IASC Foundation Constitution – fevereiro de 2009 (parágrafo 48).
[5] IASC Foundation Constitution – fevereiro de 2009 (parágrafo 44).
[6] IASC Foundation Constitution – fevereiro de 2009 (parágrafo 43a).
[7] Baseada no guia "Who we are and what we do", sobre o IASC Foundation e o IASB.

Uma importante característica dos IFRSs é o reduzido uso de regras em seu conjunto de pronunciamentos e interpretações, o que faz com que sejam tidos como baseados em princípios (*Principles-Based*). É natural que, tendo como finalidade a aplicabilidade em diversos países, tais normas devem ser desprendidas de regras que poderiam causar distorções, em razão do contexto em que são utilizadas.

Presume-se que uma norma baseada em princípios seja escrita de tal forma que seu conteúdo restrinja o número de exceções à sua aplicação, tanto no momento de transição quanto posteriormente e ao seu escopo. Espera-se também que o número de guias interpretativos e de implementação seja reduzido ou inexistente.[8]

Essa abordagem diverge da praticada nas normas contábeis dos Estados Unidos, tidas como baseadas em regras (ou *rules-based*), ainda que elaboradas de acordo com uma estrutura conceitual básica.

1.2 Princípios contábeis geralmente aceitos nos Estados Unidos

Desde sua criação, em 1973, o *Financial Accounting Standards Board* (FASB) é a principal fonte de normas e interpretações que compõem os princípios contábeis aplicáveis ao setor privado nos Estados Unidos (*United States Generally Accepted Accounting Principles* – US GAAP). Faz parte do *Financial Accounting Foundation* (FAF), que é uma organização independente e sem fins lucrativos, com responsabilidades semelhantes às dos IASC Foundation.[9]

Anteriormente ao FASB, entre 1936 e 1959, os princípios contábeis norte-americanos eram definidos principalmente pelo *Committee on Accounting Procedure* (CAP), do *American Institute of Certified Public Accountants* (AICPA). Entre 1959 e 1973, isso passou a ser atribuição do *Accounting Principles Board* (APB), também parte do AICPA. Os pronunciamentos emitidos pelo FASB, pelo APB e pelo CAP são e foram, respectivamente, os *Statements of Financial Accounting Standards* – SFASs (ou FASs), os APB *Opinions* e os *Accounting Research Bulletins* (ARBs). Até junho de 2009, antes da emissão do FAS 168 (explicado a seguir), esse conjunto de normas pertencia ao topo da hierarquia dos princípios contábeis norte-americanos, definida no FAS 162[10]:

---

[8] FASB Proposal, Principles-Based Approach to U. S. Standard Setting (21.10.2002).

[9] Vide tópico 1.1.

[10] FAS 162.3.

	Pronunciamento	Fonte
Categoria A	• FAS • *FASB Interpretations* – FIN • *FASB Statement 133 Implementation Issues* – DIG Issues • *FASB Staff Positions* – FSPs • ARB e APB	• FASB • FASB • *Derivative Implementation Group* – DIG • FASB • CAP e APB
Categoria B	• *FASB Technical Bulletins* – FTB • *Industry Audit and Accounting Guides* – AAG e *Statements of Position* – SOP	• FASB • *Accounting Standards Executive Committee* – AcSEC do AICPA
Categoria C	• *Practice Bulletins* – PB • *Emerging Issues Task Force* – EITF • *Appendix D of EITF Abstracts* (EITF D – Topics)	• AcSEC • EITF • EITF
Categoria D	• *Implementation guides* (Q&A) • *Accounting Interpretations* – AIN • AAG e SOP a cuja emissão o FASB não se opôs • Práticas que sejam amplamente reconhecidas e prevalecentes, na indústria ou de maneira geral	• FASB • AICPA • AcSEC • N/A

Também faziam parte da categoria A da hierarquia dos US GAAP as Interpretações do FASB (*FASB Interpretations* – FINs); os *FASB Statement 133 Implementation Issues* (ou DIG Issues), que contêm esclarecimentos sobre a aplicação, em casos específicos, do FAS 133; e os *FASB Staff Positions* – FSPs, que serviam de guia interpretativo ou para que fossem feitas pequenas alterações nos pronunciamentos existentes, dentro de um processo mais arrojado.

A literatura das demais categorias servia para auxiliar na definição do tratamento que deveria ser aplicado em situações consideradas mais específicas (práticas de indústrias, transações raras etc.).

É interessante notar que: (1) caso um tratamento não fosse previsto por nenhuma referência das quatro categorias apresentadas anteriormente e (2) caso não existissem princípios contábeis aplicáveis a transações semelhantes que pudessem ser utilizados de forma análoga, seria permitido o uso de outros tipos de literatura contábil, a qual, de acordo com o parágrafo 5 do FAS 162, poderia incluir os IFRSs emitidos pelo IASB.

Nas normas internacionais de contabilidade, uma referência semelhante a outros princípios contábeis (não especificamente aos US GAAP) pode ser feita quando da definição de políticas contábeis para as quais não exista um IFRS que trate do assunto.[11] Na prática, o uso de US GAAP, na ausência de IFRSs que tratem de certas transações, tende a ser bastante apropriado devido às estruturas conceituais de ambos os princípios contábeis.

Com a emissão do FAS 168, toda a literatura apresentada anteriormente deixou de ser considerada referência oficial (*authoritative*) para fins de US GAAP. No lugar desta, passou a vigorar o sistema de Codificação dos Pronunciamentos Contábeis do FASB (*FASB Accounting Standards Codification*), que deve ser utilizado por entidades não governamentais que preparem demonstrações contábeis de acordo com US GAAP, para períodos encerrados após 15 de setembro de 2009.

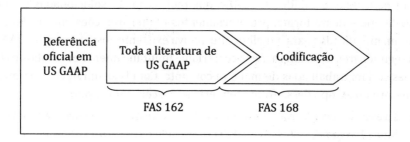

A codificação, no caso, reorganiza em uma única estrutura de tópicos e subtópicos toda a enorme quantidade de normas e interpretações existentes em US GAAP. Com isso, toda a literatura contábil nos Estados Unidos que não tenha sido emitida pela SEC e aplicável a entidades não governamentais passa a ser substituída pela sistema de codificação.[12]

    Ponto de Atenção: após a emissão do FAS 168, o FASB deixará de emitir novos pronunciamentos. No lugar destes, passará a emitir Atualizações dos Pronunciamentos Contábeis (*Accounting Standards Updates*), que servirão para modificar a literatura contida no Sistema de Codificação.

De maneira semelhante ao FAS 162, o FAS 168 também prevê a possibilidade de que as referências oficiais do sistema de codificação não sejam suficientes para a definição de tratamentos específicos em US GAAP. Nesses casos, e considerando-se que não existem transações similares cobertas pelo sistema de codificação, uma entidade pode utilizar referências não oficiais, que incluem as normas internacionais de contabilidade do IASB.[13]

---

[11] IAS 8.12-BC16.

[12] FAS 168.15.

[13] FAS 168.9-10.

1.3 Convergência

Apesar de ambos os princípios contábeis servirem mutuamente como fonte de referência para questões nas quais haja alguma carência normativa, ainda existem, entre IFRS e US GAAP, importantes diferenças de tratamento em diferentes áreas.

Tanto o FASB quanto o IASB trabalham para eliminar essas diferenças em um processo de convergência definido, entre outras formas, através de Memorandos de Entendimento (*Memorandums of Understanding* – MoUs) firmados por ambas as entidades em outubro de 2002[14] e em fevereiro de 2006. O segundo MoU serviu para que fossem ratificados os objetivos do primeiro.

O plano definido nos MoUs previa duas frentes de trabalho: (1) projetos de convergência de curto-prazo e (2) projetos conjuntos (*joint-projects*). Na primeira frente seriam atacadas diferenças menores entre IFRS e US GAAP, que pudessem ser solucionadas em um curto espaço de tempo – dessa forma, pronunciamentos e interpretações em um ou em outro GAAP seriam modificadas para a melhor alternativa existente, fosse ela em US GAAP ou em IFRS. Na segunda frente, as alterações ocorreriam simultaneamente em ambos os GAAPs e as soluções seriam trabalhadas de maneira conjunta. Com isso, um novo pronunciamento emitido dentro do escopo dessa frente tenderia a "nascer" convergido.

Graças a esse acelerado processo de convergência, tornou-se possível para uma empresa não americana (*Foreign Private Issuer* – FPI) registrada na *Securities and Exchange Commission* – SEC arquivar demonstrações financeiras em IFRS sem a necessidade de apresentar reconciliações para US GAAP.[15] De maneira recíproca, também foi aprovado pela Comissão Europeia o uso de demonstrações financeiras em US GAAP para registros em mercados regulados da União Europeia.[16]

1.4 *Securities and Exchange Commission* (SEC)

Tal como ocorre no Brasil, onde a Comissão de Valores Mobiliários (CVM) atua como agente regulador do mercado de títulos e valores mobiliários, também nos Estados Unidos esse papel é desempenhado por uma organização semelhante denominada SEC.

Criada com a aprovação do Ato de 1934 (*Securities Exchange Act of 1934*) pelo Congresso americano para restaurar a confiança de investidores após a Grande Depressão de 1929, a SEC possui a responsabilidade de: (1) interpretar leis federais sobre títulos e valores mobiliários; (2) emitir regras que regulem a indústria de títulos e valores mobiliários e alterar as que forem necessárias; (3) supervisionar inspeções de agentes do mercado; (4) supervisionar organizações privadas nos campos de títulos e valores mobiliários, contabilidade e

---

[14] Norwalk Agreement.

[15] SEC Rule 33-8879.

[16] Commission Regulation (EC) Nº 1289/2008.

auditoria; e (5) coordenar a regulação de títulos e valores mobiliários nos Estados Unidos com os governos federal e estaduais e com autoridades no exterior.

Em geral, títulos e valores mobiliários negociados nos Estados Unidos precisam ser registrados junto à SEC, bem como relatórios periódicos de empresas emissoras. Essas informações devem ser acompanhadas de demonstrações financeiras elaboradas de acordo com os princípios contábeis norte-americanos, havendo exceções no caso de FPIs, que podem utilizar IFRS ou reconciliar sua contabilidade local para US GAAP. Ainda que a SEC tenha a autoridade para definir esses princípios contábeis, essa função é delegada para o setor privado, hoje representado pela figura do FASB.

No entanto, a SEC acompanha o processo de elaboração de pronunciamentos em US GAAP e influencia a forma como os mesmos devem ser aplicados por empresas registradas na medida em que produz uma grande quantidade de interpretações sobre o assunto além de regras que definem o conteúdo de demonstrações financeiras.

Essas regras e interpretações podem ocorrer de diferentes formas, tais como:

- Regras (*Rules*) e regulamentações (*Regulations*) dentre as quais deve ser destacada a *Regulation S-X*, que centraliza os requerimentos de apresentação e divulgação de demonstrações financeiras registradas junto à SEC;

- *Financial Reporting Releases* (FRR): utilizados para emitir novas regras, emendar as existentes e formalizar a posição da SEC quanto a questões relacionadas às demonstrações financeiras. Anteriormente aos FRRs, foram utilizados com a mesma finalidade os *Accounting Series Releases* – ASR;

- *Staff Accounting Bulletins* (SAB): interpretações da equipe da SEC (*SEC Staff*) sobre requerimentos de contabilização e divulgação aplicados pela Divisão de Finanças Corporativas (*Division of Corporation Finance*) e pelo Departamento de Contabilidade da SEC (*Office of the Chief Accountant*);

- Opiniões da equipe da SEC na forma de referências (além dos SABs), tais como: (1) manual de práticas da SEC (*SEC Practices Manual*); (2) declarações da equipe da SEC (*SEC Staff Speeches*); cartas e guias para indústrias (*Industry Letters & Industry Guides*); e

- Opiniões expressadas em reuniões do EITF.

Não deveria ser considerado improvável que, com a aceitação do uso dos IFRSs por parte de FPIs em 2007 e em algum momento no futuro por empresas norte-americanas, as normas internacionais de contabilidade passem a ser influenciadas indiretamente por interpretações da SEC, especialmente se for levado em conta o ambiente regulatório e de litígios existente nos Estados Unidos, desfavorável a um uso intenso de julgamento na definição de políticas contábeis.[17]

---

[17] *Transcript of the Roundtable on IFRS in the U.S. Markets* (13.12.2007).

1.5 Recomendações para a solução de problemas contábeis

O objetivo neste tópico é oferecer algumas recomendações aplicáveis na solução de problemas relacionados à contabilização e divulgação em IFRS. De maneira geral, a definição de um tratamento contábil a ser aplicado a uma determinada transação ou evento não foge muito às escolhas feitas dentro de um modelo de tomada de decisão racional limitado, composto de seis passos:[18]

i. definição do problema;
ii. identificação de critérios para tomada de decisão;
iii. atribuição de pesos a cada um dos critérios;
iv. desenvolvimento de alternativas;
v. avaliação das alternativas; e
vi. escolha da melhor alternativa.

Quando um problema surge, presume-se que exista uma discrepância entre o estado atual e o estado desejado de algo. Definir a origem dessa discrepância seria equivalente a definir o problema. Havendo mais de uma alternativa para solucionar o mesmo, o tomador de decisão estabelece os critérios a serem utilizados no processo decisório. Com isso, determina o que é relevante decidir, com base nas suas preferências. Esses critérios, no entanto, podem ser relativamente mais ou menos importantes entre si, o que torna necessário que o tomador de decisão atribua pesos aos mesmos.

Além de determinar os critérios a serem utilizados, o tomador de decisão precisa ter conhecimento de todas alternativas possíveis para solucionar o problema. Uma vez que essa informação se encontra disponível, é possível classificar as alternativas de acordo com os critérios estabelecidos e selecionar a que oferece a melhor solução. Esta mecânica é demonstrada na figura a seguir:

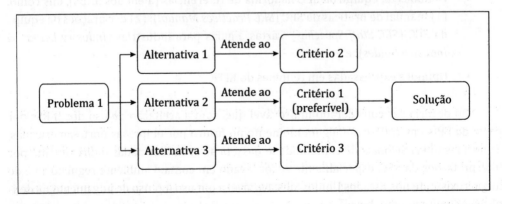

---
[18] ROBBINS, Stephen P. *Comportamento organizacional*. 11. ed. São Paulo: Pearson Prentice Hall, 2005.

No uso rotineiro de IFRS para elaboração de demonstrações financeiras, fontes potenciais de problemas incluem transações (ou eventos) não usuais ocorridas numa entidade ou a emissão de novos IFRSs que modifiquem a forma como determinados tratamentos contábeis são aplicados. A garantia de que essas situações serão identificadas dependerá da qualidade dos controles internos existentes em uma entidade e de quão adaptados estes são para atender às normas internacionais.

Um problema, portanto, surgiria da necessidade de se definir um tratamento em IFRS, em casos nos quais:

- não há, no IFRS aplicável, instruções suficientes para que a transação seja contabilizada (conforme mencionado anteriormente,[19] as normas internacionais são baseadas em princípios, deixando espaço livre a ser preenchido pela capacidade lógica e interpretativa do preparador de demonstrações financeiras); ou
- não há IFRS aplicável à transação.

Para solucionar um problema dessa natureza, o preparador das demonstrações financeiras deve buscar alternativas de acordo com os seguintes critérios permitidos, cujos pesos são definidos pelo IAS 8 (parágrafos 10 a 12):

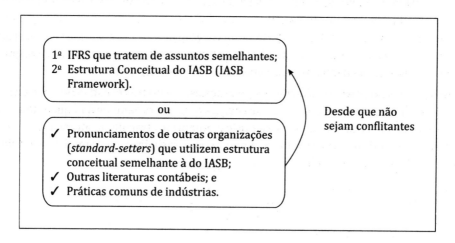

Dentre as opções acima, um critério recomendável é o uso de US GAAP devido a fatores tais como a extensa quantidade de referências disponíveis, a proximidade com as normas internacionais e o processo de convergência existente de ambos os princípios contábeis. Empresas registradas junto à SEC contariam ainda com a vantagem de adotarem soluções mais robustas e menos sujeitas a questionamentos.

De qualquer forma, sejam quais forem os critérios escolhidos por uma entidade e, independentemente de pesos adicionais que a mesma possa ter definido para estes, são

---

[19] Vide tópico 1.1.

necessários recursos para o desenvolvimento de alternativas viáveis que gerem uma solução satisfatória. Exemplos desses recursos incluem:

- tempo;
- domínio de inglês, pois esse é o idioma no qual as normas internacionais e demais literaturas relevantes são elaboradas; e
- experiência acumulada, a qual pode tanto já existir na entidade como ser obtida através de consultores externos, treinamento, *benchmarks* e acessos a fontes de consulta.[20]

Em um modelo de tomada de decisão racional perfeito, o tomador de decisões disporia de recursos ilimitados, empregados na obtenção de pleno conhecimento dos critérios e alternativas disponíveis e de seus possíveis resultados. Outras premissas de um modelo perfeito incluem:

- clareza do problema: essa premissa prevê a inexistência de ambiguidades no problema, o que qualquer profissional experiente concordaria em afirmar tratar-se de algo incomum em casos nos quais, por exemplo, um elevado grau de subjetividade da administração é necessário (ex.: cálculo de valor justo em casos nos quais não há mercado ativo);
- clareza das preferências e preferências constantes: deve ser possível classificar os critérios e alternativas definidos para a solução de um problema por grau de importância, o qual deve ser estável ao longo do tempo;
- retorno máximo: o tomador de decisões escolherá a alternativa ótima, o que para o preparador das demonstrações financeiras corresponderia àquela que resultasse em informações sobre a posição financeira (incluindo alterações) e *performance* de uma entidade de tal maneira que os usuários das demonstrações financeiras pudessem, por sua vez, tomar decisões ótimas.[21]

Restrições ao atendimento das premissas levam a uma limitação da racionalidade no processo decisório. Com isso, ao invés da decisão ótima, obter-se-ia uma decisão considerada apenas satisfatória pela entidade.

Nosso modelo de tomada de decisão racional limitado também pode ser prejudicado por erros e vieses, relacionados à natureza do ser humano. Alguns exemplos incluem:

- viés de excesso de confiança: tendência, por exemplo, de que o elaborador das demonstrações financeiras superestime seu conhecimento das alternativas e resultados possíveis para um tratamento contábil. Em geral, sempre há algo novo que possa ser aprendido, mesmo para o mais experiente profissional;

---

[20] Vide tópico 15.1.

[21] *Framework for the Preparation and Presentation of Financial Statements* – par. 12.

- viés de ancoragem: tendência de fixação na primeira opção analisada, dificultando ajustes necessários diante de informações posteriores;
- viés de confirmação: tendência de buscarmos dados que confirmem nossas opiniões e evitar aqueles que as contestem. Com isso, a busca por informação ocorre de maneira seletiva, e não objetivamente;
- viés da disponibilidade: tendência de uso de informação mais disponível (armazenada na memória) para chegar a conclusões que podem não ser realistas;
- escalada do comprometimento: tendência, em uma sequência de decisões, de que o rumo traçado seja mantido mesmo que novas informações indiquem tratar-se de um erro.

ⓘ **Insight 1 – Resumo:** a figura a seguir resume a relação entre o modelo de tomada de decisão racional e o uso de IFRS:

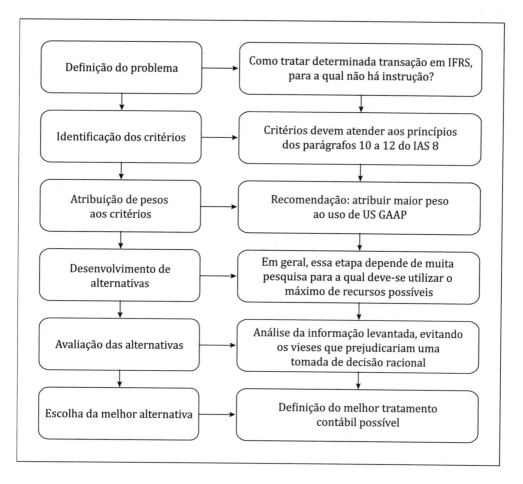

Diferenças entre IFRS e US GAAP

A seguir são resumidas algumas das principais diferenças entre IFRS e US GAAP. Espera-se que sua consulta, quando necessária, facilite a identificação de situações nas quais seja viável a aplicação de US GAAP a uma determinada transação para a qual não exista um IFRS aplicável.

- **Ponto de Atenção:** a lista a seguir não é exaustiva e podem existir diferenças de prática não cobertas. Recomenda-se ao leitor que consulte também *websites* das empresas de auditoria conhecidas como "*Big Four*", onde disponibilizam comparativos em IFRS e US GAAP. Vide tópico 15.1.
- **Ponto de Atenção:** atentar para alterações que podem ocorrer tanto em IFRS quanto em US GAAP, impactando consequentemente o conteúdo da lista apresentada a seguir. Algumas mudanças previstas são apresentadas no Capítulo 13 e algumas mudanças possíveis são apresentadas no Capítulo 14.

2.1 Adoção inicial

IFRS: deve ser aplicado o IFRS 1 quando uma entidade adota os IFRS pela primeira vez. Resumidamente, aplicação retroativa da maioria dos pronunciamentos é requerida com algumas isenções e exceções.

US GAAP: não há normativo específico para o assunto.

2.2 Pagamento com base em ações[1]

- Data de medição para pagamentos com base em ações feitos a terceiros (*non-employees*):

---

[1] FAS 123-R.B259.

IFRS: é a mesma data de medição utilizada para empregados.

US GAAP: dentre as duas datas deve ser utilizada a mais breve: data em que o comprometimento de *performance* é obtido da contraparte ou data em que a *performance* é concluída.

- Plano de compra de ações por parte de empregados:

IFRS: pagamentos com base em ações dentro do escopo do IFRS 2 incluem aqueles feitos como parte de planos de compra de ações por parte de empregados (*employee share purchase plans*).

US GAAP: há, de acordo com o FAS 123-R, uma exceção no caso de planos que oferecem um desconto de 5% a empregados, não estendido aos demais detentores da mesma classe de ações.

- Opções de ações concedidas (*granted*) por entidades fechadas:

IFRS: medidas da mesma forma que opções de ações concedidas por entidades abertas.

US GAAP: semelhante ao IFRS, exceto quando não é praticável para a entidade fechada estimar de maneira razoável a volatilidade esperada no preço de suas ações.

- Modificações do Tipo III (de improvável para provável):

IFRS: se o valor justo por prêmio (*award*), após a modificação, for menor do que antes, o reconhecimento de despesa (*compensation cost*) é baseado no valor justo original.

US GAAP: de acordo com o FAS 123-R, o reconhecimento da despesa após a modificação é feito com base no novo valor justo.

- Medição de imposto de renda diferido ativo:

IFRS: imposto de renda diferido ativo é reconhecido apenas quando as opções de ações tiverem valor intrínseco que possa ser dedutível para fins fiscais.

US GAAP: imposto de renda diferido ativo deve ser reconhecido com base no valor justo do prêmio na data em que as opções de ações forem concedidas.

- Método com base em portfólio (*portfolio aproach*):

IFRS: o IFRS 2 requer um método com base nos instrumentos individuais (*individual instrument approach*).

US GAAP: requerido para determinar o excesso de benefício fiscal de determinados prêmios, disponível para compensação com baixas de imposto de renda diferido ativo.

Diferenças entre IFRS e US GAAP **15**

- Reconhecimento de benefícios fiscais relativos a pagamentos com base em ações.[2]

  IFRS: o benefício fiscal que exceder a despesa cumulativa com remuneração deve ser reconhecido diretamente no patrimônio líquido. O que não exceder deve ser reconhecido no resultado.

  US GAAP: exceto em determinadas situações, o excesso de benefício fiscal também deve ser reconhecido no patrimônio líquido. O que não exceder deve ser reconhecido no resultado a menos que exista saldo de benefícios excedentes acumulados no patrimônio líquido.

2.3 Combinações de negócios[3]

- Exceção de escopo para entidades sem fins lucrativos:

  IFRS: não há, necessariamente, no IFRS 3-R (revisado em janeiro de 2008), uma exceção de escopo para combinações de negócios envolvendo entidades sem fins lucrativos.

  US GAAP: o FAS 141-R exclui de seu escopo combinações de negócios envolvendo entidades sem fins lucrativos.

- Definição e identificação do adquirente:

  IFRS: o IFRS 3-R não possui uma exceção para o caso de beneficiários primários de VIEs, pois esse conceito não existe em IFRS.[4] Devem ser utilizados os critérios de controle do IAS 27 para definir o adquirente.

  US GAAP: caso ocorra uma combinação de negócios envolvendo o beneficiário primário de uma entidade de participação variável (*Variable Interest Entity* – VIE),[5] este será considerado o adquirente.

- Definição de controle:

  IFRS: controle é definido de acordo com o parágrafo 4 do IAS 27.

  US GAAP: controle é definido de acordo com o parágrafo 2 do ARB 51 e interpretação do FIN 46-R.

- Definição de valor justo:

---

[2] IAS 12.68A-C e FAS 123-R.62-63.

[3] Foram consideradas as versões do FAS 141 e do IFRS 3 revisadas em dezembro de 2007 e janeiro de 2008, respectivamente. FAS 141-R.G1.

[4] Vide diferenças sobre Sociedades de Propósito Específico – SPEs no tópico 2.19.

[5] FIN 46-R.15.

IFRS: valor justo é definido de acordo com o apêndice A do IFRS 3-R.[6]

US GAAP: valor justo é definido de acordo com o parágrafo 5 do FAS 157.

- Arrendamento mercantil (*leasing*) operacional:

  IFRS: na aquisição de uma empresa arrendadora em um *leasing* operacional, a adquirente deve considerar os termos do contrato de *leasing* quando da medição do valor justo do ativo arrendado.

  US GAAP: na aquisição de uma empresa arrendadora em um *leasing* operacional, a adquirente deve considerar os termos do contrato de *leasing*, em relação ao mercado, para definir se registra um ativo intangível ou um passivo. O ativo arrendado é medido separadamente.

- Reconhecimento inicial de participação não controladora (*Non-Controlling Interest* – NCI) na adquirida:

  IFRS: NCI pode ser medido a valor justo ou com base em sua participação proporcional sobre os ativos líquidos identificáveis.

  US GAAP: NCI deve ser medido a valor justo.

- Divulgação de NCI na adquirida:

  IFRS: deve divulgar qual opção foi utilizada para medição do NCI no reconhecimento inicial. Se o NCI tiver sido medido a valor justo, deve ser divulgada a metodologia de avaliação e os principais dados utilizados.

  US GAAP: deve ser divulgada a metodologia de avaliação e os principais dados utilizados.

- Reconhecimento inicial de ativos e passivos gerados por contingências:

  IFRS: o adquirente deve reconhecer um passivo contingente assumido em uma combinação de negócios se existir uma obrigação presente oriunda de eventos passados e se o valor justo puder ser medido de maneira confiável.

  US GAAP: devem ser reconhecidas apenas contingências contratuais, medidas a valor justo na data de aquisição. Para as demais contingências deve ser aplicado, na data de aquisição, o critério de "mais provável do que não" (*more-likely-than-not*).

- Medição subsequente de ativos e passivos gerados por contingências:

  IFRS: o passivo contingente deve ser medido com base no maior valor entre: (1) o montante que seria reconhecido de acordo com o IAS 37 e (2) o montante reconhecido inicialmente reduzido de amortização acumulada de acordo com o IAS 18.

---

[6] Atentar para mudanças na medição a valor justo em IFRS. Vide tópico 14.1.

US GAAP: ativos e passivos contingentes adquiridos, que pertenceriam ao escopo do FAS 5 em situações que não uma combinação de negócios, devem ser mantidos a valor justo da data de aquisição a menos que surjam novas informações sobre possíveis resultados da contingência. Nesse caso, deve ser aplicada a metodologia do parágrafo 62 do FAS 141-R.

- Divulgação de ativos e passivos gerados por contingências:

  IFRS: IFRS 3-R baseia a divulgação de contingências nos requerimentos do IAS 37.

  US GAAP: FAS 141-R define requerimentos de divulgação.

- Guia para reconhecimento de contingências não contratuais:

  IFRS: devido à diferença, em relação ao FAS 141-R, no reconhecimento inicial de ativos e passivos gerados por contingências, o IFRS 3-R não possui guia para a aplicação do critério de "mais provável do que não".

  US GAAP: o FAS 141-R fornece um guia para aplicação do critério de "mais provável do que não".

- Exceções aos princípios de reconhecimento e medição de ativos e passivos:

  IFRS: o IFRS 3-R possui exceções semelhantes às do FAS 141-R.

  US GAAP: o FAS 141-R (parágrafos 26 a 28) prevê exceções aos princípios de reconhecimento e medição nos casos de ativos e passivos contabilizados de acordo com outros pronunciamentos em US GAAP.

- Trocas de planos de pagamentos com base em ações:

  IFRS: devem ser contabilizadas de acordo com o IFRS 2. Pode haver diferença em relação à US GAAP, dependendo do caso.[7]

  US GAAP: devem ser contabilizadas de acordo com o FAS 123-R.

- Classificação de pagamentos contingentes:

  IFRS: pagamento contingente pode ser classificado como ativo, passivo ou patrimônio dependendo do IFRS aplicável. Isso pode gerar diferenças de contabilização em relação ao pronunciamento aplicável em US GAAP.

  US GAAP: idem ao mencionado sobre IFRS.

- Divulgação de ágio por expectativa de rentabilidade futura (*goodwill*) por segmento em cada combinação de negócios significativa (ou combinações imateriais que agregadas tornam-se materiais):

  IFRS: não é requerido.

---

[7] Vide diferença sobre Modificações do Tipo III no tópico 2.2.

US GAAP: requerido, caso a nova entidade precise divulgar informações segmentadas de acordo com o FAS 131.

- Divulgação de informações *pro forma*:

IFRS: sem exceções de divulgação para determinados adquirentes. Também não há requerimentos de divulgação de informação *pro forma* de parte do resultado comparativo da nova entidade (*revenues and profit or loss*).

US GAAP: divulgação de informações *pro forma* é requerida apenas para entidades abertas. É requerida a divulgação de informação *pro forma* de parte do resultado (*revenues and earnings*) comparativo da nova entidade.

- Divulgação sobre ganhos ou perdas reconhecidas no período relativas a ativos e identificáveis ou passivos assumidos em uma combinação de negócios ocorrida e que sejam relevantes ao entendimento das demonstrações financeiras da nova entidade:

IFRS: requer esse tipo de divulgação.

US GAAP: não requer esse tipo de divulgação.

2.4 Contratos de seguros

- Geral:

IFRS: o IFRS 4 permite que políticas contábeis definidas de acordo com as práticas contábeis de cada país sejam mantidas, ou seja, oferece uma exceção à aplicação do IAS 8. Também contém pouca instrução sobre como contratos de seguros devem ser contabilizados.

US GAAP: há vasta literatura sobre contabilização de contratos de seguros.

- Derivativos embutidos em contratos de seguros:

IFRS: se o derivativo embutido atingir a definição de contrato de seguro, não precisa ser contabilizado a valor justo separadamente do contrato principal (*host contract*).[8]

US GAAP: derivativos embutidos com determinadas características devem ser contabilizados separadamente do contrato principal.

2.5 Ativos de longo prazo mantidos para venda e operações descontinuadas[9]

- Escopo:

---

[8] IFRS 4.7-9.

[9] IFRS 5.BC85.

Diferenças entre IFRS e US GAAP **19**

IFRS: o escopo do IFRS 5 é impactado por outros IFRSs.

US GAAP: o escopo do FAS 144 é impactado por outros pronunciamentos em US GAAP.

- Medição quando da classificação inicial como mantido para venda:

IFRS: ajustes acumulados de tradução permanecem no patrimônio líquido até que o ativo mantido para venda seja liquidado.

US GAAP. ajustes acumulados de tradução são reclassificados do patrimônio líquido para o ativo mantido para venda quando o mesmo passa a ser classificado dessa forma.

- Definição de operação descontinuada:

IFRS: definição é mais restritiva do que a do FAS 144.

US GAAP: definição é menos restritiva do que a do IFRS 5.

- Apresentação de operações descontinuadas na demonstração de resultados:

IFRS: apenas o lucro ou prejuízo pós-imposto deve ser apresentado na demonstração de resultados. Abertura dessa informação na demonstração de resultados é permitida. Se essa opção não for utilizada, a abertura deverá ser feita nas notas explicativas.

US GAAP: lucro ou prejuízo pré e pós imposto devem ser apresentados na demonstração de resultados. Não é requerida abertura adicional.

2.6 Exploração e avaliação de recursos minerais

- Geral:

IFRS: o IFRS 6 permite que políticas contábeis definidas de acordo com as práticas contábeis de cada país sejam mantidas, ou seja, oferece uma exceção à aplicação do IAS 8. Também contém pouca instrução sobre como atividades de exploração e avaliação de recursos minerais devem ser contabilizadas.

US GAAP: há vasta literatura sobre o assunto.

2.7 Instrumentos financeiros

- Contratos que requeiram pagamentos com base em variáveis climáticas, geológicas ou físicas:[10]

---

[10] IAS 39.AG1 e FAS 133.10e.

IFRS: fazem parte do escopo do IAS 39, desde que não estejam sujeitos aos requerimentos do IFRS 4.

US GAAP: não fazem parte do escopo do FAS 133.

- Designação de posições vendidas em opções como instrumentos de *hedge*:[11]

  IFRS: permitida na medida em que cobre os riscos de uma posição comprada numa opção (sem que resulte em uma *net written option*).

  US GAAP: permitida desde que a combinação da opção com o item coberto proporcione, no mínimo, tanto potencial de ganho como exposição a perdas.

- Múltiplos derivativos embutidos:[12]

  IFRS: são, geralmente, tratados como um único instrumento composto.

  US GAAP: devem ser tratados como um único instrumento composto.

- Critérios para classificação de instrumentos financeiros como derivativos.[13]

  IFRS: é requerido que o instrumento financeiro seja liquidado em uma data futura. Liquidação do tipo *net settlement* é necessária em situações específicas.

  US GAAP: o instrumento deve requerer ou permitir a ocorrência de liquidação do tipo *net settlement*.

- Custos de transação:[14]

  IFRS: apresentados como parte do instrumento financeiro e amortizados pelo método da taxa efetiva (*effective interest method*).

  US GAAP: apresentados como gastos diferidos e amortizados pelo método linear.

- Opção pelo valor justo (*fair value option*):[15]

  IFRS: a opção pelo valor justo é sujeita a determinados critérios de qualificação e o conjunto de instrumentos financeiros ao qual se aplica difere do previsto pelo FAS 159.

  US GAAP: o FAS 159 não possui os critérios de qualificação do IAS 39 e tem aplicação a um conjunto diferente de instrumentos financeiros.

- Classificação de instrumentos financeiros compostos:

---

[11] IAS 39.77 e FAS 133.20c.

[12] IAS 39.AG29 e DIG Issue B15.

[13] IAS 39.9 e FAS 133.6c.

[14] IAS 39.AG67 e APB 21.

[15] FAS 159.A51.

IFRS: os componentes de passivo e patrimônio de um instrumento financeiro não derivativo devem ser segregados e classificados como passivo financeiro, ativo financeiro ou parte do patrimônio, de acordo com o IAS 32.

US GAAP: o instrumento financeiro deve ser classificado como dívida de acordo com o FAS 150.

- Investimentos em participações sem cotação em mercado ativo:

IFRS: medido a valor justo se isso puder ser feito de maneira confiável. Caso contrário, medido a custo.[16]

US GAAP: medido a custo.

- Deixando de reconhecer (*derecognition*) ativos financeiros:

IFRS: deve ser feita, primeiro, uma análise para verificar se os riscos e benefícios dos ativos ainda são retidos pela entidade. Caso não seja possível concluir dessa forma, faz-se uma análise com base no controle.

US GAAP: é dada maior importância à transferência de controle. Há um critério de isolamento legal do ativo (fora do alcance do transferidor e seus credores).[17]

- Deixando de reconhecer ativos financeiros no caso de Entidades de Propósito Específico Qualificadas (*Qualifying Special Purpose Entities* – QSPEs):

IFRS: esse conceito não existe em IFRS.

US GAAP: permitido pelo FAS 140.

- Contabilidade de *hedge* (*hedge accounting*) no caso de *hedge* de termos parciais (*parcial-term hedges*):

IFRS: permitido caso a eficácia possa ser comprovada.[18]

US GAAP: proibido.[19]

- Assumindo a eficácia perfeita de um *hedge* (*shortcut method*):

IFRS: proibido. O teste de eficácia precisa ser feito.[20]

US GAAP: permitido se atender aos critérios do parágrafo 68 do FAS 133.

---

[16] IAS 39.46c.

[17] FAS 140.9a.

[18] IAS 39.81.

[19] FAS 133.432-436.

[20] IAS 39.BC132-BC134.

- *Hedge* de transações futuras que resultam no reconhecimento de um ativo ou passivo não financeiro:[21]

  IFRS: uma entidade pode: (1) realizar um ajuste no montante inicial do ativo ou passivo (*basis adjustment*) ou (2) reter o ganho ou perda do *hedge* no patrimônio líquido, reclassificando para o resultado quando este for afetado pelo ativo ou passivo.

  US GAAP: somente o segundo método é permitido.

- Macro *hedging*:

  IFRS: permite a designação de *hedge accounting* para *hedges* de risco em portfólios de taxa de juros.[22]

  US GAAP: proíbe a designação de *hedge accounting* para portfólios de itens não similares.[23]

- Reversão subsequente de perdas de recuperabilidade (*impairment*):

  IFRS: requerido para títulos mantidos até o vencimento (*held-to-maturity*) e títulos disponíveis para a venda (*available-for-sale*) se determinados critérios forem atendidos.[24]

  US GAAP: proibido.

- Divulgações específicas sobre: (1) significância dos instrumentos financeiros para posição financeira e *performance* de uma entidade e (2) natureza e extensão dos riscos oriundos dos instrumentos financeiros:

  IFRS: informações dessa natureza são requeridas pelo IFRS 7.

  US GAAP: não há um pronunciamento específico em US GAAP com escopo semelhante ao do IFRS 7. O FAS 163 requer divulgações que buscam convergir com as requeridas para derivativos no IFRS 7 e empresas registradas na SEC também divulgam algumas informações semelhantes às do IFRS 7.

2.8 Reporte de segmentos[25]

- Definição de ativos de longo prazo:

  IFRS: inclui ativos intangíveis.

  US GAAP: aparentemente, exclui ativos intangíveis.

---

[21] FAS 133.377 e IAS 39.IN24.

[22] IAS 39.IN24.

[23] FAS 133.443.

[24] IAS 39.70.

[25] IFRS 8.BC60.

Diferenças entre IFRS e US GAAP **23**

- Divulgação de passivos segmentados:

  IFRS: requer esse tipo de divulgação se a mesma for apresentada regularmente ao responsável pela tomada de decisões operacionais (*Chief Operating Decision Maker*).

  US GAAP: não requer esse tipo de divulgação.

- Determinação dos segmentos operacionais:

  IFRS: requer que uma entidade determine os segmentos operacionais com base no princípio do parágrafo 1 do IFRS 8.

  US GAAP: requer que uma entidade com organização em formato matricial determine os segmentos operacionais com base em seus produtos e serviços.

2.9 Apresentação das demonstrações financeiras

- Estrutura e conteúdo:

  IFRS: definida no IAS 1.

  US GAAP: em US GAAP, não há um pronunciamento que defina de maneira geral estrutura e conteúdo de demonstrações financeiras. Empresas registradas na SEC, no entanto, precisam cumprir com regras e regulamentações que tratam do assunto.

- Demonstrações comparativas de anos anteriores:

  IFRS: em geral, requeridas para todas as informações apresentadas nas demonstrações financeiras.

  US GAAP: regras e regulamentações da SEC geralmente requerem três anos de demonstrações comparativas (no caso do balanço,[26] apenas dois anos) de empresas registradas.

- Classificação de passivos nos casos de refinanciamento e de recebimento de uma renúncia (*waiver*) de mais de 12 meses do credor após a data do balanço:

  IFRS: classificação não pode ser feita no longo prazo.[27]

  US GAAP: classificação pode ser feita no longo prazo caso o refinanciamento ou renúncia ocorra antes da data da publicação.

- Itens extraordinários:[28]

---

[26] Demonstração de Posição Financeira (*Statement of Financial Position*), em IFRS.

[27] IAS 1.BC22.

[28] IAS 1.87 e APB 30.20.

IFRS: classificação de itens extraordinários no resultado é proibida.

US GAAP: classificação de itens extraordinários no resultado é permitida quando determinados critérios são atendidos.

2.10 Estoques

- Método de valorização de estoques:[29]

  IFRS: método UEPS (Último a Entrar Primeiro a Sair ou *Last In First Out* – LIFO) é proibido.

  US GAAP: uso do método UEPS é permitido.

- Medição dos estoques e reversão de perdas:[30]

  IFRS: estoques são, em geral, apresentados a custo ou valor de realização líquido, dos dois o menor. Reversões de baixas para ajustar ao valor de realização líquido são requeridas, caso ocorram.

  US GAAP: estoques são, em geral, medidos a custo ou valor de mercado, dos dois o menor. Valor de mercado é medido com base no custo de reposição que não deve exceder o valor de realização líquido ou ser inferior ao valor de realização líquido subtraído de uma margem de lucro. Reversões de baixas para ajustar ao valor de mercado são proibidas.

- Estoques medidos acima do valor de custo:

  IFRS: são excluídos do escopo do IAS 2 estoques de negociadores e de determinados produtores que, de acordo com a prática da indústria, são medidos a valor de realização.

  US GAAP: outras indústrias, além das mencionadas no parágrafo 3 do IAS 2, podem ter seus estoques medidos acima do valor de custo, caso seja prática.

2.11 Demonstrações de fluxos de caixa

- Exceções ao requerimento de apresentar demonstrações de fluxo de caixa:

  IFRS: sem exceções.

  US GAAP: determinadas entidades não são requeridas a apresentar demonstrações de fluxo de caixa.[31]

---

[29] IAS 2.IN13 e ARB 43.ch4.4.

[30] IAS 2.9 e .33 e ARB 43.ch4.9.

[31] FAS 102.5-7.

Diferenças entre IFRS e US GAAP **25**

- Classificação de juros e dividendos pagos:[32]

  IFRS: podem ser classificados como atividade operacional ou financeira.

  US GAAP: juros pagos devem ser classificados como atividade operacional e dividendos pagos como atividade financeira.

- Classificação de juros e dividendos recebidos:[33]

  IFRS: podem ser classificados como atividade operacional ou financeira.

  US GAAP: devem ser classificados como atividade operacional.

- Classificação de impostos:[34]

  IFRS: devem ser classificados como atividade operacional a menos que possam ser associados a outras atividades – nesse caso, o valor total deve ser divulgado.

  US GAAP: devem ser classificados como atividade operacional.

- Saques a descoberto (*bank overdrafts*):[35]

  IFRS: podem ser considerados caixa ou equivalente a caixa se determinados critérios forem atendidos.

  US GAAP: não podem ser considerados caixa ou equivalente.

2.12 Contratos de construção

- Métodos de reconhecimento:[36]

  IFRS: caso o método de percentual de conclusão (*percentage of completion method*) não possa ser utilizado, receitas deverão ser reconhecidas em função dos custos incorridos e prováveis de serem recuperados.

  US GAAP: caso o método de percentual de conclusão não possa ser utilizado, deve-se utilizar o método de contrato concluído (*completed contract method*).

- Agrupamento de contratos ou segregação de componentes de contratos:

  IFRS: requerido se os critérios dos parágrafos 8 a 10 do IAS 11 forem atendidos.

  US GAAP: permitido se critérios semelhantes forem atendidos.[37]

---

[32] IAS 7.33-34 e FAS 95.23d e 20a.

[33] IAS 7.33-34 e FAS 95.22b.

[34] IAS 7.35-36 e FAS 95.27f.

[35] IAS 7.8 e SOP 01-6.14.

[36] IAS 11.22 e.32 e AR 45.3.

[37] SOP 81-1.34-42.

2.13 Imposto de renda

- Exceções ao reconhecimento de imposto de renda diferido nos casos de: (1) *leasings* alavancados (*leveraged leases*); (2) transferência de ativos entre empresas de um grupo; e (3) remensuração de ativos não monetários estrangeiros:[38]

  IFRS: não aplicáveis.

  US GAAP: aplicáveis.

- Exceção ao reconhecimento de imposto de renda diferido quando do reconhecimento inicial de ativos ou passivos em uma transação que não seja uma combinação de negócios e que não afete o lucro contábil ou o lucro tributável:[39]

  IFRS: aplicável.

  US GAAP: não aplicável.

- Exceções ao reconhecimento de imposto de renda diferido para diferenças temporárias associadas a investimentos em subsidiárias, associadas e *joint ventures*:[40]

  IFRS: aplicável.

  US GAAP: o critério para não reconhecimento do imposto de renda diferido diverge um pouco dos critérios do IAS 12 e aplica-se apenas a duas diferenças temporárias.

- Alíquotas e legislação tributária utilizada para medir imposto de renda diferido:[41]

  IFRS: somente alíquotas e legislação em vigor ou substancialmente em vigor (ex.: medidas provisórias em determinados casos).

  US GAAP: somente leg...

- Alíquotas aplicáveis a lucros não distribuídos:

  IFRS: devem ser utilizadas na medição do imposto de renda diferido.[42]

  US GAAP: há a opção de se utilizar a alíquota aplicável aos lucros distribuídos se esta for maior.[43]

- Uso de provisão para perda (*valuation allowance*):

---

[38] FAS 109.9.

[39] IAS 12.15c.

[40] IAS 12.39 e FAS 109.31b.

[41] IAS 12.46-47 e FAS 109.8c.

[42] IAS 12.52A.

[43] EITF 95-09.

Diferenças entre IFRS e US GAAP **27**

IFRS: não é feita provisão. O imposto de renda diferido ativo é reconhecido se for provável que haverá lucro tributável suficiente.

US GAAP: deve ser feita uma provisão se, com base no critério de "mais provável do que não" for concluído que todo ou parte do ativo não será realizado.

- Alocações dentro de um período (*intraperiod allocation*):[44]

  IFRS: remensurações, em função de determinados efeitos, de imposto de renda diferido originalmente alocado no patrimônio líquido devem ser registradas da mesma forma (ou seja, também são alocadas no patrimônio líquido).

  US GAAP: as mudanças devem ser alocadas no resultado.

- Classificação do imposto de renda diferido no balanço:[45]

  IFRS: classificados apenas como longo prazo.

  US GAAP: classificação deve ser dividida entre circulante e longo prazo com base em dois critérios disponíveis.

- Divulgação da reconciliação da alíquota efetiva:[46]

  IFRS: pode ser utilizada uma alíquota equivalente à prevista em US GAAP, bem como pode ser utilizada uma média das alíquotas de diferentes jurisdições fiscais.

  US GAAP: deve ser utilizada a alíquota doméstica estatutária e federal (*domestic federal staturay tax rate*).

2.14 Ativo imobilizado

- Políticas para medição subsequente de ativo imobilizado:

  IFRS: o IAS 16 (parágrafo 29) permite a reavaliação de ativo imobilizado.

  US GAAP: em geral, é requerido o uso de custo histórico.

- Custos subsequentes:[47]

  IFRS: custos com paradas programadas relevantes (*planned major maintenance*) e com substituição de partes relevantes de um ativo são reconhecidos como parte do custo do ativo quando determinados critérios são atendidos.

---

[44] IAS12.61-65 e FAS 109.35.

[45] IAS 1.56 e FAS 109.41.

[46] IAS 12.81c e FAS 109.47.

[47] IAS 16.13-14 e FSP AUG AIR-1 e AAG AIR.ch3.76-77.

US GAAP: outras formas de tratamento para paradas programadas relevantes são permitidas, com exceção de provisionamento dos gastos. Custos com substituição de partes de um ativo podem ser capitalizados se atenderem a determinados critérios.

2.15 *Leasing*

- *Leasing* alavancado:

  IFRS: não existe essa categoria.

  US GAAP: caso os critérios do parágrafo 42 do FAS 13 sejam atendidos, o arrendador deve registrar seu investimento no *leasing* alavancado líquido de dívida sem recurso (*nonrecourse debt*).

- Garantias de terceiros (não relacionados) nos pagamentos mínimos de *leasing* (*minimum lease payments*) considerados pelo arrendatário:[48]

  IFRS: são consideradas.

  US GAAP: não são consideradas.

- Classificação entre *leasing* financeiro e operacional:[49]

  IFRS: feita com base na essência da transação.

  US GAAP: feita com base em gatilhos numéricos.

- Taxa de desconto a ser utilizada para cálculo do valor presente dos pagamentos mínimos de *leasing*:[50]

  IFRS: prioridade para a taxa implícita.

  US GAAP: prioridade para a taxa incremental.

- Ganhos em transações de *sale & leaseback* envolvendo *leasings* operacionais:[51]

  IFRS: o ganho é reconhecido imediatamente se o preço de venda representa o valor justo.

  US GAAP: o reconhecimento do ganho depende de quanto o vendedor retém do uso.

---

[48] IAS 17.4 e FIN 19.5.

[49] IAS 17.10 e FAS 13.7.

[50] IAS 17.20 e FAS 13.7d.

[51] IAS 17.61 e FAS 13.33.

Diferenças entre IFRS e US GAAP **29**

2.16 Reconhecimento de receita

* Geral:

    IFRS: princípios gerais de reconhecimento de receita são consistentes com os US GAAP, entretanto, há pouca instrução para situações específicas.

    US GAAP: há grande quantidade de instruções para situações específicas.

* Taxas iniciais (*up-front fees*) não reembolsáveis:[52]

    IFRS: receita pode vir a ser reconhecida sobre os serviços iniciais.

    US GAAP: em geral, são amortizadas ao longo do prazo de prestação do serviço.

* Transações de múltiplas entregas:[53]

    IFRS: a receita de um componente entregue inicialmente é reconhecida caso seja provável que a entrega subsequente irá ocorrer, evitando um reembolso.

    US GAAP: a receita de um componente entregue inicialmente não é reconhecida caso haja a obrigatoriedade de reembolso se a entrega subsequente não ocorrer.

* Reconhecimento de receita em trocas de serviços de propaganda (*barter transactions*):[54]

    IFRS: troca de serviços similares não resulta em reconhecimento de receita.

    US GAAP: se o valor justo dos serviços similares puder ser determinado, ocorre o reconhecimento de receita.

2.17 Benefícios a empregados[55]

* Método do corredor (*corridor approach*) para planos de benefícios definidos:

    IFRS: aplicação do método usa como base o valor justo dos ativos do plano.

    US GAAP: aplicação do método usa como base o valor relacionado ao mercado (*market-related value*) dos ativos do plano.

* Custo do serviço passado (*prior service cost*):

    IFRS: deve ser reconhecido como um componente do custo periódico líquido com benefício (*net periodic benefit cost*) até que o empregado obtenha o direito de

---

[52] IAS 18.17 e SAB Topic 13A3.

[53] IAS 18.14 e SAB Topic 13A1 e EITF 00-21.

[54] SIC 31.5 e EITF 99-17.4.

[55] FAS 158.B118-B121.

receber o benefício sem ter que permanecer a serviço do empregador (*vesting period*). Caso o direito seja obtido de imediato, o custo do serviço passado também deve ser imediatamente reconhecido.

US GAAP: mesmo que o direito sobre o benefício tenha sido obtido (*vested*), o custo do serviço passado deve ser reconhecido como um componente do custo periódico líquido com benefício durante o período de serviço futuro dos participantes ativos do plano.

- Medição dos ativos do plano para calcular o retorno esperado sobre os mesmos:

  IFRS: medidos a valor justo.

  US GAAP: permite o uso de valores justos que sejam médias de um período de no máximo cinco anos (*market-related value*).

- Reconhecimento da posição coberta (*funded status*):

  IFRS: permite que o empregador adote uma política semelhante à do FAS 158, reconhecendo ganhos e perdas, com limitadores para o reconhecimento de ativos.

  US GAAP: ganhos e perdas e custo do serviço passado ou créditos não reconhecidos como parte do custo periódico líquido com benefício devem ser registrados como aumentos ou reduções nos ativos ou passivos do empregador, com um ajuste correspondente contra Outros Resultados Abrangentes (*Other Comprehensive Income* OCI).

- Benefícios de encerramento (*termination benefits*):[56]

  IFRS: são reconhecidos pelo empregador na medida em que este se comprometer a realizar o pagamento.

  US GAAP: benefícios de encerramento do tipo *One-Time* recebem tratamento distinto do previsto no IAS 19.

2.18 Custos de captação[57]

- Definição de ativo qualificável para capitalização de juros:

  IFRS: ativos qualificáveis levam um período de tempo substancial para estarem nas condições esperadas de uso ou venda.

  US GAAP: o termo substancial não é utilizado.

- Ativos qualificáveis medidos a valor justo:

---

[56] FAS 146.B62.

[57] IAS 23.BC19-BC26.

IFRS: excluídos do escopo do IAS 23.

US GAAP: o IAS 34 não possui exclusão semelhante.

- Investimentos em investidas que possuam ativos qualificáveis e que sejam contabilizadas pelo método de equivalência patrimonial:

IFRS: não podem ser considerados ativos qualificáveis para fins de IAS 23.

US GAAP: podem ser considerados ativos qualificáveis se determinadas condições forem atendidas.

- Capitalização de juros em ativos adquiridos com recursos doados e restritos pelo doador em determinadas situações:

IFRS: o IAS 23 não possui instruções para essa situação.

US GAAP: capitalização não é permitida.

- Recursos captados especificamente para a obtenção de um ativo qualificável:

IFRS: os custos de captação dos recursos captados devem ser capitalizados.

US GAAP: o IAS 34 permite que sejam utilizadas as taxas de juros de tais captações.

- Financiamentos utilizados no cálculo da taxa de capitalização:

IFRS: devem ser utilizados todos os financiamentos em vigor que não aqueles captados especificamente para a obtenção de um ativo qualificável.

US GAAP: o IAS 34 requer o uso de julgamento na seleção dos financiamentos a serem utilizados no cálculo da taxa de capitalização.

- Custos sujeitos a capitalização:

IFRS: inclui juros, custos auxiliares (*ancillary costs*) e variações cambiais consideradas ajustes nos juros.

US GAAP: em geral, inclui apenas juros. Diferentemente do IAS 23, requer que ganhos ou perdas oriundos da parcela eficaz de um item coberto por *hedge* de valor justo sejam considerados parte dos juros sujeitos à capitalização.

- Receita de investimentos temporários feitos com recursos obtidos para construção de um ativo:

IFRS: reduz o custo de captação sujeito a capitalização.

US GAAP: em geral, não reduz o custo de captação sujeito a capitalização.

2.19 Consolidação[58]

- Datas de reporte diferentes entre controladora e subsidiárias:

  IFRS: diferenças nas datas de reporte não podem ser superiores a três meses. Transações relevantes precisam ser ajustadas.[59]

  US GAAP: diferenças nas datas de reporte não podem ser superiores a três meses. Transações relevantes precisam ser divulgadas.[60]

- Sociedades de Propósito Específico (SPEs):[61]

  IFRS: consolidar quando a substância da relação indicar que a entidade controla a SPE.

  US GAAP: consolidar quando a SPE for uma VIE e a entidade for sua beneficiária primária.

2.20 Investimentos em associadas

- Datas de reporte diferentes entre controladora e associadas:[62]

  IFRS: diferenças nas datas de reporte não podem ser superiores a três meses. Transações relevantes precisam ser ajustadas.

  US GAAP: diferenças nas datas de reporte não podem ser superiores a três meses. Transações relevantes precisam ser divulgadas.

- Políticas contábeis distintas entre controlador e associadas:

  IFRS: ajustes devem ser feitos para adequar as políticas contábeis da investida às da investidora.[63]

  US GAAP: não existe tal requerimento.

2.21 Economias hiperinflacionárias

- Ajustes nas demonstrações financeiras de uma entidade que opera em uma economia hiperinflacionária:[64]

---

[58] Vide diferença sobre definição de controle no tópico 2.3.

[59] IAS 27.26-27.

[60] ARB 51.4.

[61] SIC 12.8 e FIN 46-R.14.

[62] IAS 28.25 e APB 18.19 e .20a.

[63] IAS 28.26-27.

[64] IAS 21.14 e FAS 52.11.

IFRS: devem ser feitas as correções pelo índice geral de preços antes da tradução para a moeda de reporte.

US GAAP: a entidade deve remensurar suas demonstrações financeiras para a moeda funcional de sua controladora (norma foca principalmente os casos de subsidiárias de empresas norte-americanas).

2.22 Lucro por ação[65]

- Apresentação do lucro por ação:[66]

  IFRS: lucro ou prejuízo por ação de operações descontinuadas pode ser divulgado na face da demonstração de resultados ou nas notas explicativas.

  US GAAP: lucro ou prejuízo por ação de operações descontinuadas e itens extraordinários podem ser divulgados na face da demonstração de resultados ou nas notas explicativas.

- Contratos que podem ser liquidados em ações ordinárias ou em dinheiro, à opção do devedor:[67]

  IFRS: deve ser assumido que o contrato será pago em ações.

  US GAAP: pode ser presumido que o contrato será pago em ações. Caso haja evidências do contrário, deve-se considerar que o contrato será pago em dinheiro.

- Cálculo do lucro por ação até a data do ano (*Year-To-Date* – YTD):[68]

  IFRS: requer que o número de ações ordinárias potenciais que diluem o denominador (*dilutive*) seja determinado independentemente (o número até a data do ano não é uma média dos números de cada ínterim).

  US GAAP: requer que o número de ações ordinárias potenciais que diluem o denominador (*dilutive*) até a data do ano seja determinado com base em uma média dos números de cada ínterim.

2.23 *Impairment* de ativos fixos[69]

- Medição de uma perda com *impairment*:

---

[65] *Exposure Drafts* foram emitidos, em 2008, pelo IASB e pelo FASB para eliminar as diferenças entre o IAS 33 e o FAS 128.

[66] IAS 33.66-69 e FAS 128.36-37.

[67] IAS 33.BC7.

[68] Para o período iniciado em 1º de janeiro do ano corrente até a data atual. IAS 33.BC10.

[69] IAS 36 e FAS 142 e FAS 144.

IFRS: se o valor residual contábil de um ativo individual ou de uma unidade geradora de caixa (*Cash Generating Unit* – CGU) for superior ao seu valor de uso (*value in use*) ou ao seu valor justo reduzido de custos de venda (*fair value less cost to sell*), uma perda de *impairment* deve ser reconhecida no montante da diferença entre o valor contábil e o valor recuperável.

US GAAP: o teste de *impairment* é quebrado em duas etapas: (1) primeiro, o valor residual contábil do ativo (ou conjunto de ativos) deve ser comparado com os fluxos de caixa nominais que irá gerar; (2) caso o valor contábil do ativo seja inferior, o teste está concluído. Do contrário, a perda de *impairment* é medida pela diferença entre o valor presente dos fluxos de caixa e o valor contábil.

- Alocação de ágio por expectativa de rentabilidade futura (*goodwill*) para teste de *impairment*:

  IFRS: alocado a uma CGU ou ao menor conjunto de CGUs possível, que não pode ser superior a um segmento operacional.

  US GAAP: alocado a uma unidade de reporte, que não pode ser superior a um segmento operacional.

- Teste de *impairment* de *goodwill*:

  IFRS: o valor residual contábil da CGU à qual o *goodwill* foi alocado é comparado ao seu valor em uso ou ao seu valor justo menos custo de venda. Perdas devem ser inicialmente alocadas ao *goodwill*.

  US GAAP: o teste de *impairment* é quebrado em duas etapas: (1) primeiro, o valor residual contábil da unidade de reporte, somado ao *goodwill*, é comparado com seu valor justo; (2) caso o valor contábil seja inferior, o teste está concluído. Do contrário, deve ser feita uma alocação do valor justo aos ativos e passivos da unidade de reporte para, em seguida, comparar o valor resultante de *goodwill* com seu valor contábil original.

- Reversões de perdas de *impairment*:

  IFRS: requeridas, com exceção de perdas com *impairment* em *goodwill*.

  US GAAP: proibidas.

2.24 Provisões, passivos contingentes e ativos contingentes

- Critério para reconhecimento de provisões:[70]

  IFRS: um dos critérios para reconhecimento de uma provisão requer que a transferência de benefícios econômicos para terceiros no futuro seja tida como "mais provável do que não" de ocorrer.

---

[70] IAS 37.IN2 e FAS 5.3.

US GAAP: é preciso que a transferência de benefícios econômicos para terceiros no futuro seja tida como provável de ocorrer.

- Melhor estimativa na medição de provisões:[71]

IFRS: em um conjunto de resultados possíveis, se não houver uma estimativa que seja mais provável do que as demais, deve ser utilizado um ponto médio (*mid-point*).

US GAAP: em um conjunto de resultados possíveis, se não houver uma estimativa que seja mais provável do que as demais, deve ser utilizada a de menor valor.

- Uso de desconto a valor presente:

IFRS: requerido.

US GAAP: permitido se o momento de ocorrência dos fluxos de caixa é fixo ou determinável.[72]

- Provisões com reestruturações:[73]

IFRS: uma provisão deve ser reconhecida na data em que a entidade se comprometer com um plano de reestruturação.

US GAAP: um plano de reestruturação por si só não criaria uma obrigação presente com terceiros, desqualificando o registro de uma provisão.

- Divulgação de informações que prejudicariam a entidade em uma disputa legal:

IFRS: em raras situações, as informações em si não precisam ser divulgadas.[74]

US GAAP: precisam ser divulgadas.

- Posições fiscais incertas:[75]

IFRS: com base nos critérios do IAS 37, toda incerteza deve refletir na medição de ativos e passivos fiscais utilizando-se de probabilidade média ponderada de todos os possíveis resultados, considerando que a autoridade fiscal irá revisar as posições fiscais assumidas.

US GAAP: a medição e o reconhecimento das posições fiscais incertas é feito com base em uma metodologia específica baseada em probabilidade (*probability-based approach*) definida no FIN 48.

---

[71] IAS 37.39 e FIN 14.3.

[72] SOP 96-1.132.

[73] FAS 146.B61.

[74] IAS 37.92.

[75] FIN 48.B65-B67.

- Medição de provisão para abandono de ativos:[76]

  IFRS: é requerido que a provisão seja revisada por variações na taxa de desconto.

  US GAAP: não é requerido que a provisão seja revisada por variações na taxa de desconto.

2.25 Ativos intangíveis[77]

- Gastos subsequentes com P&D adquirido que se encontre em andamento:

  IFRS: capitalizar se atender aos critérios do IAS 38.

  US GAAP: não capitalizar.

- Gastos com Desenvolvimento:

  IFRS: capitalizar se atender aos critérios do IAS 38.

  US GAAP: não capitalizar, exceto por determinados gastos com desenvolvimento de *websites* e *softwares*.

- Reavaliação de ativos intangíveis:

  IFRS: permitida, a menos que não exista um mercado ativo (*active market*) para o intangível.

  US GAAP: em geral, proibida.

---

[76] IFRIC 1.BC19-BC20.

[77] IAS 38 e FAS 2.11c-12 e SOP 98-1.31-32 e EITF 00-02.4-8.

Combinações de negócios

3.1 Geral

Em janeiro do 2008, foi emitida uma nova versão do IFRS 3 – *Business Combinations* (IFRS 3-R, para fins desta publicação), produzida no âmbito da frente de projetos conjuntos do FASB com o IASB. Isso significa que além das mudanças trazidas em relação à sua versão anterior, o IFRS 3-R foi produzido simultaneamente (e o mais alinhado possível) com o FAS 141-R – *Business Combinations*, pronunciamento emitido em dezembro de 2007 pelo FASB e que também revisou a contabilização de combinações de negócios em US GAAP.

O IFRS 3-R deve ser aplicado prospectivamente a combinações de negócios cujas datas de aquisição ocorrerem na data de início (ou após) do primeiro período de reporte começado em (ou após) 1º de julho de 2009. Por exemplo, caso o período de reporte da entidade coincida com o exercício fiscal, o IFRS 3-R se torna obrigatório para combinações de negócios ocorridas em 1º de janeiro de 2010, ou após essa data. Vale ressaltar também que sua aplicação antecipada é permitida.

Por ser uma norma recente e devido à importância do assunto, foi reservado nessa publicação um espaço para tratar de aspectos do IFRS 3-R, estruturado da seguinte forma:

- Escopo: o primeiro passo deve ser definir se o pronunciamento é aplicável à contabilização de um evento em questão.
- Aplicação do método de aquisição (*acquisition method*) requerido pelo IFRS 3-R na contabilização de uma combinação de negócios por parte do adquirente. Conforme o parágrafo 4 do IFRS 3-R, o método de aquisição envolve: (1) identificar o adquirente e determinar a data de aquisição; (2) reconhecer e medir os ativos adquiridos, os passivos assumidos e a participação não controladora (*Non-Controlling Interest* – NCI) na adquirida; e (3) reconhecer e medir *goodwill* ou um ganho por compra com barganha (*bargain purchase*).

◄» **Ponto de Atenção:** atentar para possíveis mudanças com relação a medição de valor justo em IFRS, conforme apresentado no tópico 14.1.

3.2 Escopo

O IFRS 3-R aplica-se a eventos nos quais ativos e passivos que constituem um negócio (*business*) são adquiridos e assumidos por um adquirente, que passa a controlá-los, desconsiderando-se situações envolvendo formações de *joint ventures*[1] e combinações de entidades ou negócios que estejam sob um controle comum (vide figura a seguir).[2]

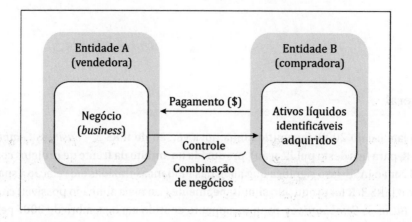

O pagamento demonstrado na figura representa, na verdade, a forma como o adquirente obtém controle sobre a adquirida. Isso pode ocorrer de diferentes maneiras, tais como:[3]

- transferência de caixa, equivalentes a caixa ou outros ativos (que podem até mesmo incluir negócios do adquirente);
- incorrendo em obrigações;
- com a emissão de ações ou outros tipos de título de participação;
- oferecendo mais de um tipo de consideração; e
- sem nenhum tipo de pagamento, incluindo aquisições através de contrato.

Um negócio (*business*) envolve atividades e ativos integrados (recursos econômicos ou *inputs*) capazes de serem conduzidos ou gerenciados por participantes do mercado[4] (pro-

---

[1] IAS 31.

[2] IFRS 3-R.2-3.

[3] IFRS 3-R.B5.

[4] Conforme o parágrafo B11 do IFRS 3-R, não deve ser considerada apenas a capacidade do vendedor ou do adquirente de conduzir ou gerenciar, mas sim a de participantes do mercado.

cessos) com o objetivo de gerar algo que traga retorno na forma de dividendos, redução de custos ou outros benefícios econômicos (*outputs*) diretamente aos investidores, proprietários, membros ou participantes.[5] A figura a seguir exemplifica esta sequência:

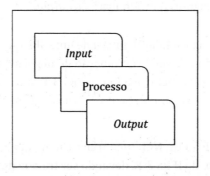

Por fim, uma combinação de negócios em que um adquirente obtém controle sobre um negócio pode ocorrer através de eventos estruturados de diversas formas, os quais podem incluir:[6]

- um ou mais negócios se transformam em subsidiárias de um adquirente ou os ativos líquidos de um ou mais negócios são incorporados legalmente com o adquirente;
- uma entidade da combinação transfere seus ativos líquidos para outra entidade;
- o proprietário de uma entidade da combinação transfere sua participação para o proprietário de outra entidade;
- todas as entidades da combinação transferem seus ativos líquidos (ou todos os proprietários transferem suas participações) para uma nova entidade (*roll-up transaction* ou *put-together transaction*); e
- um grupo de proprietários de uma das entidades da combinação obtém controle da entidade combinada.

ⓘ *Insight* **1 – Ativos e atividades integrados que se encontram em desenvolvimento:** um conjunto de ativos e atividades neste estágio podem não gerar *outputs* e, nesse caso, o adquirente deve considerar outros fatores para avaliar se os mesmos compõem um negócio. De acordo com o parágrafo B10 do IFRS 3, pode ser considerado um negócio o conjunto que entre outras coisas:

i. iniciou as principais atividades planejadas;

---

[5] IFRS 3-R.Appendix A e .B7.
[6] IFRS 3-R.B6.

40   IFRS: Entendendo e aplicando as normas internacionais de contabilidade • Strube Lima

ii.   possui empregados, propriedade intelectual e outros *inputs* e processos que possam ser aplicados aos mesmos;

iii. está buscando um plano para gerar *outputs*; e

iv.   obterá acesso a clientes que adquirirão o *output*.

ⓘ *Insight* 2 – **SPEs:** a consolidação inicial de uma SPE que seja classificada como um negócio poderia ser considerada uma combinação de negócios sujeita aos requerimentos do IFRS 3-R. Apesar de não ser mencionado no IFRS 3-R, o tratamento é coerente com os princípios do pronunciamento e pode ser feita uma analogia para os requerimentos do FAS 141-R, no caso de VIEs.[7]

ⓘ *Insight* 3 – **Aquisição de NCI:** uma transação na qual uma controladora adquire NCI não faz parte do escopo do IFRS 3-R, devendo ser tratada de acordo com os parágrafos 30 e 31 do IAS 27 revisado em janeiro de 2008.[8] Em resumo, mudanças na participação do controlador que não provoquem perda de controle devem ser tratadas como transações de patrimônio (sem registro de ganho ou perda no resultado).

ⓘ *Insight* 4 – **Combinações de negócios ocorridas em estágios (*business combination achieved in stages* ou *step acquisition*):** aquisições de controle em negócios nos quais o adquirente já possuía participação fazem parte do escopo do IFRS 3-R. Nesses casos, o adquirente deve remensurar sua participação pré-aquisição a valor justo na data da aquisição, reconhecendo ganhos ou perdas, caso existam, no resultado.[9] Se existirem saldos pré-aquisição registrados em OCI, os mesmos devem ser ajustados como se o adquirente se desfizesse da participação.[10]

ⓘ *Insight* 5 – **Combinações de negócios sem a ocorrência de pagamentos:** podem ocorrer situações nas quais um adquirente, sem efetuar pagamentos, obtém controle de uma adquirida. Nesses casos, o método de aquisição do IFRS 3-R também é aplicável. Alguns exemplos encontrados no parágrafo 43 do IFRS 3-R incluem circunstâncias nas quais:

- a adquirida recompra suas próprias ações em um montante suficiente para fazer com que um de seus investidores existentes obtenha controle;

- direitos a veto de minoritários vencem permitindo que um acionista majoritário obtenha controle;

- o adquirente e a adquirida combinam seus negócios apenas através de contrato.

---

[7] FAS 141-R.B21.

[8] No caso de adoção antecipada.

[9] IFRS 3-R.41.

[10] IAS 39.55b.

3.3 Identificando o adquirente e determinando a data de aquisição

Para identificar o adquirente, é necessário saber qual parte obtém controle do negócio com a combinação, segundo os critérios definidos nos parágrafos 13 a 15 do IAS 27.[11] De maneira geral, controle é definido como o poder de determinar as políticas financeiras e operacionais de uma entidade, de forma a obter os benefícios de suas atividades.

A data em que o adquirente obtém controle da adquirida é tida como sendo a data de aquisição (*acquisition date*), o que normalmente ocorre quando o pagamento é feito, os ativos são adquiridos e os passivos são assumidos. As circunstâncias, entretanto, podem fazer com que a data de aquisição não coincida com a data de fechamento da operação (*closing date*). Exemplos incluem acordos escritos que transfiram o controle em uma data anterior à de fechamento ou intervenções de agências regulatórias que posterguem a data de aquisição.[12]

ⓘ *Insight* 1 – **Critérios adicionais para identificação de controle:** caso o IAS 27 não seja suficiente para identificar a parte que obteve o controle em uma combinação de negócios, os critérios dos parágrafos B14 a B18 do IFRS 3-R devem ser considerados como um recurso adicional na definição do adquirente:

i. o adquirente pode ser a parte que realizou transferência de caixa (ou outros ativos) ou que incorreu em passivos;

ii. quando ocorre troca de participações o adquirente pode ser a: (1) parte com mais direitos de voto na entidade combinada, após a combinação de negócios; (2) parte com a maior parcela de participação não controladora votante quando nenhuma outra parte tiver participação votante significativa; (3) parte com a capacidade de definir a maioria dos membros da administração; (4) parte que compõe a maioria do corpo gerencial sênior; (5) parte que tiver pago um prêmio pelo valor justo pré-combinação do patrimônio das outras partes;

iii. o adquirente pode ser a parte cujo tamanho relativo é significativamente maior que o das demais partes. No caso de combinações envolvendo mais de duas partes, deve-se considerar qual iniciou a combinação;

iv. no caso de uma nova entidade formada para viabilizar a combinação de negócios, deve-se avaliar se esta ou uma das entidades existentes anteriormente é a adquirente.

ⓘ *Insight* 2 – **Aquisições reversas (*reverse aquisitions*):**[13] ocorrem quando uma entidade considerada como adquirente para fins legais (por ter emitido títulos para viabilizar a combinação) é classificada como adquirida para fins de IFRS, considerando-se os critérios dos parágrafos B14 a B18 do IFRS 3-R. Por exemplo, suponha que uma entidade A com um capital de $ 100 em ações ordinárias emita $ 400 em ações ordinárias adicionais para adquirir todas as ações votantes da entidade B (vide figura a seguir).

---

[11] Tanto na versão revisada em janeiro de 2008 quanto na anterior.

[12] IFRS 3-R.8-9.

[13] IFRS 3-R.B19.

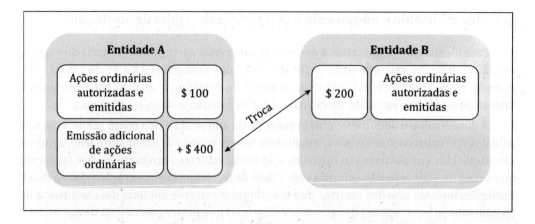

Apesar de A ter emitido ações para efetuar a combinação de negócios e ter adquirido 100% de participação em B, deve ser classificada como adquirida para fins de IFRS 3-R, pois, após a combinação de negócios, os antigos acionistas de B passam a deter uma participação majoritária em A ($ 400), em relação a seus acionistas originais ($ 100).

O IFRS 3-R[14] fornece instruções sobre o tratamento a ser dado, no caso de combinações reversas, para: (1) medição de valores transferidos pelo adquirente; (2) preparação e apresentação de demonstrações financeiras consolidadas; (3) NCI; e (4) lucro por ação.

ⓘ **Insight 3 – Designação de uma data efetiva para a combinação de negócios diferente da data de aquisição:** o IFRS 3-R, bem como o FAS 141-R, não possuem uma opção que permita ao adquirente designar uma data efetiva diferente da data de aquisição (*convinience exception*), tal como existia na versão anterior do FAS 141, por exemplo. Entretanto, a menos que eventos ocorridos entre uma data designada e a data de aquisição sejam materiais, tal prática não estaria desalinhada com os requerimentos do IFRS 3-R.[15]

3.4 Ativos identificáveis adquiridos, passivos assumidos e NCI na adquirida

Os princípios definidos nos parágrafos 10 e 18 do IFRS 3-R preveem que ativos identificáveis adquiridos, passivos assumidos e NCI sejam reconhecidos separadamente de *goodwill* na data de aquisição com base (em geral) no valor justo de cada item, medido na mesma data. Neste tópico procura-se demonstrar, primeiro, o processo que deve ser seguido para se obter o montante de ativos identificáveis adquiridos, passivos assumidos e NCI. *Goodwill*, sujeito a um registrado separado por parte da adquirente, é tratado no tópico 3.5.

ⓘ **Insight 1 – Ativos identificáveis adquiridos e passivos assumidos:** para se chegar aos ativos identificáveis adquiridos e passivos assumidos, deve-se partir, inicialmente, do con-

---

[14] IFRS 3-R.B20-B27.

[15] IFRS 3-R.BC110.

junto total de ativos e passivos da adquirida, sobre os quais o adquirente passa a ter controle. Esse montante poderá ser ampliado ou reduzido em função de itens que atendem ou não à definição de ativos e passivos, conforme a Estrutura Conceitual do IASB (*conceptual framework*).

É possível também que determinados itens sejam transacionados fora da combinação de negócios e, portanto, não devam ser considerados na composição dos ativos identificáveis adquiridos e passivos assumidos.

O conjunto remanescente de ativos e passivos deverá ser então reconhecido e medido a valor justo. Determinadas exceções tratadas mais adiante neste mesmo tópico, entretanto, podem requerer que certos itens sejam reconhecidos e medidos de acordo com outros critérios. O resultado de todo o processo corresponde ao que se denominam ativos identificáveis adquiridos e passivos assumidos.

No diagrama a seguir é exemplificada a aplicação desses princípios de reconhecimento e medição.

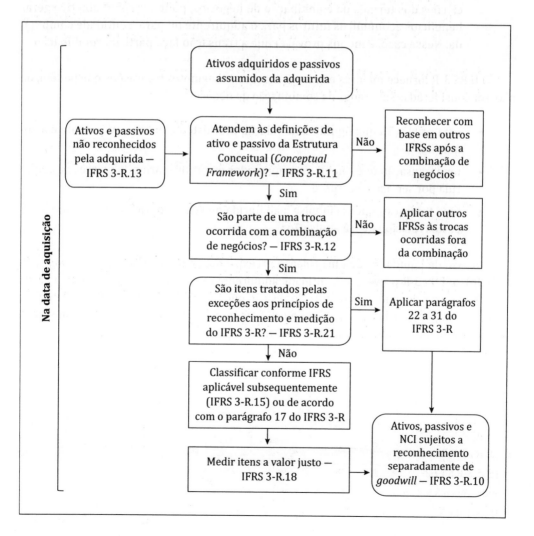

(i) *Insight* 2 – **Determinando o que faz parte da troca em uma combinação de negócios:** transações ocorridas entre o adquirente e a adquirida que não tenham relação com a troca realizada na combinação de negócios, tanto as preexistentes como as iniciadas durante a aquisição, devem ser segregadas para receber um tratamento que não o do método de aquisição.[16] Os seguintes fatores devem ser considerados para determinar se uma transação está separada da combinação de negócios:[17]

i. as razões para que a transação ocorresse: por exemplo, se o objetivo for beneficiar o adquirente ou a entidade combinada, é menos provável que faça parte da combinação;

ii. qual parte iniciou a transação: por exemplo, uma transação iniciada pelo adquirente pode ter como objetivo gerar benefícios para si ou para a entidade combinada. Nesse caso, é menos provável que a transação faça parte da combinação;

iii. o momento da transação: por exemplo, se a transação ocorrer durante as negociações dos termos da combinação de negócios, pode ter como objetivo gerar benefícios econômicos futuros para o adquirente ou para a entidade combinada. Nesse caso, é menos provável que a transação faça parte da combinação.

O IFRS 3-R fornece maiores explicações sobre as seguintes transações que podem, ou não, ser consideradas separadas da combinação de negócios:[18]

- uma transação que liquide uma relação preexistente entre o adquirente e a adquirida;

- uma transação que remunere empregados ou proprietários anteriores da adquirida por serviços futuros; e

- uma transação que reembolse a adquirida ou seus proprietários anteriores por custos relacionados à aquisição.[19]

No caso de liquidação de uma relação preexistente (*settlement of a pre-existing relationship*), o IFRS 3-R prevê que a entidade adquirente reconheça um ganho ou uma perda com a transação, dependendo do tipo de relação que tinha com a adquirida (contratual ou não) e da comparação das disposições contratuais com as condições correntes de mercado. Na figura a seguir é demonstrada essa mecânica:[20]

---

[16] IFRS 3-R.51.

[17] IFRS 3-R.B50.

[18] IFRS 3-R.54-62.

[19] Vide tópico 3.5.

[20] IFRS 3-R.B52.

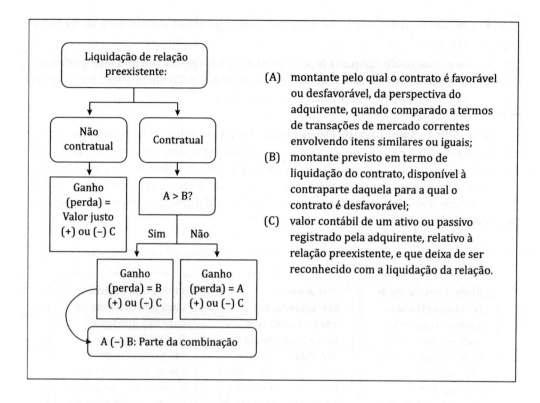

ⓘ **Insight 3 – Medição de NCI na data de aquisição:** conforme o parágrafo 19 do IFRS 3-R, em cada combinação de negócios um adquirente tem a opção de medir NCI a valor justo ou com base na participação proporcional do minoritário sobre os ativos líquidos identificáveis da adquirida (método requerido pelo IFRS 3 não revisado).[21]

O valor justo de NCI pode ser calculado com base nos preços praticados em um mercado ativo. Caso esse tipo de informação não esteja disponível, outros métodos de valoração podem ser utilizados. Também deve ser observado que é possível existirem divergências entre os valores justos por ação da participação do adquirente na adquirida e do NCI, em geral, devido a prêmios de controle ou descontos por falta de controle.[22]

As três principais diferenças que podem derivar da não mensuração de NCI a valor justo, conforme notado pelo IASB, seriam:[23]

- os valores registrados de NCI e *goodwill*, em uma combinação de negócios, provavelmente seriam menores;

---

[21] Vide exemplo em IFRS 3-R.IE49.

[22] IFRS 3-R.B44-B45.

[23] IFRS 3-R.BC217-BC218.

- perdas de *impairment* subsequentes em *goodwill* provavelmente serão menores; e

- se o controlador adquirir NCI, o ajuste a ser feito no patrimônio líquido devido à diferença entre o valor justo (presumindo-se que corresponda ao valor pago) e o saldo contábil de NCI provavelmente será maior.[24]

ⓘ *Insight* 4 – **Valor justo de ativos identificáveis específicos:** de maneira geral, valor justo é definido no IFRS 3-R como o montante pelo qual um ativo pode ser trocado, ou um passivo liquidado, entre partes instruídas (*knowledgeable*) e intencionadas, em uma transação isenta (*arm's length transaction*).[25] Um adquirente, no entanto, deve atentar também para os efeitos das seguintes situações no cálculo do valor justo, conforme os parágrafos B41 a B43 do IFRS 3-R:

Ativos com fluxos de caixa incertos: não deve ser registrada provisão para perda de ativos, pois o valor justo já deve considerar as incertezas nos fluxos de caixa.	**Ativos em arrendamentos operacionais nos quais a adquirida é a arrendadora:** valor justo do ativo considera termos do contrato (não há registro separado do contrato).	**Ativos sem utilidade para o adquirente ou cujo uso diverge da forma de usar de participantes do mercado:** valor justo é determinado conforme uso de participantes do mercado.

ⓘ *Insight* 5 – **Exceções aos princípios de reconhecimentos e medição:** os parágrafos 22 a 31 do IFRS 3-R tratam de exceções aos princípios de reconhecimento e medição utilizados no método de aquisição. Nesses casos, deve ser aplicado tratamento específico, em geral associado aos requerimentos de determinado IFRS. Na figura a seguir, são resumidas as exceções e como devem ser tratadas.

---

[24] IAS 27.30-31 (revisado em janeiro de 2008).

[25] IFRS 3-R.Appendix A.

Exceções ao princípio de reconhecimento		Exceções ao princípio de medição
• **Passivos Contingentes:** reconhecer mesmo se a saída de recursos não for provável.	• **Impostos diferidos:** reconhecer e medir de acordo com IAS 12. • **Benefícios a empregados:** reconhecer e medir de acordo com IAS 19. • **Ativos indenizatórios (*indemnification assets*):** reconhecer quando o ativo ou passivo sujeito à indenização for reconhecido e medir na mesma base deste (ajustado por provisão para perda, se necessário).	• **Direitos previamente concedidos e readquiridos com a combinação (*reacquired rights*):** medido com base no prazo contratual remanescente, sem considerar renovações. • **Substituição de um plano de pagamento com base em ações da adquirida:** instrumento de dívida ou patrimônio deve ser medido de acordo com o IFRS 2. • **Ativos mantidos para venda:** devem ser medidos de acordo com os parágrafos 15 a 18 do IFRS 5.

Impostos de renda diferidos, benefícios a empregados, passivos contingentes e ativos mantidos para venda são definidos respectivamente no IAS 12, no IAS 19, no IAS 37 e no IFRS 5. Já ativos indenizatórios e direitos previamente concedidos e readquiridos com a combinação de negócios são definidos no IFRS 3 da seguinte forma:

- ativos indenizatórios: se o vendedor, em uma combinação de negócios, garantir contratualmente ao comprador que o indenizará pelo resultado de uma contingência ou outra incerteza associada a algum ativo ou passivo (parcialmente ou integralmente), surge um ativo indenizatório que deve ser registrado pelo adquirente;[26]

- direitos previamente concedidos e readquiridos com a combinação de negócios: correspondem a ativos intangíveis identificáveis que devem ser reconhecidos fora de *goodwill* e que surgem quando um adquirente em uma combinação de negócios readquire direitos que haviam sido previamente concedidos à adquirida. Esses direitos estariam relacionados ao uso de ativos (reconhecidos ou não reconhecidos) do adquirente por parte da adquirida.[27]

---

[26] IFRS 3-R.27.

[27] IFRS 3-R.B35.

Ponto de Atenção: se os termos do contrato que dão origem ao direito readquirido forem favoráveis (ou desfavoráveis) em relação aos termos de transações correntes de mercado envolvendo itens iguais ou similares, o adquirente deverá reconhecer um ganho (ou perda) com liquidação (*settlement gain or loss*).[28]

Ponto de Atenção: um adquirente deve contabilizar os potenciais efeitos tributários de diferenças temporárias e prejuízos fiscais não utilizados de uma adquirida que existam na data de aquisição ou que surjam em função da aquisição, de acordo com o IAS 12.[29]

ⓘ *Insight* 6 – **Período de medição (*measurement period*):** de acordo com os parágrafos 45 a 50 do IFRS 3-R, montantes provisórios devem ser registrados caso informação sobre fatos e circunstâncias existentes na data de aquisição, necessária para a aplicação do método de aquisição, esteja indisponível até o final do período de reporte. É dado o prazo de um ano para que a informação seja obtida e quaisquer ajustes devem ser feitos retroativamente na data de aquisição, aumentando ou reduzindo o *goodwill* (caso exista) e, se for o caso, modificando números comparativos.

O registro de montantes provisórios pode estar associado à falta de informação necessária para identificar e medir:

- ativos identificáveis adquiridos, passivos assumidos e NCI na adquirida;
- pagamentos feitos à adquirida (ou o montante utilizado na medição de *goodwill* – ver tópico 3.5);
- participação preaquisição no caso de aquisições ocorridas em estágios;
- *goodwill* ou ganho por compra com barganha – ver tópico 3.5.

ⓘ *Insight* 7 – **Medição subsequente de determinados itens:** em geral, itens registrados em uma combinação de negócios devem ser medidos subsequentemente com base nos IFRSs aplicáveis às suas naturezas. Entretanto, os parágrafos 55 a 58 do IFRS 3-R fornecem instruções sobre como deve ser feita a mensuração subsequente de quatro itens específicos, os quais são:

---

[28] Vide *Insight* 2 do tópico 3.4.

[29] IFRS 3-R.25.

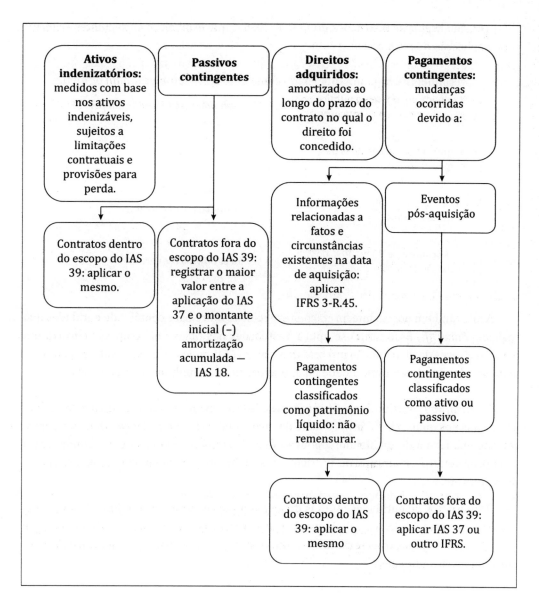

◀ **Ponto de Atenção:** pagamentos contingentes: vide *Insight* 2 do tópico 3.5.

ⓘ **Insight 8 – Push Down Accounting:** um assunto que não chega a ser mencionado no IFRS 3-R envolve a contabilização de aquisições com *push-down*. Esse termo se aplica a situações nas quais uma entidade passa a ser uma subsidiária substancialmente integral (*wholly owned*) devido a uma aquisição e, portanto, seus registros contábeis devem refletir a base contábil utilizada pela adquirente.

Em US GAAP, é observado no parágrafo C8 do FAS 141-R que esse pronunciamento também não define requerimentos para *push-downs*. Entretanto, empresas registradas na

SEC precisam seguir as instruções do SAB Topic 5,[30] que estabelece os seguintes critérios para a aplicação do *push-down*:

Existe dívida em posse do público e ações preferenciais pré-aquisição	→ *Push-down* não é requerido pela SEC
Foi adquirida menos de 80% da participação votante	→ *Push-down* não é permitido
Foi adquirida entre 80 e 95% da participação votante	→ *Push-down* é opcional
Foi adquirida entre 95 e 100% da participação votante	→ *Push-down* é requerido

A SEC também possui interpretações específicas sobre base contábil de entidades que realizam *Spin-Offs*. Esse termo se aplica a situações nas quais uma empresa encerra um negócio através da distribuição *pro rata* de seus ativos líquidos.[31] Esse assunto, porém, está mais relacionado à descontinuidade de operações do que combinações de negócios.

① **Insight 9 – Entidades mútuas (*mutual entities*):** de maneira geral, correspondem a negócios nos quais não há propriedade de investidores (*investor-owned*), mas que geram retornos na forma de dividendos, redução de custos ou outros benefícios econômicos a seus proprietários, membros ou participantes.[32] Exemplos incluem cooperativas, uniões de crédito etc.

Adquirentes de entidades mútuas devem reconhecer os ativos líquidos da adquirida como uma adição direta ao capital ou outra participação em seu balanço, e não uma adição em lucros acumulados (que seria consistente com a aplicação do método de aquisição para outros tipos de entidades).[33]

3.5 *Goodwill* ou ganho por compra com barganha

O IFRS 3-R define *goodwill* como um ativo que representa benefícios econômicos futuros de outros ativos (adquiridos em uma combinação de negócios) que não são individualmente

---

[30] Vide também EITF Topic D-97.

[31] SAB Topic 5.

[32] Vide definição de "negócio" no tópico 3.2 e IFRS 3-R.Appendix A.

[33] IFRS 3-R.B47.

identificados e separadamente reconhecidos.[34] Caso a combinação de negócios tenha sido efetuada através de uma compra com barganha, ao invés de *goodwill* a adquirente registra um ganho no resultado do período.

Na prática, tanto o ganho quanto o *goodwill* podem ser considerados resíduos da combinação de negócios, calculados da seguinte forma:[35]

Pagamento feito pelo adquirente, geralmente medido a valor justo

(+) NCI medido a valor justo ou com base na participação proporcional do minoritário sobre os ativos líquidos identificáveis da adquirida[36]

(+) Participação pré-aquisição na adquirida, medida a valor justo na data de aquisição[37]

(–) Ativos líquidos identificáveis adquiridos na data da aquisição

Goodwill ou < Compra com barganha >

➢ **Exemplo 1 – Cálculo de *goodwill*:** Considere que a empresa ABC possui 30% de participação em ações ordinárias da empresa XYZ, cujos valores contábil e justo em 30.06.20X0 são de $ 100 e $ 150, respectivamente. Considere também que, nessa mesma data, ABC adquiriu 30% adicionais de participação em ações ordinárias de XYZ por $ 150 em espécie, obtendo o controle da mesma. Em 30.06.20X0, os seguintes valores foram apurados:

- Ativos identificáveis adquiridos: $ 400
- Passivos assumidos: $ 100
- NCI (valor justo): $ 50

---

[34] IFRS 3-R.Appendix A.

[35] IFRS 3-R.32-34.

[36] Vide *Insight* 3 no tópico 3.4.

[37] Vide *Insight* 4 no tópico 3.2.

$ 150	→	Pagamento feito pelo adquirente
(+) $ 50	→	NCI medido a valor justo
(+) $ 150	→	Participação pré-aquisição na adquirida
(–) $ 300 ($ 100 – $ 400)	→	Ativos líquidos identificáveis adquiridos
$ 50	→	*Goodwill*

➢ **Exemplo 2 – Contabilização por parte do adquirente em 30.06.20X0:** os lançamentos contábeis para registro do *goodwill*, considerando-se os dados do exemplo anterior, seriam feitos da seguinte forma nas demonstrações consolidadas:

		Participação Pré-Aquisição	Ajuste Participação Pré-Aquisição	Combinação de negócios
Db <Cr>	Caixa			< 150 >
Db <Cr>	Investimento	100	50	< 150 >
Db <Cr>	*Goodwill*			50
Db <Cr>	Ativos adquiridos			400
Db <Cr>	Passivos assumidos			< 100 >
Db <Cr>	Patrimônio líquido – NCI			< 50 >
Db <Cr>	Patrimônio líquido	< 100 >		
Db <Cr>	Resultado		< 50 >	

◁» **Ponto de Atenção:** de acordo com o parágrafo 36 do IFRS 3-R, antes de reconhecer um ganho por compra com barganha um adquirente deve revisar a identificação, reconhecimento e medição dos ativos adquiridos e passivos assumidos. Também deve ser revisada a medição de NCI, da participação pré-aquisição e do pagamento feito pelo adquirente.

ⓘ *Insight* **1 – Pagamentos:** o IFRS 3-R, no parágrafo 37, prevê que pagamentos feitos pelo adquirente para obter controle sobre um negócio possam ocorrer de diferentes formas, tais como: (1) em espécie; (2) com outros ativos; (3) com um negócio ou uma subsidiária do adquirente; (4) com pagamentos contingentes; (5) com ações ordinárias ou preferenciais; (6) com opções (incluindo *warrants*); e (7) com participações em entidades mútuas (*mutual entities*).

Em geral, pagamentos feitos devem ser medidos a valor justo na data da aquisição. Entretanto, as seguintes situações específicas devem ser observadas:

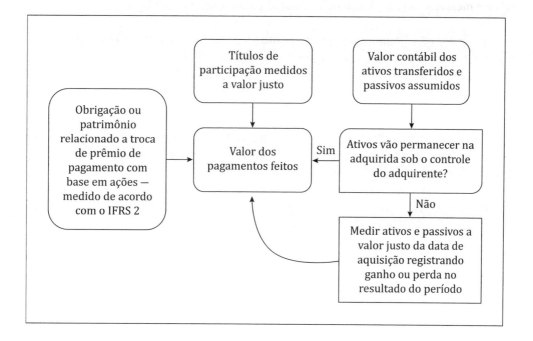

Em uma combinação de negócios efetuada apenas através da troca de participações entre as partes, é possível que o valor justo na data de aquisição da participação na adquirida seja medido com mais segurança do que o valor justo, na data de aquisição, da participação na adquirente. Nesse caso, o adquirente deverá usar o valor justo da participação na adquirida para determinar o montante de *goodwill* ou ganho por compra com barganha existente na transação (vide quadro a seguir).[38]

---

[38] IFRS 3-R.33.

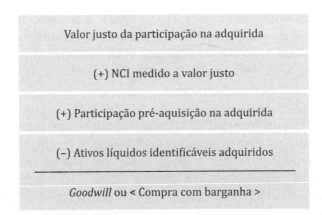

Com relação a entidades mútuas,[39] o parágrafo B49 do IFRS 3-R determina que a medição do valor justo deve incluir premissas relevantes que participantes do mercado utilizariam sobre a mesmas, tais como benefícios futuros para seus membros.

ⓘ **Insight 2 – Pagamentos contingentes (*contingent consideration*)**: em certas situações, eventos específicos posteriores à data de aquisição de um negócio vão determinar se: (1) o adquirente deverá transferir ativos adicionais ou títulos de participação (*equity interests*) para os proprietários anteriores da adquirida; ou (2) se o adquirente terá o direito de reembolso sobre pagamentos feitos pela aquisição no passado.[40]

Conforme o parágrafo 37 do IFRS 3-R, o adquirente deverá reconhecer esses pagamentos contingentes a valor justo na data de aquisição, classificando-os como ativo (no caso de direitos de reembolso), passivo ou patrimônio.

ⓘ **Insight 3 – Combinação de negócios sem pagamento por parte do adquirente**: em uma combinação de negócios efetuada sem pagamento, o adquirente deverá utilizar o valor justo de sua participação na adquirida na data de aquisição para determinar o montante de *goodwill* ou ganho em compra com barganha, existente na transação.[41]

De acordo com os parágrafos 33 e B46 do IFRS 3-R, esse valor justo deve ser medido utilizando-se uma ou mais técnicas de avaliação apropriadas às circunstâncias e para as quais existam informações suficientes. Se mais de uma técnica for utilizada, o adquirente deve analisar os resultados obtidos, considerando a relevância e a confiabilidade dos dados utilizados e o grau de disponibilidade da informação.

ⓘ **Insight 4 – Custos relacionados à aquisição (*acquisition related costs*)**: custos incorridos para efetivar a combinação de negócios, tais como:

---

[39] Vide tópico 3.4.

[40] IFRS 3-R.Appendix A.

[41] Vide "Pagamentos", neste mesmo tópico.

Combinações de negócios **55**

- remuneração de intermediários (*finder's fees*);
- remuneração de serviços de assessoria, jurídicos, contábeis, de avaliação, entre outros;
- custos administrativos em geral, incluindo custos com a manutenção de um departamento interno que atua em aquisições; e
- custos de emissão e registro de títulos (de dívida e de participação).

Com exceção dos custos de emissão e registro de títulos, os quais devem ser tratados de acordo com o IAS 32 e o IAS 39, os demais custos devem ser registrados como despesa no período em que forem incorridos e os serviços forem prestados.[42]

---

[42] IFRS 3-R.53.

Instrumentos financeiros e custo amortizado

4.1 Geral

De acordo com o IAS 39, custo amortizado é o montante pelo qual devem ser registrados instrumentos financeiros enquadrados como financiamentos e recebíveis (*loans and receivables*) e investimentos mantidos até o vencimento (*held-to-maturity investments*). Essa medida considera os seguintes elementos:[1]

→
| Montante reconhecido inicialmente |
| (−) Repagamentos do principal |
| (+) ou (−) Amortização acumulada, utilizando-se o método da taxa efetiva |
| (−) Perdas de *impairment* |
| Saldo a custo amortizado |

O foco deste capítulo refere-se à aplicação do método da taxa efetiva utilizado na medição de instrumentos financeiros tratados a custo amortizado.

🔊 **Ponto de Atenção:** atentar para mudanças previstas na classificação e medição de instrumentos financeiros em IFRS, conforme apresentado no tópico 13.1, e algumas mudanças possíveis na medição de instrumentos financeiros a custo amortizado, conforme apresentado no tópico 14.6.

---

[1] IAS 39.9.

4.2 Método da taxa efetiva – *Bonds*

Tanto em IFRS quanto em US GAAP, deve ser utilizado o método da taxa efetiva (*effective interest method*) para fins de amortização de prêmios e descontos oriundos da aquisição ou emissão de ativos e passivos financeiros medidos a custo amortizado.[2]

Um exemplo de instrumentos financeiros sujeitos à aplicação do método da taxa efetiva são os títulos conhecidos como bônus (*bonds*). Comuns, devido à importância como fonte de captação de longo prazo, os bônus são títulos de dívida nos quais o emissor se compromete a pagar ao investidor (*bondholder*) uma quantia determinada na data de vencimento (valor de face – *face* ou *par value*), somada de pagamentos periódicos de juros, calculados através da aplicação da taxa de juros definida no bônus (*cupom rate*) ao valor de face. Em geral, bônus possuem fluxos previsíveis de pagamentos e repagamento de principal.

ⓘ **Insight 1 – Taxa de juros efetiva (*effective interest rate*):** a quantia que o emissor irá receber pelo bônus não necessariamente corresponderá ao valor de face do instrumento. O mercado pode ajustar o preço do título à taxa de mercado (taxa efetiva), que pode ser superior (gerando desconto) ou inferior (gerando um prêmio) ao cupom. Isso é resumido no Quadro a seguir.

Valor de face	
(+) Prêmio	→ Cupom > Taxa Efetiva
(–) Desconto	→ Cupom < Taxa Efetiva
Valor de Mercado = Valor Contábil Inicial	

Conforme mencionado no início, se quando da emissão ou compra[3] de um bônus for registrado um saldo de prêmio ou desconto, o mesmo deve ser amortizado com base no método da taxa efetiva.

➤ **Exemplo 1 – Método de amortização:** considere que a empresa ABC emitiu, em 1º de janeiro de 20X0, um bônus com: (i) cupom de 8% a. a.; (ii) vencimento em três anos, com pagamentos semestrais de juros; e (iii) valor de face de $ 1.000.000. Pelo bônus emitido, ABC recebeu $ 1.054.172, o que significa que o título possui uma taxa efetiva de 6% a. a.

---

[2] APB 12.12-17 e IAS 39.47.

[3] Considerando-se que o título seja medido a custo amortizado, uma vez que foi classificado como mantido até o vencimento.

(taxa que iguala o fluxo de pagamentos previsto ao valor recebido, que representa o valor de mercado). Neste caso, o controle da amortização ocorrerá da seguinte forma:

Data	Valor Contábil	Taxa Efetiva Semestral	Despesa Financeira	Juros	Amortização
Início	1.054.172	3%	31.625	40.000	8.374
20X0/2	1.045.797	3%	31.374	40.000	8.626
20X0	1.037.171	3%	31.115	40.000	8.885
20X1/2	1.028.286	3%	30.849	40.000	9.151
20X1	1.019.135	3%	30.574	40.000	9.426
20X2/2	1.009.709	3%	30.291	40.000	9.709
20X2	1.000.000				

- Valor Contábil = valor contábil do período anterior subtraído da amortização do prêmio
- Despesa financeira = valor contábil × taxa efetiva semestral
- Juros = cupom × valor de face
- Amortização = juros – despesa financeira

➢ **Exemplo 2 – Contabilização por parte do emissor:** considerando-se os dados do exemplo anterior, no primeiro semestre seriam registrados os seguintes lançamentos por parte do emissor:

		S.I	Movimento	20X2/2
Db <Cr>	A – Caixa	1.054.172	<40.000>	1.014.172
Db <Cr>	P – Prêmio	<54.172>	8.374	<45.797>
Db <Cr>	P – Bônus a pagar	<1.000.000>		<1.000.000>
Db <Cr>	R – Despesa financeira		31.625	31.625

Exemplos adicionais podem ser encontrados nos parágrafos B26 e B27 do Guia de Implementação do IAS 39 emitido pelo IASB.

4.3 Método da taxa efetiva – rendimentos variáveis

O IAS 39 fornece esclarecimentos com relação à aplicação do método da taxa efetiva no caso de instrumentos financeiros sujeitos a rendimentos variáveis. Basicamente, o tratamento a ser adotado dependerá do tipo de alteração ocorrida no instrumento financeiro. Se a alteração estiver relacionada à revisão nas taxas de juros de mercado aplicáveis a um instrumento financeiro (*floating rate financial instruments*), a taxa efetiva também deverá ser ajustada para refletir essas mudanças.[4] Caso a alteração esteja relacionada a revisões nos fluxos de caixa estimados, uma entidade deve ajustar o valor contábil do instrumento financeiro de maneira a refletir os novos fluxos, mantendo-se a taxa efetiva original.[5]

Na figura a seguir são resumidos esses requerimentos do IAS 39:

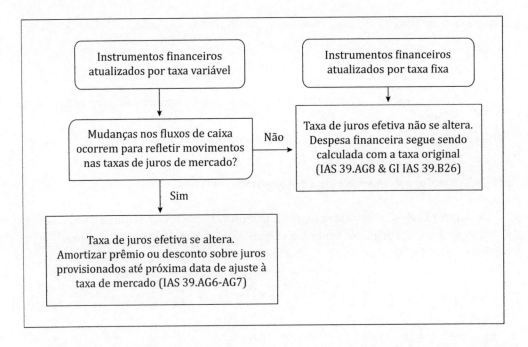

Deve ser observado que o IAS 39 prevê, quando das revisões de taxas de juros flutuantes, que prêmios ou descontos relacionados a essas taxas também sejam revisados. A amortização pela taxa efetiva, no caso desse prêmio ou desse desconto específico, ocorreria em um

---

[4] IAS 39.AG7.

[5] IAS 39.AG8.

período inferior à vida esperada do instrumento. De fato, essa amortização se daria entre as datas de revisão conforme exemplifica a figura a seguir:[6]

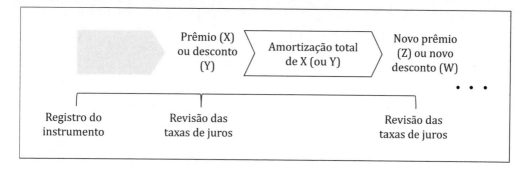

---
[6] IAS 39.AG6.

5

Derivativos

5.1 Geral

Derivativos são contratos enquadrados no escopo do IAS 39,[1] que possuem as seguintes características:[2]

i. seu valor se altera em função de mudanças em determinadas variáveis (*underlyings*)[3] ou existem provisões de pagamentos que estipulam uma liquidação fixa ou determinável caso uma ou mais variáveis se comportem de maneira específica;[4]

ii. investimento inicial líquido: (1) não é requerido; ou (2) é inferior ao que seria requerido em outros tipos de contratos cuja resposta a mudanças de fatores de mercado esperar-se-ia serem semelhantes; e

iii. será liquidado em uma data futura.[5]

---

[1] Em geral são classificados como ativos ou passivos financeiros mantidos para negociação (*held for trading*) exceto nos casos de contratos de garantias financeiras (*financial guarantee contracts*) ou de instrumentos de *hedge* designados e eficazes (vide tópico 5.4).

[2] IAS 39.9.

[3] Exemplos: (1) taxas específicas de juros; (2) preços de instrumentos financeiros; (3) preços de *commodities*; (4) taxas de câmbio; (5) índices de preços ou taxas; (6) avaliações de crédito (*credit rating*) ou índices de crédito. Não devem ser consideradas variáveis não financeiras que não sejam específicas para uma das partes do contrato (IAS 39.AG12A).

[4] IAS 39.AG9.

[5] Conforme o escopo do IAS 39 (parágrafos 5 a 7), é necessário que o encerramento das posições, no caso de contratos de compra ou venda de itens não financeiros, possa ocorrer através de: (1) liquidação em caixa ou outro instrumento financeiro; ou (2) troca de instrumentos financeiros. Exceção existe no caso de contratos firmados e mantidos com o objetivo de entregar ou receber itens não financeiros de acordo com os requerimentos esperados de compra, venda ou uso da entidade.

◄》 **Ponto de Atenção:** atentar para mudanças previstas na classificação e medição de instrumentos financeiros em IFRS, conforme apresentado no tópico 13.1.

◄》 **Ponto de Atenção:** atentar para possíveis mudanças na medição de valor justo em IFRS, conforme apresentado no tópico 14.1.

São considerados exemplos típicos de derivativos:[6]

- Contratos a termo (*forward contracts*): contrato de compra ou venda de um ativo em data futura por preço predeterminado. Retornos de contratos a termo são obtidos da seguinte forma:

Posição comprada: $R = S_t - K$

Posição vendida: $R = K - S_t$

Onde:

R = Retorno

S_t = Preço à vista do ativo no vencimento do contrato

K = Preço de entrega estabelecido no contrato

- Contratos futuros (*futures contracts*): possuem características semelhantes às dos contratos a termo, com a diferença de serem normalmente negociados em bolsa. Dessa forma, o preço de entrega (S_t) é determinado em pregão pelas leis de oferta e procura.

- Contratos de opções: contratos que dão ao seu detentor o direito de comprar (*call option*) ou vender (*put option*) um ativo objeto em certa data e por determinado preço. Com isso, podem haver duas pontas em cada contrato de opção: (1) a parte que assume a posição comprada (que compra a opção através do pagamento de prêmio); e (2) a parte que assume a posição vendida (que vende a opção). Retornos de contratos a termo são obtidos das seguintes formas:

Posição comprada em opção de compra: $R = \text{máx}(S_t - X, 0)$

Posição comprada em opção de venda: $R = \text{máx}(X - S_t, 0)$

Posição vendida em opção de compra: $R = \text{min}(S_t - X, 0)$

Posição vendida em opção de venda: $R = \text{min}(X - S_t, 0)$

Onde:

R = Retorno

S_t = Preço final do objeto de negociação

X = Preço de exercício da opção

---

[6] HULL, John C. *Opções, futuros e outros derivativos*. 3. ed. São Paulo: BM&F, 1998.

As fórmulas acima refletem o fato de que a opção será exercida pela parte na posição comprada apenas quando $S_t > X$.

- Contratos de *swap*: acordos nos quais duas entidades trocam fluxos de caixa numa data futura e que, por essa razão, podem ser decompostos em séries de contratos a termo (vide figura a seguir).

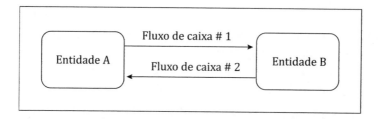

Acordos com essas características podem dar-se de diversas formas, sendo exemplos mais comuns os *swaps* de taxas de juros (tal como *swap* de taxa prefixada por taxa pós-fixada, também chamado *plain vanilla*) e de moedas. Esses tipos de instrumentos são avaliados das seguintes formas:

Swap de taxa de juros (tipo *plain vanilla*): $V = B_{fl} - B_{fix}$

Swap de moedas: $V = S_{BF} - B_D$

Onde:

V = Valor do contrato de *swap*

B_{fl} = Valor do título objeto do *swap* à taxa flutuante

B_{fix} = Valor do título objeto do *swap* à taxa prefixada

S = Taxa de câmbio a vista

B_F = Valor do título objeto do *swap*, em moeda estrangeira

B_D = Valor do título objeto do *swap*, em moeda doméstica

5.2 Escopo

O escopo do IAS 39 foca: (1) instrumentos financeiros, conforme definidos pelo IAS 32 e considerando-se algumas exceções; e (2) situações específicas que envolvam obrigações de contratação de financiamentos (*loan commitments*) ou contratos de compra ou venda de itens não financeiros que possam ser liquidados de uma maneira chamada *net settlement*. Tais itens podem ou não ser classificados como derivativos dependendo do atendimento de determinadas condições.[7] O objetivo neste tópico, portanto, é o de combinar os reque-

---

[7] Vide tópico 5.1.

rimentos para que um ativo ou passivo seja tratado como item coberto pelo IAS 39, com as restrições para classificação desse como derivativo. Adicionalmente, serão apresentadas instruções existentes em US GAAP para situações que possam ser consideradas semelhantes às tratadas pelo IAS 39.

ⓘ **Insight 1 – Exceções ao enquadramento como derivativo:** é razoável afirmar que grande parte da dificuldade no tratamento de contratos derivativos refere-se justamente à identificação dos mesmos para fins contábeis. De acordo com os critérios apresentados no tópico 5.1, uma grande quantidade de transações atenderia à definição de derivativo, estando, portanto, sujeitas aos requerimentos de reconhecimento e medição subsequente do IAS 39 para esse tipo de ativo ou passivo. Existem, entretanto, exceções em IFRS que devem ser consideradas:

- contratos de pagamentos com base em ações, sujeitos aos requerimentos do IFRS 2;[8]
- contratos de seguros, sujeitos aos requerimentos do IFRS 4;[9]
- contratos de *leasing*, sujeitos aos requerimentos do IAS 17;[10]
- contratos emitidos pela entidade que sejam classificados como instrumento de participação, segundo o IAS 32;[11]
- contratos entre um adquirente e um vendedor para a realização futura de uma combinação de negócios;[12]
- negociação de títulos do tipo *regular-way* (*"Regular-Way" security trades*):[13] contratos que preveem a entrega de um título dentro de um prazo geralmente estabelecido por regulamentações ou convenções do mercado ou bolsa em que a transação ocorre. Entretanto, de acordo com o parágrafo AG54 do IAS 39, se for requerido ou permitido *net settlement*[14] das mudanças no valor do contrato, o mesmo deve ser tratado como um derivativo entre a data em que é firmado (*trade date*) e o momento em que é liquidado (*settlement date*);
- compras e vendas normais (*normal purchases and normal sales*):[15] contratos de compra ou venda de itens não financeiros firmados de acordo com os requerimentos de compra, venda ou uso esperados de uma entidade e que possam ser

---

[8] IAS 39.2i e FAS 133.11b.

[9] IAS 39.2e e FAS 133.10c.

[10] IAS 39.2b.

[11] IAS 39.2d e FAS 133. 11a. Atentar para "Classificação como dívida ou patrimônio", no tópico 2.7.

[12] IAS 39.2g e FAS 133.11c.

[13] IAS 39.AG12 e FAS 133.10a.

[14] Os títulos devem ser prontamente conversíveis em caixa (FAS 133.58a). Caso não o sejam, deve haver um mecanismo de mercado, fora do contrato, que permita o *net settlement* (FAS 133.9b e .57c(2) e .58a).

[15] IAS 39.AG10 e FAS 133.10b.

liquidados através de *net settlement* (vide *Insight* 4 neste tópico). O parágrafo 10b do FAS 133 oferece as seguintes instruções para aplicação dessa exceção, em US GAAP:

Derivativo	Instrução
Contrato a termo	Contrato pode se qualificar para uso da exceção se for provável que a entrega física ocorrerá
Contratos individuais (*freestanding*) de opções	Exceção não deve ser utilizada
Contratos a termo que contenham opções (*optionality features*)	Contrato pode se qualificar para uso da exceção se for provável que a entrega física ocorrerá e sem alterações na quantidade do ativo
Acordos de compra ou venda de energia	Contrato pode se qualificar para uso da exceção se for um contrato de capacidade (*capacity contract*)

O mesmo parágrafo do FAS 133 esclarece que a exceção de compras e vendas normais não se aplica a contratos com preços baseados em um *underlying* (vide *Insight* 2 neste tópico) não relacionado de maneira clara e significante (*not clearly and closely related*) ao ativo objeto ou que não sejam denominados: (1) na moeda funcional de uma das partes que possa ser considerada substancial ao contrato; (2) numa moeda na qual o preço do ativo seja rotineiramente denominado, para fins de comércio internacional; ou (3) numa moeda que seja normalmente utilizada em contratos de compra ou venda de itens não financeiros, no ambiente econômico em que a transação ocorrer. O DIG Issue C20 explica que um *underlying* de um contrato seria considerado não relacionado de maneira clara e significante ao ativo objeto do mesmo em qualquer uma das seguintes circunstâncias:[16]

i. o *underlying* é irrelevante tanto a mudanças no custo do ativo sendo comprado ou vendido, quanto a mudanças no valor justo do mesmo. Isso inclui ser irrelevante à produção do ativo em questão;

ii. o *underlying* não é considerado irrelevante de acordo com o item anterior, mas sua relevância não é consistente com a magnitude e sentido do impacto que provoca em ajustes no preço incorporado em um contrato;

---

[16] O conceito de "relacionado ou não relacionado de maneira clara e significante" é utilizado pelo FAS 133 na análise da aplicação da exceção de compras e vendas normais e na separação de contratos principais e derivativos embutidos (vide tópico 5.3). O DIG Issue C20 se aplica apenas ao primeiro caso.

iii. o *underlying* utilizado é a taxa de câmbio de uma moeda que não atenderia aos critérios 1, 2 ou 3 do parágrafo anterior.

- contratos de garantias financeiras (*financial guarantee contracts*):[17] de acordo com o IAS 39, contratos de garantias financeiras devem ser contabilizados inicialmente a valor justo e subsequentemente medidos pelo maior entre: (1) o montante determinado com base no IAS 37; e (2) o montante reconhecido inicialmente menos, quando apropriado, amortização acumulada reconhecida com base no IAS 18;

- obrigações de contratação de financiamentos (*loan commitments*) que não possam ser liquidadas em caixa ou através da entrega ou emissão de outro instrumento financeiro;[18]

- contratos que façam com que uma transferência de ativo financeiro não seja contabilizada como uma venda:[19] na medida em que uma transferência de um ativo financeiro não se qualifique para que o mesmo deixe de ser reconhecido, os direitos e as obrigações contratuais do transferidor com relação à transferência não devem ser contabilizados separadamente como derivativos (exemplo: opções de recompra).

Adicionalmente, contratos que contenham uma obrigação para a entidade de comprar suas próprias ações por caixa ou outro ativo financeiro devem ser contabilizados como passivos financeiros medidos pelo valor presente do montante de compra (*redemption*), de acordo com o parágrafo 23 do IAS 32. Tratamento semelhante é previsto em US GAAP, conforme o parágrafo 11d do FAS 133.

ⓘ *Insight* **2 – Critérios para identificação de derivativos – variáveis de um derivativo (*underlyings*) e valor de face (*notional amount*):** conforme mencionado no tópico 5.1, o valor de um derivativo é determinado por variáveis (*underlyings*) que quando aplicadas ao valor de face (*notional amount*) ou a uma provisão de pagamento estipulada em contrato resultam no montante pelo qual o mesmo será liquidado. Alguns exemplos de variáveis desse tipo são listados no parágrafo 57a do FAS 133:

- um preço de um título ou um índice de preços de títulos;
- um preço de uma *commodity* ou um índice de preços de *commodities*;
- uma taxa de juros ou um índice de taxas de juros;
- avaliação de crédito (*credit rating*) ou um índice de crédito (*credit index*);
- uma taxa de câmbio ou um índice de taxas de câmbio;

---

[17] IAS 39.9 e .47c e FAS 133.10d.

[18] IAS 39.4b e FAS 133.10i.

[19] IAS 39.AG34 e .AG49 e FAS 133.10f.

- um índice de seguro (*insurance index*) ou um índice de perdas por catástrofes (*catastrophe loss index*);
- uma condição climática ou geológica (tais como temperatura, intensidade de terremotos ou índices pluviométricos); ou
- outros tipos de variável física ou índice relacionado.

De maneira geral, podem ser utilizadas quaisquer variáveis cujas alterações sejam observáveis ou, de outra forma, verificáveis objetivamente. A única exceção contida no IAS 39 (parágrafo AG12A) refere-se a variáveis não financeiras que sejam específicas para uma das partes do contrato. Exemplos disso, dados pelo IAS 39, incluem:

- a ocorrência, ou não, de um incêndio que danifique ou destrua um ativo de uma das partes do contrato; ou
- mudanças no valor justo de um ativo não financeiro de uma das partes do contrato que reflitam não apenas flutuações de mercado, mas também as condições físicas de tal ativo.

Contratos de compra a termo de *commodities* (*commodity contracts*) fornecem exemplos da forma como variáveis tidas como *underlyings* interferem no valor de liquidação do derivativo, dependendo dos termos do mesmo: se serão praticados preços fixos, variáveis ou uma combinação de ambos. Esse assunto é tratado pelo DIG Issue A11, para fins de US GAAP cujos requerimentos foram resumidos na tabela a seguir:

Contrato de *commodity*	*Underlying*	Valor derivativo
Compra a termo de quantidade fixa a preço fixo.	Preço da *commodity*	Varia em função de mudanças no *underlying*.
Compra a termo de quantidade fixa a preço flutuante.	Preço da *commodity*	*Underlying* não afeta o valor do derivativo, que deve ser zero.
Compra a termo de quantidade fixa a preço flutuante, mas com parcela fixa.[20]	Preço da *commodity*	Varia em função de mudanças no *underlying* sobre a parcela fixa.

O Issue A11 esclarece que se contratos dos tipos descritos no quadro acima atenderem aos critérios do tópico 5.1 (*underlying*, investimento inicial líquido e liquidação em data

---

[20] Também chamada "*basis differential*".

futura), devem ser tratados como derivativos, a não ser que se enquadrem na exceção de compras e vendas normais do tópico 5.2.

Adicionalmente, em contratos de *commodities*, tais como os apresentados anteriormente, a quantidade comprada a termo representa o valor de face do derivativo ou seu *notional amount*. Esse termo é explicado no parágrafo AG9 do IAS 39 e pode compreender valores em moeda, número de ações, número de unidades de peso ou volume ou algum outro tipo de unidade especificada no contrato. Entretanto, o conceito de *notional amount* não se aplica apenas a unidades fixas – contratos de *commodities*, por exemplo, podem prever a compra a termo de quantidades variáveis, de acordo com as necessidades do comprador. O DIG Issue A6 trata dessa questão da seguinte forma, para fins de US GAAP:

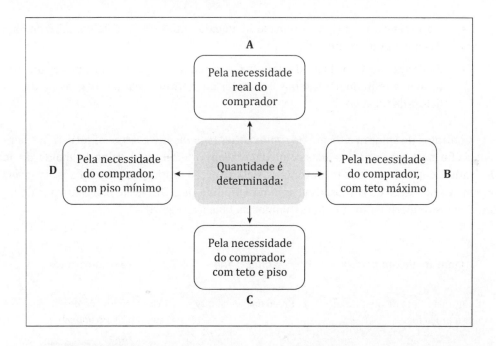

Nos casos A e B, será possível afirmar que o contrato possui *notional amount* apenas se seus termos estipularem uma fórmula de cálculo que determine, de maneira objetiva e confiável, o montante correspondente às necessidades reais do comprador. Uma técnica descrita no Issue A6 para quantificar e validar o *notional amount* de um contrato tem como base a utilização das cláusulas de *default* existentes no mesmo.

Com relação à técnica para determinação de *notional amount* nos casos C e D, vale o mesmo que para A e B. Entretanto, contratos que especificam números mínimos de unidades sempre possuirão *notional amount* que deverá ser, pelo menos, equivalente ao piso determinado. Vale ressaltar que apenas a parcela do contrato com *notional amount* determinável estaria sujeita ao tratamento como instrumento derivativo.

ⓘ **Insight 3 – Critérios para identificação de derivativos – investimento inicial líquido (*initial net investment*):** conforme mencionado no tópico 5.1, um contrato derivativo não requer investimento inicial líquido. Caso investimento inicial líquido tenha sido feito em um contrato derivativo, este deve ser inferior ao que seria requerido em outros tipos de contratos cuja resposta a mudanças de fatores de mercado esperar-se-ia serem semelhantes. O FAS 133 exemplifica essa situação das seguintes formas:[21]

- contratos futuros de *commodity* geralmente não requerem qualquer investimento inicial líquido, enquanto que a compra da mesma *commodity* requer um investimento inicial líquido igual ao preço de mercado da mesma. Ambos os contratos, entretanto, refletem mudanças no preço da *commodity* da mesma maneira;

- *swaps* ou contratos a termo geralmente não requerem investimento inicial líquido, a menos que os termos do contrato favoreçam uma das partes sobre a outra;

- opções geralmente requerem que uma das partes faça um investimento inicial líquido (o prêmio), uma vez que passará a ter direitos, enquanto que a outra parte terá obrigações.

Para os casos nos quais o investimento inicial líquido é necessário, o FAS 133 fornece as seguintes instruções:[22]

- se for requerida uma troca mútua de ativos, quando do início do contrato, deve ser considerada como investimento inicial líquido a diferença entre o valor justo dos ativos trocados;

- um contrato não pode ser considerado um derivativo se requer um investimento inicial líquido que seja: (1) igual ao *notional amount* do contrato (ou ao *notional amount* mais/menos prêmio/desconto); ou (2) determinado aplicando-se o *underlying* ao *notional amount*;

- um contrato pode ser considerado um derivativo se requer um investimento inicial líquido a valor presente que seja inferior (por um montante maior do que o valor nominal do investimento inicial líquido) ao total que seria necessário para: (1) adquirir o ativo relacionado ao *underlying*; ou (2) para incorrer na obrigação relacionada ao *underlying*. Isso pode ser traduzido da seguinte forma:

Contrato pode vir a ser considerado derivativo se:

$$VP_{IIL} + VN_{IIL} < A_{underlying}$$

Ou

$$VP_{IIL} + VN_{IIL} < P_{underlying}$$

---

[21] FAS 133.57b.

[22] FAS 133.8.

Onde:

VP_{IIL} = Investimento inicial líquido a valor presente

VN_{IIL} = Investimento inicial líquido a valor nominal

$A_{underlying}$ = Total para adquirir ativo relacionado ao *underlying*

$P_{underlying}$ = Total para incorrer obrigação relacionada ao *underlying*

➢ **Exemplo 1 – Investimento inicial líquido:**[23] considere que: (1) uma entidade firme um contrato de compra a termo de 1 (uma) ação de uma empresa não relacionada no prazo de 1 (um) ano pelo preço prefixado de $ 100; e (2) tal contrato possua em suas cláusulas a opção de pré-pagamento na data em que é firmado (*inception*), pelo valor de mercado da ação ($ 95). Tal contrato pode atender ao critério de investimento líquido inicial para classificação como derivativo,[24] ou não, dependendo do exercício da opção.

Caso a opção não seja exercida, o contrato pode vir a ser classificado como um derivativo, pois não requer investimento inicial líquido (possui apenas uma opção de pré-pagamento). Entretanto, caso fosse feito um adiantamento para pré-pagar o contrato, pelo montante de $ 95 (valor de mercado da ação no início do contrato), este não poderia ser classificado como um instrumento derivativo, pois o investimento inicial líquido não seria menor do que o requerido por outros tipos de contratos com respostas similares a variações em fatores de mercado. Ou seja, o investimento inicial líquido é igual ao montante que seria desembolsado para adquirir o ativo relativo ao *underlying*.

ⓘ *Insight* 4 – **Critérios para identificação de derivativos – liquidação em uma data futura (*settled at a future date*):** enquanto que para US GAAP a forma de liquidação de um contrato está relacionada ao critério mais complexo na identificação de um instrumento derivativo, em IFRS isso não chega a ser um problema da mesma proporção.

Para que um contrato seja enquadrado como derivativo, de acordo com o FAS 133, deve conter nos seus termos o requerimento ou a permissão de ser liquidado de uma maneira denominada *net settlement*. Caso isso não exista, o contrato ainda pode ser considerado um derivativo se o *net settlement* puder ocorrer por meios externos ao contrato ou se este previr a entrega de um ativo que coloque o recebedor em uma situação equivalente ao *net settlement*.[25]

O IAS 39, diferentemente, requer apenas que um contrato seja liquidado em uma data futura para que possa vir a ser enquadrado como derivativo.[26] A exigência de que o contrato

---

[23] Baseado no DIG Issue A1.

[24] Vide tópico 5.1.

[25] FAS 133.6c.

[26] IAS 39.9.

Derivativos **73**

requeira ou permita *net settlement*, para que possa ser enquadrado como um derivativo em IFRS, é aplicável somente nos seguintes casos:

- títulos do tipo *regular-way*;[27]
- obrigações de contratação de financiamentos (*loan commitments*);[27]
- contratos para a compra ou venda de itens não financeiros, caso não tenham sido firmados com o propósito de receber ou entregar o item não financeiro de acordo com os requerimentos de compra, venda ou uso da entidade.[28]

De maneira geral, *net settlement* corresponde à liquidação de um contrato em caixa ou outro instrumento financeiro, sem que ocorra a entrega ou recebimento de um ativo em unidades equivalentes ao *notional amount* e que seja associado ao *underlying*.[29] Isso normalmente é previsto nas cláusulas contratuais para situações de *default*, tais como penalidades nos casos de não *performance* em compras a termo, desde que os valores sejam baseados em mudanças nos preços do ativo objeto do contrato (uma penalidade fixa, no caso de não *performance*, não seria considerada *net settlement*).[30]

O conceito, entretanto, é abrangente. Segundo o IAS 39, *net settlement* pode ocorrer de outras formas, tais como:[31]

- troca de instrumentos, tais como contratos compensatórios (*offsetting contracts*) ou venda do contrato antes que o mesmo seja exercido ou vença. O FAS 133 prevê situação semelhante para que ocorra *net settlement* se houver um mecanismo de mercado (*market mechanism*) estabelecido que facilite a ocorrência do mesmo. Isso compreende qualquer acordo que permita a quaisquer das partes de ser liberada de todos os direitos e de todas as obrigações existentes em um contrato de maneira a encerrar suas posições líquidas sem incorrer em custos de transação significantes;[32]

---

[27] Vide *Insight* 1 no tópico 5.2.

[28] IAS 39.5.

[29] IAS 39.6 e FAS 133.9a.

[30] FAS 133.57c(1). Contratos que contenham penalidades variáveis baseadas nas flutuações nos preços do ativo objeto não possibilitam *net settlement* se também contêm penalidades incrementais em montantes fixos significativos a ponto de tornar a possibilidade de não *performance* remota (DIG Issue A5). Adicionalmente, penalidades nos casos de não *performance* que requeiram da parte em *default* que compense a contraparte por perdas incorridas, mas que não permitem à parte em *default* que se beneficie de efeitos favoráveis nas mudanças do preços (*asymmetrical default provision*), não produzem em um contrato de *commodity* a característica de *net settlement* (DIG Issue A8).

[31] IAS 39.6.

[32] FAS 133.57c(2). A existência de requerimentos contratuais de que uma das partes obtenha a permissão da outra para repassar a terceiros seus direitos ou obrigações em um contrato não impossibilita a ocorrência de *net settlement*. Para tanto, deve ser remota a possibilidade de a permissão não ser concedida (DIG Issue A7).

- quando a habilidade de liquidar um contrato através de *net settlement* não estiver explícita nos termos do mesmo, mas a entidade tem a prática de liquidar contratos similares de tal forma;

- quando, para contratos similares, a entidade tiver a prática de receber a entrega do ativo objeto e vendê-lo em um curto espaço de tempo após o recebimento, com o propósito de lucrar com as flutuações de curto prazo: (1) no seu preço; ou (2) na margem do negociante; e

- quando o item não financeiro correspondente ao ativo objeto do contrato for imediatamente conversível em caixa. Em US GAAP, o DIG Issue A10 esclarece que um ativo pode ser considerado imediatamente conversível em caixa somente se o montante líquido em espécie recebido de sua venda em um mercado ativo for igual ou "não significativamente" inferior ao montante que a entidade receberia em um *net settlement*.

O montante líquido em espécie a ser recebido numa venda em um mercado ativo pode ser impactado por vários fatores, tais como comissões e custos de transporte. Se uma entidade determinar que os custos a serem incorridos para converter imediatamente o ativo em caixa não são significantes, então, o recebimento do ativo coloca a entidade em uma posição substancialmente igual ao *net settlement*. De acordo com o Issue A10, uma entidade deve avaliar da seguinte forma a significância dos custos de conversão, na data de início (*inception*) do contrato:

10% da receita bruta com venda do ativo[a]	>	Custos de conversão	→	Insignificante
10% da receita bruta com venda do ativo[a]	≤	Custos de conversão	→	Significante

[a] Baseada no preço *spot* no início do contrato considerando-se que a venda ocorre no mercado mais próximo ou economicamente mais ativo.

5.3 Derivativos embutidos

Derivativos podem ser instrumentos financeiros individuais (*freestanding*) ou podem fazer parte de instrumentos híbridos quando estiverem embutidos (*embedded*) em outros contratos tidos como principais (*host contracts*). Derivativos embutidos podem modificar em parte ou integralmente os fluxos de caixa de um contrato híbrido em função de alterações em variáveis (*underlyings*), tais como as descritas no tópico 5.1. A figura a seguir exemplifica essa mecânica:

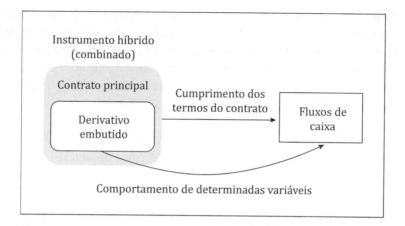

O parágrafo 10 do IAS 39 esclarece que um derivativo não deve ser considerado embutido, mesmo se estiver anexado a um instrumento financeiro, caso: (1) possa ser, contratualmente, transferido de maneira independente em relação a esse instrumento; ou (2) tenha uma contraparte diferente desse instrumento.

ⓘ **Insight 1 – Contabilização de derivativos embutidos:** derivativos embutidos devem ser separados de seus contratos principais e contabilizados como derivativos de acordo com o IAS 39 se, e somente se:[33]

i. as características econômicas e os riscos do derivativo embutido não são relacionados de maneira clara e significante às características econômicas e aos riscos do contrato principal;[34]

ii. um instrumento financeiro não embutido (*freestanding*), com as mesmas características do derivativo embutido, seria classificado como um derivativo; e

iii. o instrumento híbrido não é medido a valor justo com movimentações reconhecidas no resultado do período (*fair value through profit or loss*).

A contabilização de todos os derivativos embutidos que atendessem aos critérios (ii) e (iii) descritos acima como derivativos separados poderia ser considerada conceitualmente mais adequada. Entretanto, por questões práticas, tanto o IASB quanto o FASB incorporaram o requerimento de que as características econômicas e os riscos do derivativo embutido e do contrato principal não estejam relacionados. Dessa forma, evitaram alterações no tratamento de diversos instrumentos híbridos cuja contabilização era considerada bem estabelecida e sujeita a poucos questionamentos.[35]

---

[33] IAS 39.11.

[34] Diferentes exemplos de quando essa condição será atendida podem ser encontrados em IAS 39.AG30-AG33.

[35] IAS 39.BC37 e FAS 133.305.

◁》 Ponto de Atenção: o IAS 39 permite, no parágrafo 11A, que uma entidade designe todo o instrumento híbrido (combinado) como ativo ou passivo financeiro medido a valor justo através do resultado. Essa opção poderá ser utilizada nos casos em que: (1) o derivativo embutido modifica significativamente os fluxos de caixa que seriam requeridos pelo contrato principal; e (2) estiver evidente que a separação do derivativo embutido não é proibida.

No quadro a seguir são apresentados dois casos simplificados de derivativos embutidos, com o objetivo de facilitar o entendimento do critério (i) descrito acima:

Natureza do derivativo embutido – A	Contrato principal – B	Variável (*underlying*) do derivativo embutido	Relação entre A e B
Indexação dos pagamentos de juros à inflação[36]	Instrumento de dívida	Índice de inflação	Relacionados
Indexação dos pagamentos de juros a *commodity*[37]	Instrumento de dívida	Preço de uma *commodity*	Não relacionados

Na maioria dos casos de instrumentos financeiros híbridos ajustados por juros (*interest-bearing instruments*) cujos derivativos embutidos possuem como variáveis (*underlyings*) taxas de juros ou índices de taxas de juros que sirvam apenas para alterar os pagamentos líquidos de juros (que do contrário seriam incorridos com base no contrato principal), verificar-se-á uma relação significativa entre o derivativo e o contrato principal. Entretanto, se uma das seguintes condições existir, um derivativo embutido desse tipo deve ser considerado não relacionado ao contrato principal:[38]

i. os pagamentos de juros do contrato principal são afetados de tal forma pelo derivativo embutido que o investimento inicial registrado pelo investidor não venha a ser substancialmente recuperado; ou

ii. o derivativo embutido é de tal forma que: (1) existe um cenário possível de taxa de juros (mesmo que remoto) no qual a taxa de retorno inicial do investidor com relação ao contrato principal seja, no mínimo, dobrada; e (2) o derivativo faz com

---

[36] IAS 39.AG33e e FAS 133.61b.

[37] IAS 39.AG30e e FAS 133.61i.

[38] IAS 39.AG33a e FAS 133.309.

que a taxa de retorno inicial do investidor com relação ao contrato principal seja, no mínimo, duas vezes maior do que o retorno de um contrato semelhante no mercado, envolvendo um devedor com capacidade de crédito similar.

Adicionalmente, com relação a derivativos embutidos de moeda estrangeira, estes não devem ser separados caso:[39]

i.   o contrato principal: (1) seja um contrato de seguro; ou (2) não seja um instrumento financeiro;

ii. o derivativo não seja alavancado (*leveraged*)[40] nem contenha características de opções; e

iii. os pagamentos especificados pelo derivativo sejam denominados: (1) na moeda funcional de uma das partes que possa ser considerada substancial ao contrato; (2) numa moeda na qual o preço do bem ou serviço escopo do contrato principal seja rotineiramente denominado, para fins de comércio internacional; ou (3) numa moeda que seja normalmente utilizada em contratos de compra ou venda de itens não financeiros, no ambiente econômico em que a transação ocorrer.

Ponto de Atenção: derivativos de moeda estrangeira embutidos em instrumentos de dívida, e que resultam em fluxos de pagamento em moeda estrangeira, não devem ser separados. O IAS 21 requer que ganhos (ou perdas) com variação cambial de itens monetários sejam reconhecidos no resultado do período.[41]

Os casos descritos acima, referentes a taxas de juros e moedas estrangeiras, cobrem tipos comuns de contratos que podem incluir derivativos embutidos que, por sua vez, podem vir a ser separados dos contratos principais. Exemplos adicionais podem ser encontrados nos parágrafos AG30 a AG33 do IAS 39 e 61 do FAS 133.

ⓘ *Insight* 2 – **Medição de derivativos embutidos**: uma vez constatado que o derivativo embutido deve ser separado do contrato principal, torna-se necessário medi-lo a valor justo, conforme requer o IAS 39 para qualquer outro instrumento derivativo. Entretanto, é possível que essa medição não seja viável com base nos termos e condições do próprio derivativo embutido, o que torna necessário avaliar as seguintes alternativas:

---

[39] IAS 39.AG33d e FAS 133.311.

[40] Em US GAAP, o FAS 133 (FAS 133.7) explica que um derivativo pode ser considerado alavancado quando sua liquidação é determinada pela interação do *nominal amount* com o *underlying* e com um fator de alavancagem (*leverage factor*). A alavancagem também pode acontecer quando o *notional amount* do derivativo embutido é superior ao valor de face do contrato principal (FAS 133.295 e DIG Issue B4).

[41] IAS 39.AG33c.

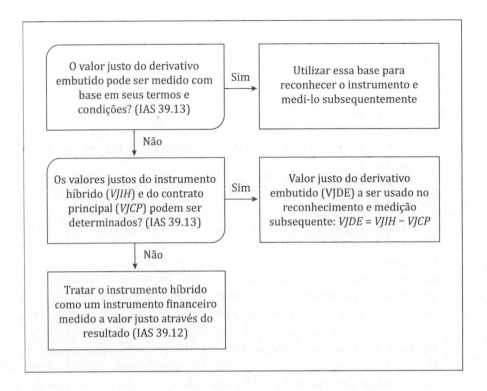

ⓘ **Insight 3 – Instrumentos híbridos que contenham múltiplos derivativos embutidos:** o IAS 39 prevê no parágrafo AG29 a possibilidade de que um único instrumento híbrido contenha mais de um derivativo embutido (*multiple embedded derivatives*), os quais normalmente devem ser tratados como se fossem um único derivativo embutido. Exceções existem nos seguintes casos:

- derivativos embutidos classificados como patrimônio (*equity*) devem ser tratados de maneira distinta daqueles classificados como ativo ou passivo.[42] Instrumentos financeiros que atendam à definição de patrimônio do IAS 32 não fazem parte do escopo do IAS 39 a menos que se trate de situações específicas envolvendo demonstrações financeiras separadas ou participações de organizações de *venture capital, mutual funds, unit trusts* e outras entidades similares (incluindo *investment-linked insurance funds*);[43]
- derivativos embutidos que estejam relacionados a exposições de riscos diferentes e que sejam imediatamente separáveis e independentes uns dos outros.

---

[42] IAS 32.15.

[43] IAS 27.38 a.40 e IAS 28.1 e IAS 31.1.

5.4 Contabilização de *hedge*

O IAS 39 prevê que, em determinadas situações, instrumentos financeiros (em geral, derivativos) podem ser contratados por uma entidade com o propósito de protegê-la da ocorrência de eventos futuros específicos, tais como variações em preços, taxas de juros ou taxas de câmbio. A isso dá-se o nome de *hedge*. Nesses casos, se for verificada uma "relação de *hedge*" (*hedging relationship*) qualificada entre o instrumento de *hedge* (*hedging instrument*) e o item coberto pelo *hedge* (*hedged item*), é permitida uma contabilização específica para os ganhos ou perdas apurados em cada um dos dois, chamada contabilização de *hedge* (*hedge accounting*).[44] Na figura a seguir são apresentados os principais elementos desse tipo de contabilização:

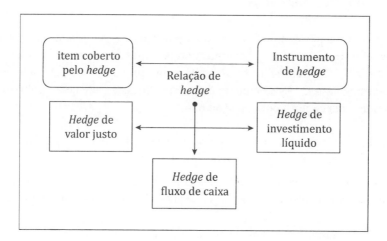

Essa contabilização específica permite que em *hedges* qualificados de acordo com os critérios do IAS 39 as variações no valor justo de um instrumento de *hedge* sejam compensadas parcialmente ou integralmente com as variações correspondentes no valor do item coberto pelo *hedge*, em um mesmo período. A aplicação da contabilização de *hedge* dependerá principalmente de a entidade contratante do *hedge* conseguir: (1) designar e qualificar o instrumento de *hedge* e o item coberto pelo mesmo; e (2) documentar e comprovar apropriadamente a eficácia do *hedge* em compensar as exposições a riscos específicos.[45] A figura a seguir resume essas questões:

---

[44] IAS 39.71.

[45] Vide tópico 5.7.

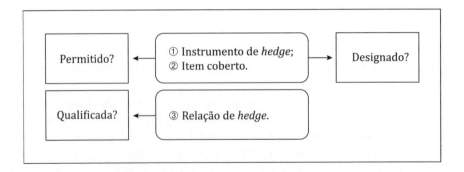

5.5 Itens cobertos por *hedges*

De acordo com o parágrafo 78 do IAS 39, itens cobertos por um *hedge* podem ser: (1) ativos ou passivos reconhecidos; (2) compromissos firmes não reconhecidos (*unrecognized firm commitments*); (3) transações futuras altamente prováveis; ou (4) investimentos em operações estrangeiras. O IAS 39 contém duas especificações adicionais sobre o que pode ser considerado item coberto por *hedge* ou não:

- inclui: parte de portfólios de ativos e passivos financeiros que dividam risco de taxa de juros para o qual há a cobertura de um *hedge*; e
- exclui: investimentos classificados como mantidos até o vencimento quando o *hedge* estiver relacionado a riscos de taxas de juros ou de pré-pagamento.[46]

É necessário atentar para o fato de que os itens descritos acima podem ser designados integralmente, parcialmente ou agrupados como itens cobertos por *hedge*. Isso dependerá dos riscos atribuídos ao item que sejam cobertos através da relação de *hedge*.

No caso de um instrumento financeiro, por exemplo, é possível que apenas parte dos fluxos de caixa (ou parte do valor justo) associada a riscos específicos seja designada como item coberto pelo *hedge*:[47]

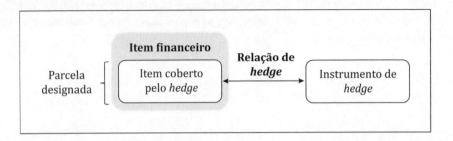

---

[46] IAS 39.79.

[47] IAS 39.81.

Conforme mencionado anteriormente no primeiro parágrafo deste mesmo tópico, portfólios de ativos e passivos financeiros que dividam risco de taxa de juros para o qual há a cobertura de um *hedge* podem ser parcialmente designados como itens cobertos por *hedge*. É importante atentar, entretanto, que isso não deve resultar na designação da posição líquida dos ativos e passivos financeiros que compõem o portfólio como instrumento de *hedge*. A parcela designada precisa ser um montante dos ativos ou um montante dos passivos.[48] O parágrafo BC176b do IAS 39 oferece um exemplo simplificado no qual um portfólio é composto de ativos no montante de $ 100 e passivos no montante de $ 80. No caso, é requerido que um ativo individual do portfólio (ou grupo de ativos sujeitos ao mesmo risco específico) no montante de $ 20 seja designado como item coberto pelo *hedge*.

Com relação a itens não financeiros, estes podem ser designados integralmente ou parcialmente quando os riscos cobertos pela relação de *hedge* estiverem associados a variações no valor de moedas estrangeiras. Se não for esse o caso, todo o item não financeiro deve ser designado como item coberto por *hedge*, para os riscos ao qual o ativo ou passivo possa estar exposto.[49] A figura a seguir resume esses requerimentos:

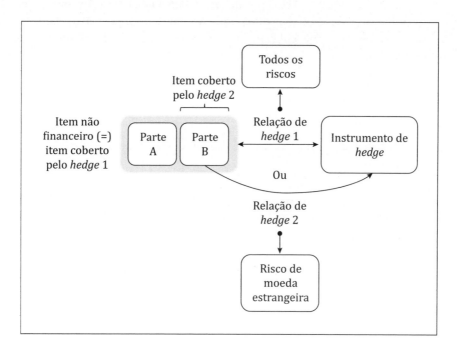

De maneira geral, quando ativos (ou passivos) individuais pertencem a um grupo e estão expostos a um mesmo risco específico coberto por *hedge*, o conjunto de ativos (ou

---

[48] IAS 39.81A.

[49] Riscos associados a mudanças no preço de mercado do ativo (ou passivo) ou riscos associados a fluxos de caixa no caso de transações futuras para compra do ativo (ou liquidação do passivo) não financeiro. Vide IAS 39.82 e FAS 133.416.

o conjunto de passivos) deve ser designado como item coberto por *hedge* (vide figura a seguir).[50]

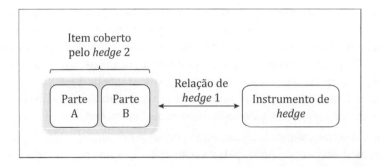

🔊 **Ponto de Atenção:** em US GAAP, contratos de compras e vendas normais excluídos dos requerimentos de contabilização como derivativos podem ser considerados itens cobertos por *hedge*, na forma de compromissos firmes não reconhecidos. Caso os contratos não contemplem preços fixos, podem ainda ser considerados itens cobertos por *hedge* como transações futuras altamente prováveis.[51]

5.6 Instrumentos de *hedge*

Instrumentos de *hedge* são, em geral, instrumentos derivativos designados de acordo com os critérios do IAS 39.

As únicas exceções ocorrem nos casos: (1) de opções vendidas (*written options*), a menos que sirvam para cobrir os riscos de opções compradas (*purchased options*) – mesmo aquelas embutidas em contratos principais; ou (2) de ativos ou passivos financeiros não derivativos designados como instrumentos de *hedge* em relações de *hedge* de risco de moeda estrangeira.[52]

A figura a seguir demonstra como um instrumento pode ser qualificado como instrumento de *hedge*:

---

[50] IAS 39.83.
[51] DIG Issue E17.
[52] IAS 39.72.

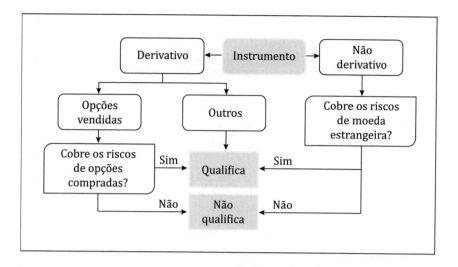

Espera-se que variações no valor justo ou nos fluxos de caixa do instrumento de hedge compensem as variações no valor justo ou nos fluxos de caixa do item coberto pelo hedge,[53] o que configura uma relação de hedge. Isso pode ser escrito da seguinte forma:

$\Delta VJ_{IH} \approx - \Delta VJ_{ICH}$

Ou

$\Delta FC_{IH} \approx - \Delta FC_{ICH}$

Onde:

VJ_{IH} = Valor justo do instrumento de hedge

VJ_{ICH} = Valor justo do item coberto por hedge

FC_{IH} = Fluxo de caixa do instrumento de hedge

FC_{ICH} = Fluxo de caixa do item coberto por hedge

Assim como para itens designados como itens cobertos por hedge, instrumentos derivativos podem ser designados como instrumentos de hedge de diferentes maneiras. Podem ser designados, por exemplo, em sua totalidade, parcialmente, cobrindo mais de um tipo de risco (desde que determinadas condições sejam atendidas)[54] ou, em conjunto com outros derivativos (ou parte destes), desde que a combinação não envolva opções vendidas ou opções vendidas líquidas[55] (as quais também não podem ser consideradas instrumentos de hedge). Essas possibilidades são resumidas na figura a seguir:

---

[53] IAS 39.9.

[54] IAS 39.76.

[55] O prêmio recebido com a venda de uma opção supera o prêmio recebido com a compra de outra (*net premium received*). Vide IAS 39.77.

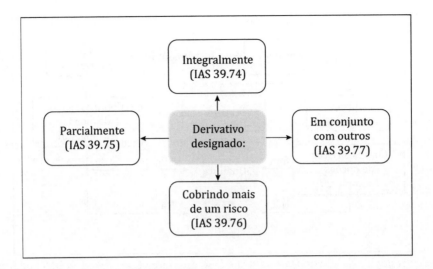

Normalmente, as designações descritas acima são feitas com base em um valor justo único do instrumento de *hedge* como um todo. Existem, entretanto, duas exceções para essa premissa e através destas o IAS 39 (parágrafo 74) permite que uma entidade:

i. separe o valor intrínseco (*intrinsic value*) de uma opção do valor no tempo (*time value*) da mesma. Nesse caso, devem ser designadas como instrumento de *hedge* apenas as variações no valor intrínseco; e

ii. separe o elemento de juros do preço *spot* de um contrato a termo.

No primeiro caso, deve-se considerar que o prêmio pagável (ou recebível) a cada período por um contrato de opção é composto pelo valor intrínseco e pelo valor da opção no tempo. O valor intrínseco corresponde à diferença entre o preço do ativo objeto do contrato e o preço de exercício da opção (*strike price*). Em uma posição comprada, por exemplo, o valor intrínseco nunca será inferior a zero, caso a opção seja considerada *out-the-money* (preço do ativo < *strike price*), pois o comprador simplesmente não exercerá a mesma. O valor da opção no tempo corresponde à diferença entre o prêmio pagável (ou recebível) e o valor intrínseco.[56]

Assim, o valor de um contrato de opção pode ser escrito da seguinte forma:

$P_{opção} = VI + VOT$

E

$VI - P_{ativo} - P_{exercício}$

Onde:

$P_{opção}$ = Prêmio pagável (ou recebível)

---

[56] FAS 133.102 e .162. Vide também tópico 5.1.

Derivativos **85**

VI = Valor intrínseco da opção

VOT = Valor da opção no tempo

P_{ativo} = Preço do ativo objeto do contrato

$P_{exercício}$ = Preço de exercício da opção (*strike price*)

No segundo caso, a lógica é semelhante. O preço para contratar uma compra ou venda de um ativo a termo (A) é composto pelo preço *spot*[57] (B) e pelo elemento de juros (A – B).

5.7 Relações de *hedge*

Relações de *hedge* podem ser de três tipos:[58]

- *hedge* de valor justo (*fair value hedge*), quando a exposição ao risco puder afetar o resultado e estiver relacionada a variações no valor justo dos seguintes itens cobertos por *hedge*: (1) ativos ou passivos reconhecidos; (2) compromissos firmes não reconhecidos; e (3) parcelas identificáveis de tais ativos, passivos ou compromissos firmes. Exposições a moedas estrangeiras em compromissos firmes não reconhecidos também podem ser designadas *hedges* de valor justo, bem como *hedges* de fluxo de caixa;[59]

- *hedge* de fluxo de caixa (*cash flow hedge*), quando a exposição a variações de fluxo de caixa que sejam atribuídas a riscos específicos associados aos seguintes itens cobertos pelo *hedge* puderem afetar o resultado: (1) ativos ou passivos reconhecidos; e (2) transações futuras altamente prováveis. Tal como ocorre no caso de *hedges* de valor justo (mencionado no item acima), exposições a moedas estrangeiras em compromissos firmes não reconhecidos também podem ser designadas *hedges* de fluxo de caixa;

- *hedge* de investimento líquido em operações estrangeiras (*hedge of a net investment in a foreign operation*): quando a relação de *hedge* cobrir exposições ao risco de moedas estrangeiras nos casos de investimentos líquidos em operações estrangeiras.[60]

Para que as relações de *hedge* apresentadas anteriormente sejam qualificadas de acordo com o IAS 39 (sujeitas, portanto, à contabilização de *hedge*), determinadas condições listadas no parágrafo 88 do IFRS precisam ser atendidas:

---

[57] Preço para liquidar o contrato comprando ou vendendo o ativo pelo preço corrente.

[58] IAS 39.86.

[59] IAS 39.87.

[60] Definidas no IAS 21 (parágrafo 8) como sendo o montante de participação da entidade investidora (*reporting entity*) sobre os ativos líquidos da operação.

i. quando da contratação (*hedge inception*), é necessário que existam designação e documentação formais da relação de *hedge* e do objetivo e da estratégia de gerenciamento de risco da entidade que justifiquem o *hedge*;[61]

ii. é esperado que o *hedge* seja altamente eficaz (*highly effective*) em anular a exposição do item coberto a variações de valor justo e fluxos de caixa, atribuíveis ao risco coberto. Isso deve ocorrer de maneira consistente com a documentação do item i;[62]

iii. a eficácia do *hedge* pode ser medida com segurança (*reliably measured*);

iv. o *hedge* é avaliado continuamente e considerado, de fato, altamente eficaz durante os períodos de reporte para os quais foi designado.

O item ii significa basicamente que variações esperadas no valor justo ou nos fluxos de caixa do instrumento de *hedge* compensariam ou anulariam (de uma maneira altamente eficaz) as variações esperadas no valor justo ou nos fluxos de caixa do item coberto pelo *hedge*. Essa condição também pode ser escrita da seguinte forma:

$$\Delta^e VJ_{IH} \approx - \Delta^e VJ_{ICH}$$

Ou

$$\Delta^e FC_{IH} \approx - \Delta^e FC_{ICH}$$

Onde:

VJ_{IH} = Valor justo do instrumento de *hedge*

VJ_{ICH} = Valor justo do item coberto por *hedge*

FC_{IH} = Fluxo de caixa do instrumento de *hedge*

FC_{ICH} = Fluxo de caixa do item coberto por *hedge*

Isso pode ser provado de diferentes maneiras. O IAS 39 não especifica o método a ser utilizado, mas explica, nos parágrafos AG105 a AG113, que podem ser utilizadas: (1) comparações de variações passadas no valor justo ou nos fluxos de caixa do instrumento de *hedge* e do item coberto; (2) demonstrações de alta correlação estatística entre o valor justo (ou fluxos de caixa) do instrumento de *hedge* e do item coberto; e (3) demonstrações de que os termos principais do instrumento de *hedge* e do item coberto são iguais.[63]

---

[61] A documentação deverá incluir: (1) a identificação do instrumento de *hedge*; (2) a identificação do item coberto por *hedge*; (3) a natureza do risco coberto pelo *hedge*; e (4) como a entidade avaliará a eficácia do instrumento de *hedge* em anular a exposição do item coberto a variações de valor justo e fluxos de caixa, atribuíveis ao risco coberto.

[62] Nos parágrafos AG105 a AG113 do IAS 39 podem ser encontradas maiores explicações sobre como proceder na avaliação da eficácia de um *hedge*.

[63] A eficácia perfeita do *hedge*, entretanto, não pode ser assumida sem testes adicionais, mesmo quando os termos principais do instrumento de *hedge* e do item coberto são iguais (*Guidance on Implementing* IAS 39.F.4.7).

Com relação ao item iv, o IAS 39 esclarece, também no parágrafo AG105, que um *hedge* é considerado altamente eficaz se apresentar, de fato, resultados entre 80 e 125%. Isso ocorrerá quando:

$$80\% \leq \left(\frac{\Delta VJ_{IH}}{\Delta VJ_{ICH}} \right) \quad \text{ou} \quad \left(\frac{\Delta VJ_{ICH}}{\Delta VJ_{IH}} \right) \leq 125\%$$

Ou

$$80\% \leq \left(\frac{\Delta FC_{IH}}{\Delta FC_{ICH}} \right) \quad \text{ou} \quad \left(\frac{\Delta FC_{ICH}}{\Delta FC_{IH}} \right) \leq 125\%$$

Onde:

VJ_{IH} = Valor justo do instrumento de *hedge*

VJ_{ICH} = Valor justo do item coberto por *hedge*

FC_{IH} = Fluxo de caixa do instrumento de *hedge*

FC_{ICH} = Fluxo de caixa do item coberto por *hedge*

ⓘ ***Insight* 1 – Proporção de *hedge* (*hedge ratio*):** o IAS 39 permite que uma entidade opte por uma proporção entre o instrumento de *hedge* e o item coberto que não seja de 1 × 1, de maneira a melhorar a eficácia do *hedge*.[64] Se houver uma relação estatística válida entre o instrumento de *hedge* e o item coberto, a inclinação de uma curva de regressão pode resultar em uma proporção que maximize a eficácia esperada.[65]

ⓘ ***Insight* 2 – Mudança de método de avaliação da eficácia esperada (*expected effectiveness*):** em US GAAP é prevista a possibilidade de que uma entidade aplicando contabilidade de *hedge* identifique um método melhor para avaliar a eficácia de seu contrato de *hedge*. Caso deseje substituir o método antigo pelo novo, deve, primeiro, descontinuar a relação de *hedge* existente (*de-designation*). Em seguida, designará uma nova relação utilizando-se prospectivamente do novo método.[66] Esse tratamento não seria considerado uma mudança de prática contábil de acordo com o FAS 154, e sim uma aplicação normal dos requerimentos do FAS 133.[67]

ⓘ ***Insight* 3 – Avaliação da eficácia esperada – cumulativa ou a cada período:** o IAS 39 permite que a avaliação da eficácia esperada de um *hedge* seja feita de maneira cumulativa

---

[64] IAS 39.AG105.

[65] IAS 39.AG100.

[66] FAS 133.62.

[67] DIG Issue E9.

para todo o período remanescente do contrato (desde que a designação e documentação do *hedge* tenha utilizado a mesma premissa). Dessa forma, mesmo que não seja esperada uma eficácia alta do *hedge* durante determinado período, é possível que a contabilidade de *hedge* não seja descontinuada, caso a eficácia cumulativa esperada seja alta.[68]

5.8 *Hedge* de valor justo

Nos casos de *hedges* de valor justo, o IAS 39 requer que a contabilização ocorra da seguinte forma: ganhos ou perdas ocorridas com a variações no valor justo do instrumento de *hedge* designado e qualificado devem ser reconhecidos no resultado do período, bem como ganhos ou perdas do item coberto,[69] atribuíveis a variações no risco coberto. Isso significa que, com a contabilização de um *hedge* de valor justo, o valor contábil de um item coberto por *hedge* também deve ser ajustado por variações no valor justo.[70]

Caso o item coberto pelo *hedge* já seja medido a valor justo, com variações no mesmo sendo reconhecidas como outros resultados abrangentes – OCI (títulos disponíveis para a venda, por exemplo), ajustes no valor contábil relativos a variações no risco coberto deverão ser reconhecidos no resultado do exercício.[71] A figura a seguir demonstra essa mecânica:

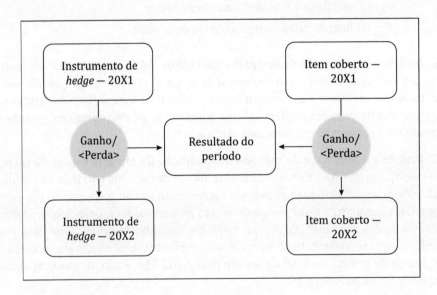

Se o *hedge* de valor justo for totalmente eficaz, os ganhos ou perdas do instrumento de *hedge* anularão completamente os ganhos ou perdas com o item coberto pelo *hedge*. Caso

---

[68] *Guidance on Implementing* IAS 39.F.4.2.

[69] Vide tópico 5.5.

[70] IAS 39.89.

[71] IAS 39.89b e FAS 133.23.

Derivativos **89**

contrário, qualquer resíduo será considerado atribuível à parcela ineficaz do *hedge*, devendo, portanto, ser reconhecido no resultado do período.[72]

ⓘ *Insight* 1 – **Amortização de ajustes na taxa efetiva:** com base no parágrafo 89b do IAS 39, itens cobertos por *hedge* de valor justo devem ser remensurados e, no caso de ativos ou passivos sujeitos a incidência de juros, isso pode resultar em ajustes na taxa de juros efetiva.[73] Consequentemente, o IAS 39 requer que ajustes feitos no valor contábil do item coberto em função do parágrafo 89b sejam amortizados para resultado quando o método da taxa efetiva for utilizado. A amortização deve ser iniciada antes que os ajustes do parágrafo 89b deixem de ser feitos.[74]

➢ **Exemplo 1 – Aplicação do *Insight* 1 do tópico 5.8:**[75] em 1º.1.20X1, a empresa XYZ captou $ 100.000 à taxa fixa anual de 10%. Os juros serão pagos ao final de cada ano e o principal será repago na data de vencimento. XYZ também contratou, na mesma data, um *swap* de taxa fixa por variável, contabilizado como instrumento de *hedge* em um *hedge* de valor justo onde o financiamento foi designado como item coberto. A taxa variável aplicada através do *swap* foi de 10% em 1º.1.20X1 e 15% em 1º.1.20X2. A mensuração do financiamento, portanto, se daria da seguinte forma:

A	100.000	→ Principal
B = A . 10%	(+) 10.000	→ Juros a 10%
C = – B	(–) 10.000	→ Pagamento dos juros
D = E – (A + B + C)	(–) 4.348	→ Ajuste (IAS 39.89b)
E = – (I + G) ÷ (1 + 15%)	95.652	→ Valor presente a 15% (valor justo)
F = A . 10%	(+) 10.000	→ Juros a 10%
G = – F	(–) 10.000	→ Pagamento dos juros
H = E . 15% – F	(+) 4.348	→ Amortização (IAS 39.92)
I = – A	(–) 100.000	→ Pagamento do principal
	ø	→ Saldo final

---

[72] IAS 39.AG109 e FAS 133.22.

[73] *Guidance on Implementing* IAS 39.F.6.2 – Issue (b) – *System Considerations.*

[74] IAS 39.92.

[75] Baseado no Exemplo 2 do FAS 133: *Fair Value Hedge of Fixed-Rate Interest-Bearing Debt* (vide FAS 133.111-120).

ⓘ *Insight* 2 – **Descontinuidade de contabilização de** *hedge* **de valor justo:** de acordo com o parágrafo 91 do IAS 39, uma entidade deverá descontinuar prospectivamente a contabilização de *hedge* se:

  i. o instrumento de *hedge* for vendido, terminado, exercido ou expirar (considerando-se a estratégia de *hedge* documentada pela entidade);

 ii. o *hedge* não atender mais aos critérios do parágrafo 88 do IAS 39 para contabilização de *hedge*; ou

iii. a entidade revogar a designação do *hedge*.

5.9 *Hedge* de fluxo de caixa

Em um *hedge* de fluxo de caixa, a parcela eficaz dos ganhos ou perdas de um instrumento derivativo, designado e qualificado como instrumento de *hedge*, deve ser reconhecida como outros resultados abrangentes – OCI no patrimônio líquido.[76] Posteriormente, no mesmo período durante o qual o item coberto pelo *hedge* (uma transação futura altamente provável, por exemplo) afetar o resultado, deve ser feita a reclassificação dos ganhos ou perdas acumuladas no patrimônio líquido.[77] Caso a entidade conclua que os ganhos ou perdas acumuladas como OCI não serão recuperadas (parcialmente ou integralmente), deve reclassificar para o resultado do período o montante não recuperável.[78]

Já a parcela ineficaz dos ganhos ou perdas do instrumento de *hedge* deve ser reconhecida no resultado do período quando incorrida.[79]

A figura da página seguinte exemplifica a aplicação desses requerimentos.

---

[76] IAS 39.95a.

[77] IAS 1.95.

[78] IAS 39.97 e 98a.

[79] IAS 39.95b.

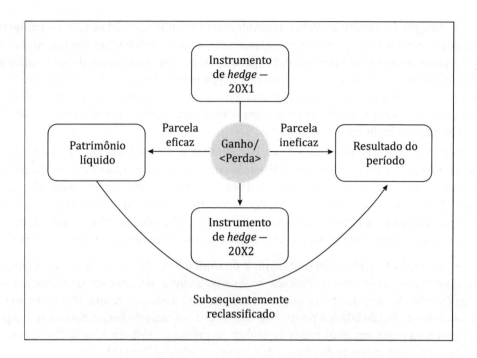

ⓘ *Insight* 1 – **Tratamento alternativo para reclassificação subsequente:** a contabilização apresentada anteriormente pode ter um tratamento alternativo se: (1) um *hedge* de uma transação futura altamente provável resultar, subsequentemente, no reconhecimento de um ativo ou passivo não financeiro; ou (2) se uma transação futura altamente provável relativa a ativos ou passivos não financeiros se converter em um compromisso firme contabilizado como *hedge* de valor justo. Nesses casos, conforme demonstrado na figura a seguir, a entidade pode optar por reclassificar os ganhos ou perdas acumulados como OCI de maneira a ajustar o ativo ou passivo reconhecido (item não financeiro ou compromisso firme em um *hedge* de valor justo) e não o resultado do período (*basis adjustment*).[80]

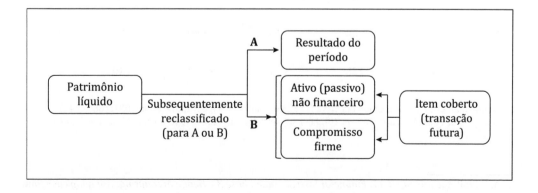

---

[80] IAS 39.98b.

① *Insight* 2 – **Limite no valor acumulado como OCI:** o IAS 39 requer, no parágrafo 96a, que o montante de ganhos ou perdas acumuladas no patrimônio líquido como OCI seja limitado pelo menor valor entre: (1) ganhos ou perdas acumulados desde o início do *hedge*, relativos a variações no valor justo do instrumento de *hedge*; e (2) variações no valor presente dos fluxos de caixa esperados com o item coberto, acumuladas desde o início do *hedge*. Ajustes feitos para atender ao parágrafo 96 devem ser reconhecidos no resultado do período (parcela ineficaz).

Essa metodologia serve, na prática, para limitar o reconhecimento no resultado de ganhos e perdas referentes apenas às situações nas quais as variações no valor do instrumento de *hedge* sejam superiores às variações no valor do item coberto pela relação de *hedge*. Quando isso ocorre há um *overhedge*. O oposto (*underhedge*) não deve gerar efeitos no resultado pois os ganhos ou perdas que fossem reconhecidos estariam relacionados ao item coberto que representa apenas uma transação futura que poderá, ou não, ocorrer.[81]

➤ **Exemplo 1 – Aplicação do *Insight* 2 do tópico 5.9:**[82] No início de 20X1, a empresa XYZ contrata um derivativo qualificado e designado como instrumento de *hedge* em um *hedge* de fluxo de caixa que tem como item coberto uma transação futura altamente provável, a ocorrer no fim de 20X3. A política de avaliação da eficácia do *hedge*, documentada por XYZ, envolve a comparação de todos os ganhos ou perdas do instrumento de *hedge* com as variações no valor presente dos fluxos de caixa esperados do item coberto.

A tabela abaixo resume as informações necessárias para a contabilização do *hedge*:

	Instrumento de *hedge*		Item coberto			
	Variação no período	Variação acumulada (A)	Variação no período	Variação acumulada (B)	Menor entre A e B	Ajuste em OCI
20X1	50	50	<45>	<45>	45	45
20X2	38	88	<44>	<89>	88	43[a]
20X3	47	135	<41>	<130>	130	42[b]

[a] Menor valor entre A e B apurado em 20X2 (–) Menor valor entre A e B apurado em 20X1: (88 (–) 45).
[b] Menor valor entre A e B apurado em 20X3 (–) Menor valor entre A e B apurado em 20X2: (130 (–) 88).

---

[81] IASB Staff *Agenda paper 11: Financial Instruments: Phase 3 – Hedge Accounting: Applying cash flow hedge accounting mechanics to a fair value hedges* – 6 de outubro de 2009.

[82] Baseado no Exemplo 6 do FAS 133 (FAS 133.140): *Accounting for a Derivative's Gain or Loss in a Cash Flow Hedge – Effectiveness Based on the Entire Change in the Derivative's Fair Value.*

Durante o ano de 20X1, 20X2 e 20X3, serão registrados os seguintes movimentos relativos ao *hedge* de fluxo de caixa do exemplo (o efeito no resultado foi obtido por diferença entre as movimentações nos saldos de derivativo e OCI):

		20X1	20X2	20X3
Db <Cr>	Derivativo	50	38	47
Db <Cr>	Resultado	<5>	5	<5>
Db <Cr>	OCI	<45>	<43>	<42>

ⓘ *Insight* **3 – Descontinuidade de contabilização de** *hedge* **de fluxo de caixa:** de acordo com o parágrafo 101 do IAS 39, uma entidade deverá descontinuar prospectivamente a contabilização de *hedge* se:

i. o instrumento de *hedge* for vendido, terminado, exercido ou expirar (considerando-se a estratégia de *hedge* documentada pela entidade);

ii. o *hedge* não atender mais aos critérios do parágrafo 88 do IAS 39 para contabilização de *hedge*;

iii. não for mais esperado que a transação futura venha a ocorrer; ou

iv. a entidade revogar a designação do *hedge*.

No caso dos itens i e ii descritos acima, ganhos ou perdas acumuladas que tenham sido reconhecidas como OCI durante o período em que o hedge esteve em vigor devem ser mantidas no patrimônio líquido até que a transação futura (item coberto) ocorra. Se o item iii ocorrer, os ganhos ou perdas acumulados reconhecidos como OCI devem ser reclassificados para o resultado do período. O tratamento a ser utilizado, caso o item iv ocorra, poderá ser igual ao dos itens i e ii ou ao do item iii (dependendo da expectativa com relação à ocorrência da transação no futuro).[83]

5.10 *Hedge* de investimento líquido em operações estrangeiras

As instruções do IAS 39 com relação a *hedges* de investimentos líquidos em operações estrangeiras são poucas.[84] Basicamente, requer que *hedges* desse tipo sejam contabilizados

---

[83] IAS 39.101.

[84] IAS 39.102.

de maneira similar a *hedges* de fluxos de caixa, com ganhos ou perdas da parcela eficaz sendo reconhecidos como OCI[85] e ganhos ou perdas da parcela ineficaz sendo reconhecidos no resultado do período.

---

[85] Em US GAAP, isso é feito no componente de ajustes acumulados de tradução – CTA (FAS 133.18c4).

Imposto de Renda diferido

6.1 Geral

A contabilização de imposto de renda envolve o reconhecimento de imposto de renda corrente ou diferido (ativo ou passivo). O primeiro está relacionado ao imposto de renda a pagar (ou a ser reembolsado) para um período corrente, enquanto que o segundo resulta de eventos que afetam as demonstrações financeiras de uma entidade ou sua declaração de impostos de renda.[1]

O objetivo neste capítulo é o de: (1) abordar o tema das diferenças temporárias, focando em como surgem e como são refletidas na contabilização de imposto de renda; (2) explicar como se dá o reconhecimento de imposto de renda diferido (tanto ativo como passivo); e (3) demonstrar como pode ser medido o imposto de renda diferido.

⊲⁾ **Ponto de Atenção:** atentar para possíveis mudanças na classificação e medição de instrumentos financeiros em IFRS, conforme apresentado no tópico 14.3.

6.2 Diferenças temporárias × permanentes

A forma como a contabilização de impostos diferidos deve ser feita, de acordo com o IAS 12, variou ao longo do tempo. Em sua versão reformatada de 1994, o IAS 12 requeria o uso de um dos dois métodos permitidos na época: (1) o método de diferimento (*deferral method*); ou (2) o método de passivo (*liability method*, também chamado *income statement method*). Em ambos os métodos, o registro de imposto diferido dependeria da existência de diferenças

---

[1] FAS 109 (Sumário).

temporais (*timing differences*) definidas como diferenças entre o lucro contábil e o lucro tributável, originadas em um período e revertidas em um ou mais períodos subsequentes.[2]

Nesse contexto, diferenças permanentes eram definidas antagonicamente como diferenças entre o lucro contábil e o lucro tributável, originadas em um período e que não se reverteriam em um ou mais períodos subsequentes. Essas diferenças não serviriam como base para registro de imposto de renda diferido, conforme apresentado na figura a seguir.[3]

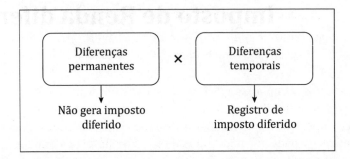

Em 1996, uma versão revisada do IAS 12 proibiu o uso do método de diferimento e passou a requerer outro tipo de método de passivo, conhecido como método de balanço (*balance sheet method*).[4] Nesse novo método, requerido também pela versão atual do IAS 12, o registro de imposto de renda diferido é feito com base em diferenças temporárias (*temporary differences*) e não somente em diferenças temporais, que correspondem a um subconjunto das primeiras:[5]

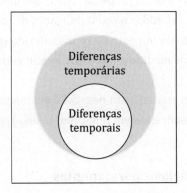

Esse conceito é mais abrangente pois, conforme definido no parágrafo 5 do IAS 12, deriva de diferenças entre as bases fiscal e contábil de um ativo ou de um passivo:

---

[2] IAS 12.IN2.

[3] IAS 12.3 (*reformatted* 1994).

[4] IAS 12.1 (*revised* 1996).

[5] IAS 12.IN2.

> Base contábil
> (valor residual contábil)   < ou > Base Fiscal

Essas diferenças podem ser de dois tipos:

- tributáveis: aumentam o lucro tributável de períodos futuros, quando o ativo ou passivo é, respectivamente, recuperado (*recovered*) ou liquidado (*settled*); ou
- dedutíveis: reduzem o lucro tributável de períodos futuros, quando o ativo ou passivo é, respectivamente, recuperado ou liquidado.

Em situações, por exemplo, nas quais um ativo é reavaliado a valor justo apenas para fins contábeis, provocando uma diferença em relação à sua base fiscal, surge uma diferença temporária, pois a recuperação futura do ativo através de venda ou uso resultará em benefícios econômicos para a entidade que impactarão o lucro tributável de períodos subsequentes.[6] Nesse método de balanço, o conceito de diferença permanente, tal como definido no início deste tópico, perde o sentido e deixa de ser utilizado pelo IAS 12.

É interessante saber que as explicações contidas neste tópico também se aplicam ao US GAAP, uma vez que o registro de impostos diferidos no passado também foi baseado em diferenças temporais[7] e atualmente é requerido pelo FAS 109 o uso do método de balanço. O FAS 109, assim como o IAS 12, também não utiliza mais o termo *diferença permanente*. Apesar disso, pontua, no parágrafo 14, que determinadas diferenças de base podem não resultar em montantes tributáveis ou dedutíveis no futuro, quando o ativo for recuperado ou o passivo liquidado. Nesses casos, a diferença não pode ser considerada temporária e não pode resultar no registro de um imposto diferido ativo ou passivo.

Se redefinirmos o conceito de diferença permanente para diferenças entre bases fiscal e contábil para as quais não haverá consequência fiscal quando da recuperação do ativo ou liquidação do passivo, teremos o seguinte resultado:

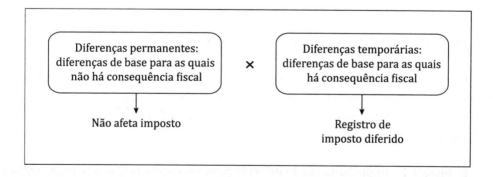

---

[6] IAS 12.20.

[7] APB 11.

> ➢ **Exemplo 1 – Diferença de bases sem consequência fiscal:** nos Estados Unidos, determinados eventos reconhecidos nas demonstrações financeiras não possuem consequências fiscais. Certas receitas são consideradas isentas de tributação e certas despesas são consideradas não dedutíveis. Alguns exemplos incluem receitas de juros de bônus municipais e estaduais e despesas com prêmios em apólices de seguro nas quais a entidade seja a beneficiária.

Uma empresa americana registrou Lucro Antes do Imposto de Renda – LAIR de $ 300, incluindo receitas de juros sobre bônus municipais de $ 100 e despesa com prêmio de apólice de seguro de $ 50. Assumindo-se uma alíquota de imposto de renda de 10%, o imposto de renda reportado nas demonstrações financeiras seria calculado da seguinte forma:

Declaração de IR	Demonstração de Resultado	
$ 250	$ 250	→ Receitas
0	$ 100	→ Juros bônus municipais
0	< $ 50 >	→ Prêmio de apólice de seguro
$ 250	$ 300	→ LAIR
(×) 10%		→ Alíquota de IR
$ 25	< $ 25 >	→ Imposto de renda

6.3 Reconhecimento de imposto de renda diferido

O princípio geral de reconhecimento do IAS 12 prevê que para todas as diferenças temporárias sejam reconhecidos impostos diferidos. Entretanto, existem determinadas exceções e condições que podem levar um imposto de renda diferido ativo ou passivo a não ser reconhecido.

ⓘ *Insight* 1 – **Imposto de renda diferido passivo:** determinadas diferenças entre a base fiscal e a base contábil de um ativo ou passivo devem ser desconsideradas (de imediato ou sujeitas a certas condições) da base de cálculo para imposto de renda diferido passivo. Na figura a seguir, procura-se resumir essas situações:

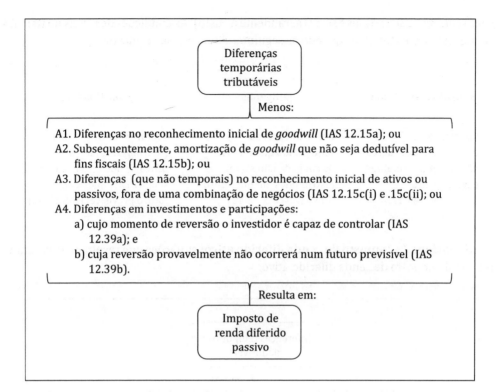

O item A1, no diagrama acima, resulta de combinações de negócios nas quais seja reconhecido um *goodwill* para fins contábeis, cujo valor considerado para fins fiscais seja diferente (em certas jurisdições, 0).[8]

Se o *goodwill* registrado para fins fiscais tiver valor e se a amortização deste (para fins fiscais) for considerada uma despesa dedutível no lucro fiscal, a diferença provocada pela amortização entre a base contábil e a base fiscal será considerada uma diferença temporária para a qual o imposto diferido passivo deve ser reconhecido. Caso a amortização não seja considerada uma despesa dedutível, o item A2 no diagrama deve ser considerado e o imposto diferido não é reconhecido.[9]

O item A3 proíbe o reconhecimento de imposto diferido sobre diferenças temporárias oriundas do reconhecimento inicial de ativos e passivos, a menos que esse: (1) se dê em uma combinação de negócios; ou (2) gere diferenças temporais que afetam o lucro contábil ou o lucro tributável (ex.: reconhecimento de um ativo intangível para fins contábeis, cujo custo de aquisição foi todo registrado como despesa dedutível no lucro fiscal).[10]

O item A4, de acordo com o parágrafo 38 do IAS 12, está relacionado a diferenças temporárias entre o valor contábil de investimentos (subsidiárias, filiais e coligadas) e participações

---

[8] IAS 12.21. Vide tópico 3.5.

[9] IAS 12.21B.

[10] IAS 12.59b.

(*joint ventures*) e suas bases fiscais (geralmente a custo). As condições descritas no item A4 são normalmente atendidas quando as seguintes situações se verificam:

Subsidiárias e filiais	Coligadas	*Joint Ventures*
Controladora determinou que lucros não sejam distribuídos em um futuro previsível (IAS 12.40)	Existe um acordo requerendo que lucros da coligada não sejam distribuídos em um futuro previsível (IAS 12.42)	*Venturer* controla a divisão (*sharing*) dos lucros e é provável que os mesmos não sejam distribuídos em um futuro previsível (IAS 12.43)

ⓘ **Insight 2 – Imposto de renda diferido ativo:** situações que resultam no reconhecimento de imposto de renda diferido ativo:

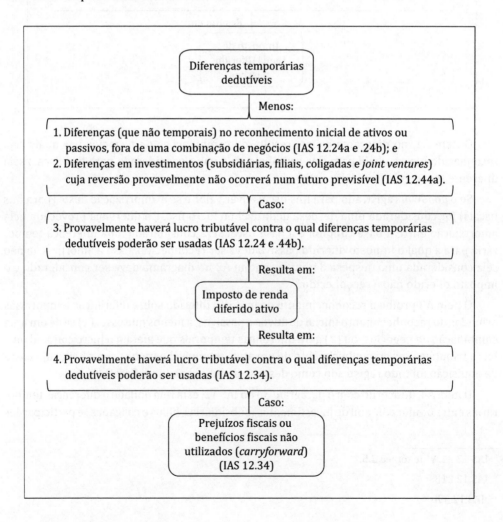

Alguns dos critérios utilizados para o reconhecimento do imposto de renda diferido ativo são semelhantes aos utilizados para o reconhecimento do imposto de renda diferido passivo. Dois pontos, entretanto, merecem ser destacados: (1) a possibilidade de que prejuízos ou benefícios fiscais não utilizados resultem no reconhecimento de imposto de renda diferido ativo; e (2) a necessidade de que seja provável a existência de lucros tributáveis futuros suficientes para o reconhecimento do imposto de renda diferido ativo.

Os prejuízos ou benefícios fiscais, que possam ser transportados para períodos futuros de maneira a compensar contra lucros tributáveis, devem ser registrados como imposto diferido ativo até o momento em que são utilizados.[11]

A existência de lucro tributável, no momento em que uma diferença temporária dedutível é revertida, é uma condição necessária, de acordo com o parágrafo 27 do IAS 12, para que um imposto diferido ativo seja registrado. No diagrama abaixo, é demonstrado como o IAS 12 aborda esse conceito:

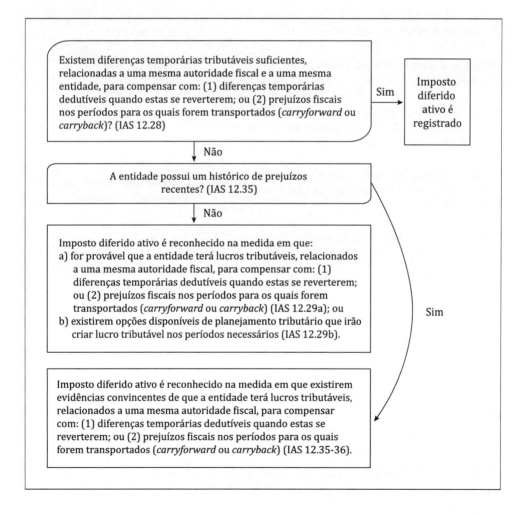

---
[11] IAS 12.34.

ⓘ **Insight 3 – Alocações dentro de um período:** o parágrafo 57 do IAS 12 prevê que os efeitos fiscais diferidos de uma transação ou evento sejam contabilizados de maneira consistente com essa mesma transação ou evento. Com isso, as contrapartidas do registro de imposto de renda diferido ativo e/ou passivo podem ser alocadas das seguintes formas:

Origem do imposto diferido	Alocação
i. Itens creditados ou debitados diretamente no patrimônio líquido, no mesmo período (ou num período diferente).	→ Patrimônio líquido.[12]
ii. Combinação de negócios:	
a) imposto diferido ativo e/ou passivo, reconhecidos como ativos identificáveis líquidos;	→ *Goodwill* ou ganho por compra com barganha.[13]
b) imposto diferido ativo pré-aquisição do adquirente;	→ Resultado ou patrimônio líquido.[14]
c) benefícios fiscais diferidos que não foram reconhecidos na data de aquisição, mas que foram realizados posteriormente:	
• reconhecimento posterior se deve a novas informações sobre fatos e circunstâncias existentes na data de aquisição;	→ *Goodwill*. Após o limite do saldo do *goodwill*, resultado.[15]
• reconhecimento por outros motivos.	→ Resultado.[16]
iii. Plano de pagamento com base em ações.	→ Resultado ou, se for o caso, patrimônio líquido.[17]
iv. Outros.	→ Resultado.[18]

---

[12] IAS 12.61.

[13] IAS 12.66 (alterado pelo IFRS 3-R).

[14] IAS 12.67 (alterado pelo IFRS 3-R).

[15] IAS 12.68a (alterado pelo IFRS 3-R).

[16] IAS 12.68b (alterado pelo IFRS 3-R).

[17] IAS 12.68C.

[18] IAS 12.58.

Imposto de renda diferido **103**

6.4 Medição de imposto de renda diferido

Resumidamente, impostos diferidos devem ser mensurados da seguinte forma:

Declaração de IR (base fiscal)	←	Diferença temporária	→	Balanço (valor contábil)
(×) Alíquota corrente de IR		(×) Alíquota futura de IR		
Imposto corrente	(+)	Imposto diferido passivo ou < ativo >	(=)	Despesa total

- ◁» **Ponto de Atenção – Desconto a valor presente:** imposto de renda diferido (passivo ou ativo) não deve ser descontado a valor presente.[19]

- ◁» **Ponto de Atenção – Alíquota futura de IR:** a alíquota utilizada para cálculo dos impostos diferidos ativos e passivos deve ser aquela que a entidade espera utilizar quando o ativo for realizado ou o passivo, liquidado. Para tanto, devem ser consideradas as alíquotas e legislação fiscal em vigor (*enacted*) ou substancialmente em vigor, na data do balanço.[20]

ⓘ *Insight* 1 – **Maneira como ativos serão recuperados e passivos liquidados:** a alíquota futura de IR e a própria diferença temporária podem variar dependendo da maneira como o ativo (ou passivo) gerador da diferença for recuperado (ou liquidado). Por exemplo, é possível que em determinadas jurisdições fiscais a alíquota aplicável quando da recuperação de um ativo, ou mesmo sua base fiscal, variem dependendo da forma como a recuperação deste ocorrer (através de venda ou uso normal nas operações). Nesse caso, deve-se medir o imposto de renda diferido com base na expectativa que a entidade tem com relação à forma como o ativo será recuperado (através de venda ou uso).[21]

ⓘ *Insight* 2 – **Recuperabilidade:** em cada data de balanço, uma entidade deve avaliar se o saldo contábil de um imposto de renda diferido ativo é recuperável, levando em consideração a probabilidade de que existirão lucros tributáveis contra os quais os benefícios das diferenças temporárias dedutíveis possam ser utilizados (totalmente ou em parte). Se isso acarretar em uma redução do saldo contábil do imposto diferido ativo e, posteriormente,

---

[19] IAS 12.53.

[20] IAS 12.47.

[21] IAS 12.51-52.

tornando-se provável a existência de lucros tributáveis suficientes, a perda registrada originalmente deverá ser revertida.[22]

> **Exemplo 1 – Medição de imposto de renda diferido ativo:** uma empresa XYZ registrou, em 20X1, lucro tributável no montante de $ 500 e lucro antes de imposto de renda no montante de $ 400. A alíquota de imposto de renda aplicável (substancialmente aprovada) para o ano de 20X1 (e anos futuros) é de 25%. A única diferença temporária apurada por XYZ refere-se a uma provisão de valores a serem pagos da seguinte forma: $ 50 em 20X2 e $ 50 em 20X3. O imposto de renda de XYZ seria calculado em 20X1 da seguinte forma:

Declaração de IR		Diferença temporária		Demonstração financeira
$ 500	←	$ 100	→	$ 400
(×) 25%		(×) 25%		
$ 125	(+)	< $ 25 >	(=)	$ 100

Os lançamentos para registro do imposto de renda de XYZ em 20X1 seriam feitos da seguinte forma:

		20X1
Db <Cr>	Imposto de renda diferido ativo	$ 25
Db <Cr>	Despesa com imposto de renda	$ 100
Db <Cr>	Imposto de renda a pagar	< $ 125 >

> **Exemplo 2 – Perda de recuperabilidade:** o imposto de renda diferido ativo registrado por XYZ em 20X1 realizar-se-ia em 20X2 e em 20X3 pelo montante de $ 12,5 ($ 50 × 25%) em cada um dos dois anos. Entretanto, caso XYZ estimasse lucros tributáveis futuros no montante de $ 200, disponíveis apenas em 20X2, a parcela do imposto de renda diferido ativo referente ao ano de 20X3 não seria considerada recuperável e um ajuste no seu valor

---

[22] IAS 12.56.

contábil precisaria ser registrado. Considerando-se os mesmos lançamentos feitos no exemplo anterior, o efeito do ajuste seria o seguinte:

		20X1		
		Registro	Ajuste	Total
Db <Cr>	Imposto de renda diferido ativo	$ 25	< $ 12,5 >	$ 12,5
Db <Cr>	Despesa com imposto de renda	$ 100	$ 12,5	$ 112,5
Db <Cr>	Imposto de renda a pagar	< $ 125 >		< $ 125 >

Leasing

7.1 Geral

Contratos de *leasing* são acordos nos quais um arrendador concede a um arrendatário o direito de uso de um ativo específico, durante determinado período, em troca do recebimento de pagamentos. Os requerimentos em IFRS para esse tipo de transação (apresentada na figura abaixo) estão definidos no IAS 17.[1]

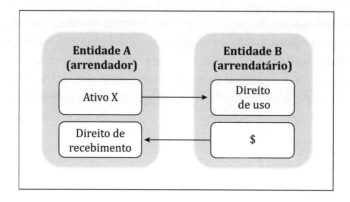

Resumidamente, o IAS 17 prevê dois tratamentos possíveis para contratos de arrendamento, dependendo da substância da transação:

- *leasing* operacional; ou
- *leasing* financeiro.

---

[1] IAS 17.4.

Em um *leasing* operacional, semelhante a um aluguel comum, a transação apresentada na figura anterior não resulta em uma transferência substancial de todos os riscos e benefícios incidentes à propriedade do ativo, que permanece reconhecido pelo arrendador.[2] Consequentemente, o arrendador e o arrendatário registrariam, respectivamente, a receita com recebimentos e a despesa com pagamentos, linearmente na medida em que estes forem incorridos (a menos que outra forma sistemática seja mais representativa do padrão de consumo dos benefícios do ativo).[3]

Em um *leasing* financeiro, diferentemente do *leasing* operacional, a transação resulta na transferência substancial de todos os riscos e benefícios incidentes à propriedade do ativo. Nesse caso, o arrendador deixa de reconhecer o ativo arrendado (registrando em seu lugar um recebível) e o arrendatário reconhece um ativo e um passivo (de igual valor) associados ao contrato de *leasing*.[4]

- ◁» **Ponto de Atenção:** atentar para possíveis mudanças na contabilização de arrendamentos em IFRS, conforme apresentado no tópico 14.4.

- ◁» **Ponto de Atenção:** atentar para possíveis mudanças na medição de valor justo em IFRS, conforme apresentado no tópico 14.1.

ⓘ *Insight* **1 – Contabilização do arrendatário em um *leasing* financeiro:** conforme o parágrafo 20 do IAS 17, o montante reconhecido inicialmente por um arrendatário deve ser o menor entre o valor justo do ativo arrendado e o valor presente dos pagamentos mínimos de *leasing*,[5] ambos apurados na data em que o contrato é firmado (*inception*). A taxa de desconto utilizada na determinação do valor presente dos pagamentos mínimos de *leasing* deve ser a taxa implícita do *leasing* (*implicit interest rate*).[6] Caso esta não seja determinável, deve ser utilizada a taxa incremental de financiamento (*incremental borrowing rate*)[7] para o arrendatário. Custos iniciais diretos[8] incorridos pelo arrendador devem ser incorporados ao custo do ativo. Isso pode ser representado da seguinte forma, considerando-se que:

---

[2] IAS 17.8. Vide tópico 7.3.

[3] IAS 17.33 e .49-50.

[4] IAS 17.20 e .36-37.

[5] Vide tópico 7.4.

[6] Vide tópico 7.5.

[7] Taxa dos juros que um arrendatário pagaria em um *leasing* similar ou, caso isso não seja determinável, a taxa que o arrendatário incorreria, na data de contratação do *leasing*, para captar os recursos necessários para adquirir o ativo (considerando-se um financiamento com prazo e risco semelhantes ao do *leasing*). IAS 17.4.

[8] Custos incrementais diretamente atribuíveis à negociação e contratação do *leasing*. Não inclui custos iniciais diretos incorridos por arrendadores tidos como *dealer* ou *manufacturer* (que em geral oferecem ao cliente a opção de comprar ou arrendar o ativo e registram lucro ou prejuízo com a transação). IAS 17.4

- VP_{pgmin}: valor presente dos pagamentos mínimos com *leasing*, na data de contratação;
- VJ_{ativo}: valor justo do ativo arrendado, na data de contratação;
- *CID*: custos iniciais diretos do arrendatário.

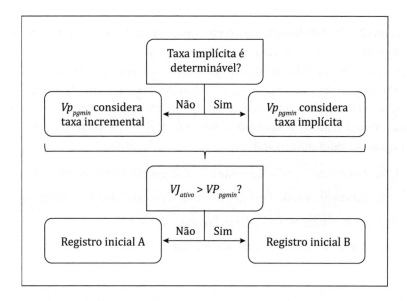

Os registros contábeis das situações apresentadas são feitos da seguinte forma:

		Registro inicial A	Registro inicial B
Db <Cr>	Caixa	< *CID* >	< *CID* >
Db <Cr>	Ativo Arrendado	*CID*	*CID*
Db <Cr>	Ativo Arrendado	VJ_{ativo}	VP_{pgmin}
Db <Cr>	Passivo	< VJ_{ativo} >	< VP_{pgmin} >

Subsequentemente, o arrendatário irá depreciar o ativo reconhecido de acordo com a política contábil da entidade e o passivo deverá ser: (1) acrescido de juros calculados com a taxa de desconto utilizada para registrar o passivo; e (2) reduzido de pagamentos efetuados.

Pagamentos contingentes (*contingent payments*) devem ser reconhecidos como despesa no resultado quando incorridos.[9]

🔊 **Ponto de Atenção:** o IAS 17 requer que a despesa financeira oriunda da atualização do passivo de um arrendatário seja alocada em cada período de maneira a resultar numa taxa de juros periódica constante.[10]

ⓘ *Insight* 2 – **Contabilização do arrendador em um *leasing* financeiro:** o montante reconhecido inicialmente como um recebível por parte do arrendador em um *leasing* financeiro equivale ao investimento líquido (*net investment*) deste no ativo imobilizado (ou seja, o valor contábil que deixa de ser reconhecido) acrescido de custos iniciais diretos. Entretanto, a composição desse recebível inclui o investimento bruto (*gross investment*) reduzido da receita financeira a realizar (*unearned finance income*).[11] Isso pode ser representado da seguinte forma, considerando-se que:

- I_L: investimento líquido. Equivale ao valor contábil do ativo arrendado;
- I_B: investimento bruto. Equivale aos fluxos de caixa a serem recebidos;
- RF_R: receita financeira a realizar. Equivale a $(I_L - I_B)$;
- *CID*: custos iniciais diretos do arrendador.

		Registro inicial
Db <Cr>	Caixa	$< CID >$
Db <Cr>	Recebível	I_B
Db <Cr>	Recebível	$< RF_R >$
Db <Cr>	Recebível	*CID*
Db <Cr>	Ativo Arrendado	$< I_L >$

---

[9] IAS 17.25 e .27. Pagamentos contingentes correspondem à parcela dos pagamentos de *leasing* que não é fixa, e sim baseada no valor futuro de um fator que varia por motivos que não a passagem do tempo (percentual de vendas, percentual de uso futuro, índice de preços, taxas de juros futuras). IAS 17.4.

[10] IAS 17.25. Vide tópicos 4.2 e 4.3.

[11] IAS 17.36 e .40.

Subsequentemente, o recebível deverá ser: (1) acrescido de juros que reflitam a taxa periódica constante de retorno do arrendador;[12] e (2) reduzido de pagamentos recebidos.[13]

Caso o arrendador seja do tipo *manufacturer* ou *dealer*, irá registrar resultados de duas formas:[14] (1) a receita financeira apurada durante o período do contrato; e (2) o lucro ou prejuízo resultante da "venda direta" do ativo (*outright sale*) no início do contrato.

Esse lucro ou prejuízo deriva da diferença entre a receita com a venda (medida pelo valor justo do ativo ou pelo valor presente dos pagamentos mínimos feitos ao arrendador, dos dois o menor) e o custo (medido pelo valor contábil do ativo, reduzido do valor presente do valor residual não garantido).[15] O valor presente dos pagamentos mínimos feitos ao arrendador, que pode servir como base para apuração da receita com a venda, deve ser calculado utilizando-se uma taxa de desconto que considera juros de mercado. Adicionalmente, custos iniciais do arrendador devem ser reconhecidos no resultado quando incorridos.[16] Na figura a seguir, é exemplificada toda essa mecânica, considerando-se que:

- VP_{pgmin}: valor presente dos pagamentos mínimos feitos ao arrendador, calculados na data da contratação;

- VJ_{ativo}: valor justo do ativo arrendado, na data de contratação;

- VC_{ativo}: valor contábil do ativo;

- $VP_{vrñg}$: valor presente do valor residual não garantido;

- CI: custos iniciais do arrendador;

- $VRñG$: valor residual não garantido;

- FC_{ac}: fluxos de caixa a serem recebidos;

- I_B: investimento bruto. Equivale a $(FC_{ac} + VRñG)$;

- I_{L1}: investimento líquido 1. Equivale a $(VJ_{ativo} + VP_{vrñg})$;

- I_{L2}: investimento líquido 2. Equivale a $(VP_{pgmin} + VP_{vrñg})$;

- RF_{R1}: receita financeira a realizar. Equivale a $(I_{L1} - I_B)$;

- RF_{R2}: receita financeira a realizar. Equivale a $(I_{L2} - I_B)$;

- CPV: custo do produto vendido. Equivale a $(VC_{ativo} - VP_{vrñg})$.

---

[12] Método da taxa de juros efetiva. Vide tópico 4.2. O registro dos juros é feito reduzindo-se a receita financeira a realizar (redutora do recebível) contra a receita financeira no resultado (IAS 17.40).

[13] IAS 17.39.

[14] Vide nota de rodapé 8 deste capítulo.

[15] Valor residual não garantido (*unguaranteed residual value*) é a parcela do valor residual do ativo cuja realização por parte do arrendador não é garantida (ou é garantida, mas por uma parte relacionada ao arrendador). IAS 17.4.

[16] IAS 17.42-46. Custos iniciais do arrendador (do tipo *dealer* ou *manufacturer*) não fazem parte da definição de custos iniciais diretos (vide *Insight* 2 do tópico 7.5).

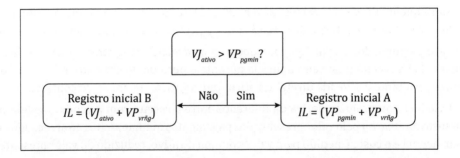

Os registros contábeis das situações apresentadas são feitas da seguinte forma:

		Registro inicial A	Registro inicial B
Db <Cr>	Caixa	< CID >	< CID >
Db <Cr>	Resultado	CID	CID
Db <Cr>	Receita	$< VJ_{ativo} >$	$< VP_{pgmin} >$
Db <Cr>	Recebível	I_B	I_B
Db <Cr>	Recebível	$< RF_{R1} >$	$< RF_{R2} >$
Db <Cr>	Custo	CPV	CPV
Db <Cr>	Ativo Arrendado	$< VC_{ativo} >$	$< VC_{ativo} >$

7.2 Escopo

A identificação de contratos de *leasing* sujeitos aos requerimentos do IAS 17 pode ser uma atividade complexa e prejudicada caso o contrato em análise, por exemplo, não tenha forma legal de arrendamento e combine o direito de uso do ativo com a prestação de serviços por parte do arrendador. Exemplos de casos que podem ser enquadrados nessa situação incluem:[17]

---

[17] IFRIC 4.1.

- contratos de terceirização (*outsourcing arrangements*);
- acordos de capacidade (*capacity agreements*); e
- acordos do tipo *take-or-pay*.

Em função disso, o IFRIC 4 fornece instruções a serem seguidas para fins de identificação de contratos de *leasing* em IFRS que, basicamente, passam por saber se o cumprimento de um acordo entre duas partes depende do uso de um ativo específico e se nesse mesmo acordo uma das partes concede à outra o direito de uso desse ativo.[18]

Com relação à especificidade do ativo, isso significa que a parte fornecedora dos bens ou serviços previstos no contrato não poderia ou teria condições de fazê-lo utilizando-se de um ativo similar ou equivalente àquele especificado no contrato.[19]

Quanto à cessão do direito de uso do ativo, o IFRIC prevê que isso venha a ocorrer quando qualquer um dos critérios a seguir for atendido:[20]

i. o comprador dos bens ou serviços tem a habilidade (ou o direito) de operar o ativo (ou direcionar outros a operá-lo) da maneira que julgar melhor, enquanto obtém (ou controla) um montante mais do que insignificante da produção (ou uso) do ativo;

ii. o comprador dos bens ou serviços tem a habilidade (ou o direito) de controlar o acesso físico ao ativo específico, enquanto obtém (ou controla) um montante mais do que insignificante da produção (ou uso) do ativo;

iii. (1) fatos e circunstâncias indicam ser remota a probabilidade de que terceiros tenham acesso a uma parcela mais do que significante da produção (ou uso) do ativo durante o prazo do contrato; e (2) o preço pago pelo comprador não é: (a) fixado contratualmente por unidade produzida; nem (b) igual ao preço de mercado por unidade na data da entrega.

① *Insight* 1 – **Critério (iii).(1):** é importante saber que, durante o período de consulta pública do *Draft Intepretation* que originou o IFRIC 4, argumentos contrários foram enviados ao IFRIC quanto à possibilidade de que um contrato se configure num *leasing* caso seja provável que o comprador venha a adquirir substancialmente toda a produção (ou uso) de um ativo. A base de conclusões do IFRIC 4 lista as seguintes críticas e a posição do IFRIC frente a cada uma delas:[21]

---

[18] IFRIC 4.6. O IFRIC 4 também fornece instruções sobre quando a análise sobre a existência de um *leasing* deve ser feita (ou refeita) e como pagamentos de *leasing* devem ser segregados de outros pagamentos previstos no acordo (IFRIC 4.5).

[19] IFRIC 4.7-8.

[20] IFRIC 4.9.

[21] IFRIC 4.BC34-BC36.

Crítica ao critério (iii).(1)	Posição do IFRIC
Um direito de uso requer que o comprador tenha a habilidade de controlar a maneira como o ativo específico é utilizado.	A ausência de controle físico do ativo não impede a existência de um direito de uso.
Um comprador deveria ter controle sobre a forma como a produção (ou uso) do ativo flui.	Um comprador determinaria, na prática, o fluxo da produção (ou uso), caso o critério (iii).(1) seja atendido.
Na maioria dos casos de *default*, um comprador teria acesso apenas a indenizações, e não ao ativo.	Na maioria dos *leasings* convencionais uma situação de *default* resultaria em indenizações, e não acesso ao ativo.
O critério não considera riscos e benefícios incidentes à propriedade do ativo.	A análise de riscos e benefícios incidentes à propriedade do ativo é necessária apenas para classificação de um *leasing*.

ⓘ *Insight* 2 – **Critério (iii).(2):** a lógica do critério (iii).(1) faz sentido apenas quando combinada com o critério (iii).(2), segundo o qual os preços a serem praticados não são fixados por unidade produzida ou equivalentes ao preço de mercado por unidade produzida, quando da data de entrega do produto. Isso é requerido porque preços praticados dessa forma indicam que o pagamento é feito pelo comprador apenas para ter acesso ao produto, e não pelo direito de uso do ativo.[22]

Em contratos do tipo *take-or-pay*, por exemplo, um comprador paga pelo direito de uso do ativo independentemente das unidades do produto que irá adquirir. Caso o contrato também garanta ao comprador o acesso a substancialmente toda a produção do ativo (ao mesmo tempo em que terceiros não conseguiriam adquirir uma parcela mais do que significante dessa mesma produção), ter-se-ia um arrendamento.[23]

ⓘ *Insight* 3 – **Resumo:** a figura a seguir resume os requerimentos do IFRIC 4 para identificação de contratos de *leasing*:

---

[22] IFRIC 4.BC37.

[23] IFRC 4.BC38.

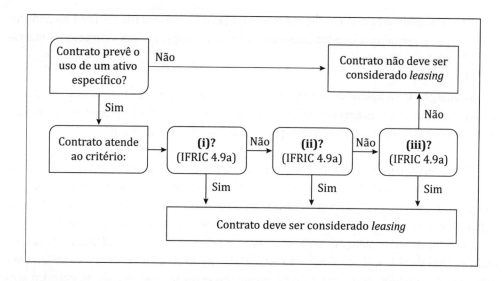

7.3 Transferências de riscos e benefícios

No parágrafo 10 do IAS 17, são apresentados exemplos de critérios que devem ser utilizados para avaliar se houve transferência de substancialmente todos os riscos e benefícios inerentes à propriedade de um ativo arrendado, fazendo com que o contrato de arrendamento seja classificado como financeiro. Os critérios exemplificados são os seguintes:

i. o contrato de arrendamento transfere, no final de seu prazo, a propriedade do ativo para o arrendatário;

ii. o arrendatário possui uma opção de compra do ativo cujo exercício é tido como razoavelmente certo (*bargain purchase option*);

iii. o prazo do arrendamento cobre a maior parte da vida útil econômica do ativo;

iv. no momento em que o contrato é firmado, o valor presente dos pagamentos mínimos do *leasing* (*present value of minimum lease payments*) equivale a substancialmente todo o valor justo do ativo arrendado;

v. o ativo arrendado é de tal natureza especializada que apenas o arrendatário pode utilizá-lo.

Adicionalmente, de acordo com o parágrafo 11 do IAS 17, a verificação de uma ou mais das condições a seguir sugeriria a existência de um *leasing* financeiro:

i. se o *leasing* puder ser cancelado, as perdas do arrendador com o cancelamento são arcadas pelo arrendatário;

ii. ganhos ou perdas resultantes de flutuações no valor justo do ativo residual beneficiam ou prejudicam o arrendatário; e

116 IFRS: Entendendo e aplicando as normas internacionais de contabilidade • Strube Lima

iii. o arrendatário tem condições de continuar o *leasing* em um período secundário, por pagamentos substancialmente menores dos que seriam cobrados no mercado.

ⓘ *Insight* **1 – Análise dos critérios:** o IAS 17 não estabelece instruções específicas para análise dos critérios apresentados acima. Em US GAAP, o FAS 13 possui alguns requerimentos para classificação de *leasings* que podem servir como referência.

Dos critérios (i), (ii), (iii) e (iv), apresentados no primeiro quadro do tópico 7.3, seria necessário que apenas um fosse atendido para classificar um *leasing* como financeiro. Adicionalmente, para que os critérios (iii) e (iv) sejam atendidos em US GAAP seria necessário, respectivamente, que: (1) o valor presente dos pagamentos mínimos corresponda a, no mínimo, 90% do valor justo do ativo arrendado; e (2) o prazo do arrendamento cubra, no mínimo, 75% da vida útil econômica do ativo.[24] O critério (iv), entretanto, não poderia ser utilizado em US GAAP caso o contrato de *leasing* fosse iniciado após 75% da vida útil econômica total do ativo já ter sido consumida.

O parágrafo 8 do FAS 13 oferece ainda dois critérios adicionais que precisam ser atendidos para que um *leasing* seja classificado como financeiro, do ponto de vista do arrendador. São estes: (1) a previsibilidade razoável de recebimento dos pagamentos mínimos do arrendamento; e (2) a inexistência de incertezas importantes com relação a custos não reembolsáveis que podem ser incorridos pelo arrendador.

✦ **Ponto de Atenção:** é possível que um arrendador ofereça a um arrendatário garantias que na essência deveriam ser tratadas como seguros contra danos do ativo arrendado. O IAS 17 requer que a receita com serviços, tais como o oferecimento de seguros, sejam excluídas da receita do arrendador com o *leasing*.[25]

ⓘ *Insight* **2 – Análise dos riscos e benefícios:** mesmo quando a substância de um contrato de *leasing* é avaliada de maneira objetiva, diferentes pesos dados a riscos e benefícios associados aos ativos arrendados podem provocar classificações indevidas. Considerando-se que a análise de transferência de riscos e benefícios em US GAAP é feita de maneira semelhante à requerida em IFRS, torna-se interessante saber que, quando da elaboração do FAS 13, foram analisados 14 critérios para classificação de *leasings* financeiros, dos quais apenas seis permaneceram.[26] Alguns dos critérios descartados pelo FASB incluem: [27]

---

[24] FAS 13.7.

[25] IAS 17.51.

[26] Dos seis critérios existentes em US GAAP, quatro se assemelham aos critérios (i), (ii), (iii) e (iv) apresentados no primeiro quadro do tópico 7.3. A diferença consiste no uso de percentuais predeterminados pelo FAS 13 para atendimento dos critérios (iii) e (iv). Vide *Insight* 1 do tópico 7.3.

[27] FAS 13.72-90.

- o fato de o arrendatário garantir a dívida do arrendador associada ao ativo arrendado;
- o fato de o contrato de *leasing* não poder ser cancelado por um longo prazo;
- o fato de o arrendador não possuir substância econômica independente;
- o fato de o arrendatário incorrer em gastos normalmente incidentes à propriedade do ativo;
- o fato de o *leasing* ser entre partes relacionadas; e
- o fato de o ativo arrendado ser de propósito específico para o arrendatário.

ⓘ *Insight* **3 – Prazo do arrendamento:** o parágrafo 4 do IAS 17 define "prazo do arrendamento" (*lease term*) como sendo o período incancelável pelo qual o arrendatário contratou o arrendamento do ativo, acrescido de períodos para os quais o arrendador tenha a opção de continuar arrendando o ativo – considerando-se que no momento em que o contrato foi firmado era razoavelmente certo que a opção seria exercida. Em US GAAP, o conceito é semelhante. Entretanto, o FAS 13 pontua as seguintes situações nas quais a extensão do prazo do contrato seria tida como razoavelmente certa:[28]

i. no caso de existir uma opção de renovação com barganha (*bargain renewal option*);[29]

ii. no caso de existirem penalidades aplicáveis ao arrendatário se este não renovar o *leasing*. Essas penalidades precisariam ser relevantes a ponto de a renovação ser considerada praticamente certa no início do *leasing*;

iii. no caso de existirem opções de renovação comuns (não seriam por barganha), vigentes no mesmo período em que o arrendatário garantir dívidas do arrendador, direta ou indiretamente relacionadas ao ativo arrendado;

iv. no caso de existirem opções de renovação comuns, vigentes no mesmo período em que existirem empréstimos do arrendatário ao arrendador, direta ou indiretamente relacionados ao ativo arrendado;

v. no caso de existirem opções de renovação comuns, precedentes a uma opção de compra com barganha;

vi. no caso de existirem opções de renovação ou extensão do *leasing* por parte do arrendador. Entretanto, não poderiam ser considerados períodos além da data em que uma opção de compra com barganha se torna exercível.

Com relação a *leasings* canceláveis, o FAS 13 indica as seguintes situações em que isso poderia ocorrer:

i. caso ocorra uma contingência remota;

---

[28] FAS 13.5f.

[29] FAS 13.5e.

ii.   caso o arrendador permita;

iii. caso o arrendatário contrate um novo *leasing* com o mesmo arrendador;

iv.   caso o arrendatário esteja sujeito a penalidades que não sejam relevantes a ponto de a continuidade do *leasing* ser considerada razoavelmente garantida (*reasonably assured*).

7.4   Composição dos pagamentos mínimos

O "valor presente dos pagamentos mínimos" é um conceito importante na aplicação tanto do IAS 17 quanto do FAS 13. Sua quantia pode determinar a classificação do *leasing* como financeiro ou operacional e, no primeiro caso, definir por quanto será o registro inicial do ativo arrendado. Nos quadros a seguir, procura-se resumir como devem ser compostos os pagamentos mínimos, de acordo com o parágrafo 4 do IAS 17:

Para o arrendatário	Para o arrendador
Pagamentos previstos no contrato	Pagamentos previstos no contrato
(–) Pagamentos contingentes	(–) Pagamentos contingentes
(–) Gastos cobertos pelo arrendatário, tais como manutenção, seguros e taxas	(–) Gastos cobertos pelo arrendatário, tais como manutenção, seguros e taxas
(+) Valor residual do ativo garantido ao arrendador pelo arrendatário ou partes relacionadas a este	(+) Valor residual do ativo garantido ao arrendador pelo arrendatário ou partes relacionadas a este
	(+) Valor residual do ativo garantido ao arrendador por terceiros não relacionados ao mesmo
Pagamentos mínimos de arrendamento	Pagamentos mínimos de arrendamento

Entretanto, caso exista uma opção de compra com barganha por parte do arrendatário, os pagamentos mínimos devem ser calculados pelo mesmo da seguinte forma:

Pagamentos previstos no contrato
(–) Pagamentos contingentes
(–) Gastos cobertos pelo arrendatário, tais como manutenção, seguros e taxas
(+) Valor a ser pago pela opção de compra com barganha
Pagamentos mínimos de arrendamento

ⓘ *Insight* 1 – **Não cumprimento de renovação de contrato:** em US GAAP, além dos requerimentos do IAS 17, o FAS 13 requer também que sejam incluídos no total dos pagamentos mínimos de arrendamento valores que o arrendatário tenha que pagar no caso de não cumprimento de uma obrigação de renovar o *leasing*. Se, entretanto, o prazo total do *leasing* já considerar a renovação, esse tipo de multa não precisa ser incluído nos pagamentos mínimos de arrendamento.[30]

7.5 Taxa implícita

Em IFRS, para se obter o valor presente dos pagamentos mínimos, é preciso utilizar a taxa implícita do contrato, a menos que seja impraticável determiná-la e, nesse caso, deve ser utilizada a taxa incremental de financiamento.[31] No parágrafo 4 do IAS 17, a taxa implícita ao *leasing* é definida como sendo a taxa de desconto que, no momento em que o contrato é firmado, iguala o valor presente dos pagamentos mínimos e do valor residual não garantido do ativo arrendado ao valor justo do mesmo, acrescido de custos iniciais diretos. Isso pode ser escrito da seguinte forma:

$$VJ = \sum_{n=1}^{x} \frac{Pg_n}{(1 + i)^n} + \frac{VR\tilde{n}G}{(1 + i)^x} - CID$$

Onde:

VJ = Valor justo do ativo no início do contrato

---

[30] FAS 13.5(j)(i)(c). Atentar para a diferença entre US GAAP e IFRS com relação à composição de pagamentos mínimos de arrendamento. Vide tópico 2.15.

[31] Em US GAAP, o arrendatário deve utilizar a taxa incremental para descontar os pagamentos mínimos a valor presente a menos que a taxa implícita usada pelo arrendador seja conhecida e menor do que a taxa incremental (FAS 13.7d).

Pg = Pagamentos mínimos

i = Taxa implícita

n = prazo do *leasing*, que vai do período 1 a x

$VRñG$ = Valor residual não garantido

CID = Custos iniciais diretos

Dessa forma, utilizando-se a taxa implícita, quando $\displaystyle\sum_{n=1}^{x} \frac{Pg_n}{(1+i)^n}$ é substancialmente[32]

igual a VJ, há um forte indicativo de que o *leasing* deve ser classificado como financeiro.[33]

ⓘ *Insight* **1 – Investimentos em créditos fiscais:** para fins de US GAAP, a forma de calcular a taxa implícita varia um pouco devido à redução do valor justo do ativo por Investimentos em Créditos Fiscais – ICFs (*Investment Tax Credits* – ITCs) retidos pelo arrendador (vide fórmula a seguir). Esse benefício fiscal, geralmente disponível a contribuintes norte-americanos que possuem ativos físicos qualificáveis, é calculado através de um percentual do valor pago em um ativo durante o ano.[34]

$$VJ - ICF \quad \sum_{n=1}^{x} \frac{Pg_n}{(1+i)^n} + \frac{VRñG}{(1+i)^x} - CID$$

ⓘ *Insight* **2 – Custos iniciais diretos (*initial direct costs*):** o IAS 17 define custos iniciais diretos como sendo custos incrementais (normalmente incorridos pelo arrendador) que são diretamente atribuíveis à negociação e contratação de um *leasing*. Incluem custos tais como comissões, honorários de advogados e custos internos incrementais e diretamente atribuíveis. Devem ser excluídos de montantes incorridos com custos indiretos (*general overheads*), tais como gastos com vendas e marketing. Custos iniciais incorridos por arrendadores do tipo *manufacturer* ou *dealer* não são considerados custos iniciais diretos e devem ser reconhecidos no resultado quando incorridos.[35]

Semelhantemente ao IAS 17, o FAS 13 utiliza o mesmo conceito de custos iniciais diretos, que seriam custos:[36]

- incorridos pelo arrendador com partes não relacionadas, considerando-se que: (1) foram essenciais à contratação do *leasing*; (2) estão diretamente relaciona-

---

[32] 90% ou mais em US GAAP (FAS 13.7d).

[33] Vide critério (iv) apresentado no tópico 7.3.

[34] FAS 13.5k.

[35] IAS 17.4 e .38.

[36] FAS 13.5m.

dos à contratação do *leasing*; e (3) não teriam sido incorridos se não fosse pelo *leasing*;

- incorridos pelo arrendador em atividades executadas por este e consideradas específicas e diretamente relacionadas à contratação do *leasing*.

As atividades executadas pelo arrendador e seus custos associados, que poderiam ou não ser consideradas na determinação dos custos iniciais diretos, também são detalhadas no FAS 13, conforme figura abaixo:

Atividades consideradas
- ✓ avaliação das condições financeiras do possível arrendatário;
- ✓ avaliação e registro de garantias, colateral e outros acordos de proteção;
- ✓ negociação dos termos do *leasing*;
- ✓ preparação e processamento dos documentos do *leasing*;
- ✓ custo com o fechamento da transação.

Atividades não consideradas
- ✓ propaganda;
- ✓ busca por arrendatários potenciais;
- ✓ serviço de *leasing* existentes;
- ✓ outras atividades auxiliares relativas a estabelecimento e monitoramento de políticas de crédito, supervisão e administração.

Custos considerados
- ✓ parcela de salários e benefícios de empregados, relativa às horas incorridas com as atividades consideradas;
- ✓ demais custos relativos às atividades consideradas, incorridos apenas em função do *leasing* contratado.

Custos não considerados
- ✓ custos administrativos, aluguéis, depreciação e ociosidade;
- ✓ tentativas não sucedidas;
- ✓ parcela de salários e benefícios de empregados, relativa às horas incorridas com as atividades não consideradas;
- ✓ demais custos relativos às atividades não consideradas.

7.6 Mudanças nos termos do contrato, renovação ou extensão

O parágrafo 13 do IAS 17 fornece algumas instruções sobre situações nas quais modificações nos termos de um contrato de *leasing* financeiro podem provocar alterações na forma como o mesmo é contabilizado. Nesses casos, também podem ser encontrados esclarecimentos adicionais no parágrafo 14 do FAS 13, sobre como proceder na análise e registro das alterações. No diagrama abaixo, são resumidos os mesmos:

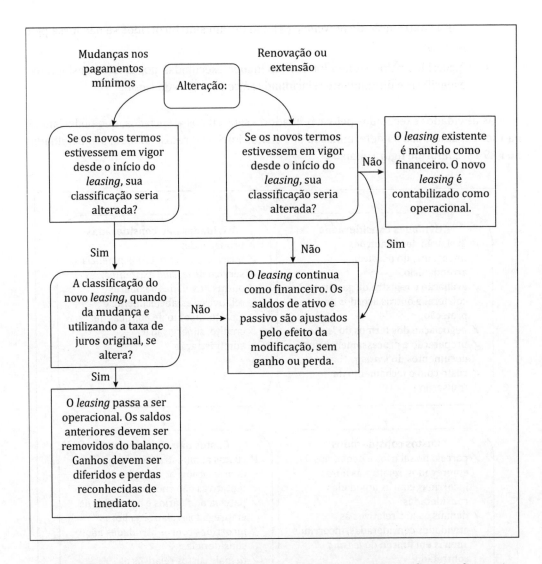

Em IFRS, alterações contratuais de contas a receber ou a pagar em *leasings* financeiros podem resultar no reconhecimento de ganhos ou perdas, uma vez que devem ser seguidos os requerimentos do IAS 39 para *impairment* e reversão de reconhecimento (§ 2b do IAS 39).

ⓘ **Insight 1 – Encerramento (*settlement*) do contrato:** no caso de encerramento do *leasing* financeiro, os saldos de ativo e passivo devem ser removidos do balanço com a diferença entre ambos sendo reconhecida como ganho ou perda.[37]

◁» **Ponto de Atenção – Ativos no fim da vida útil econômica:** caso seja necessário rever a classificação do *leasing*, recomenda-se atenção para a restrição existente

---

[37] FAS 13.14c.

em US GAAP no parágrafo 7c do FAS 13, segundo a qual o critério baseado na relação prazo do arrendamento × vida útil remanescente do bem pode ser utilizado desde que a modificação dos termos do contrato não ocorra nos últimos 25% da vida útil econômica total do ativo (considerando anos anteriores de uso).

7.7 Subarrendamentos

Um caso para o qual não há instrução no IAS 17 envolve o tratamento de subarrendamentos (*subleases*). Subarrendamentos são transações nas quais um arrendatário em um contrato de *leasing* original firma um novo contrato com terceiros subarrendando o mesmo ativo. Esse assunto é abordado nos parágrafos 35 a 39 do FAS 13 e pode ser exemplificado através do diagrama abaixo:

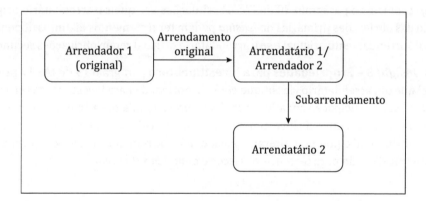

ⓘ ***Insight* 1 – Classificação do subarrendamento do ponto de vista do arrendatário original, quando este não é liberado das obrigações primárias do *leasing*:**

- Situação em que o arrendamento original é classificado como financeiro <u>por atender</u> aos critérios de transferência da propriedade sobre o ativo ao final do contrato ou de existência de uma opção de compra com barganha:[38] se o subarrendamento atender aos critérios de classificação como financeiro, do ponto de vista do arrendador, pode ser classificado como *direct financing*[39] ou *sales-type*.[40]

---

[38] FAS 13.38a.

[39] *Direct financing lease*: arrendamentos (exceto *leveraged leases*) que não geram lucro ou perda para o arrendador na "venda" do ativo (valor justo do ativo arrendado, no momento em que o contato é firmado, supera ou é inferior ao seu valor residual contábil), mas que atendem a um ou mais critérios do parágrafo 7 do FAS 13 e a ambos os critérios do parágrafo 8 do FAS 13.

[40] *Sales type lease*: arrendamentos que geram lucro ou perda para o arrendador na "venda" do ativo e que atendem a um ou mais critérios do parágrafo 7 do FAS 13 e a ambos os critérios do parágrafo 8 do FAS 13. Há exceção para *leasing* de imóveis que não atendem ao critério do parágrafo 7a do FAS 13.

- Situação em que o arrendamento original é classificado como financeiro apesar de não atender aos critérios de transferência da propriedade sobre o ativo ao final do contrato ou de existência de uma opção de compra com barganha:[41] se o subarrendamento atender aos critérios de classificação como financeiro, do ponto de vista do arrendador, deve ser classificado como *direct finance*.

  Caso existam circunstâncias que sugiram que o arrendatário original serve apenas como um intermediário, o subarrendamento deve atender aos critérios dos parágrafos 7c e 7d (prazo e pagamentos mínimos) do FAS 13, bem como aos critérios do parágrafo 8 do FAS 13, para que a classificação como financeiro ocorra.

- Situação em que o arrendamento original é classificado como operacional: o subarrendamento deve ser contabilizado como operacional.[42]

ⓘ *Insight* 2 – **Caso em que o arrendatário é liberado das obrigações primárias do** *leasing*: conforme o parágrafo 38 do FAS 13, situações nas quais o arrendatário original é liberado das obrigações primárias do *leasing* podem ter tratamentos distintos dependendo do tipo do arrendamento original e se o arrendatário original retém obrigações secundárias.

ⓘ *Insight* 3 – **Propriedades para investimento:** o parágrafo 19 do IAS 17 prevê ser possível que um arrendatário classifique como propriedade para investimento (*investment property*)[43] sua participação em ativos (*property interest*) sujeitos a arrendamentos operacionais. Nesse caso, o ativo de investimento deve ser classificado como *leasing* financeiro e essa classificação não pode ser alterada mesmo que o arrendatário conceda um subarrendamento transferindo para terceiros os riscos e benefícios do ativo.

7.8 *Sale-leaseback*

Uma transação do tipo *sale-leaseback* é, na verdade, composta de duas transações negociadas em conjunto: (1) a venda de um ativo de uma parte para outra; e (2) o subsequente arrendamento do mesmo ativo, em que o arrendador é a parte originalmente compradora e o arrendatário, a parte originalmente vendedora. A segunda transação (o *leasing*) deve ser tratada normalmente de acordo com os requerimentos do IAS 17, podendo ser financeiro ou operacional. Essa classificação irá determinar como se dará a contabilização da primeira transação (a venda).[44]

ⓘ *Insight* 1 – **Venda e subsequente arrendamento do tipo financeiro:** conforme mencionado acima, uma entidade pode vender um ativo e subsequentemente, como parte de um mesmo pacote negociado, arrendá-lo na forma de um *leasing* financeiro. Na figura abaixo, procura-se demonstrar essa situação quebrando o *sale-leaseback* em dois momentos: (1)

---

[41] FAS 13.38b.

[42] FAS 13.38c.

[43] IAS 40.

[44] IAS 17.58.

quando a entidade A vende um ativo para a entidade B; e (2) quando a entidade B arrenda o mesmo ativo de volta para a entidade A, na forma de um *leasing* financeiro (B deixa de reconhecer o ativo e passa a reconhecer um recebível, enquanto A registra um ativo e um passivo referentes ao *leasing*):

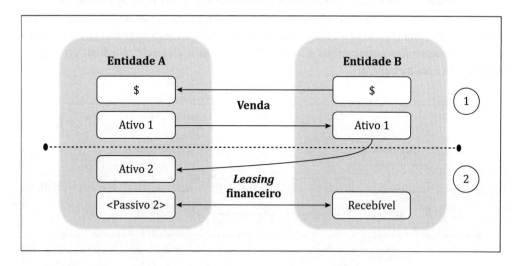

Da transação apresentada acima é necessário saber se no momento 1 o preço de venda do ativo (P_1) era superior, igual ou inferior ao valor contábil do mesmo (VC_1). Essa informação é importante, pois determinará se a entidade A apurou um ganho ou perda com a transação, cujo registro (vide tabela a seguir) deve ocorrer da seguinte forma: (1) ganhos devem ser diferidos e amortizados durante o prazo do *leasing*; e (2) perdas devem ser reconhecidas quando incorridas.[45]

		Ganho ($VC_1 < P_1$)	Perda ($VC_1 > P_1$)
Db <Cr>	Caixa	P_1	P_1
Db <Cr>	Ativo 1	$< VC_1 >$	$< VC_1 >$
Db <Cr>	Ativo 2	$< P_1 - VC_1 >$	$\varnothing$
Db <Cr>	Resultado	$\varnothing$	$VC_1 - P_1$

---

[45] IAS 17.59.

◄» **Ponto de Atenção:** se, antes da venda do ativo 1 da entidade A para a entidade B, o valor contábil deste for superior a seu valor recuperável, deve ser reconhecida uma perda de *impairment* de acordo com o IAS 36.[46]

ⓘ **Insight 2 – Venda e subsequente arrendamento do tipo operacional:** caso o *leaseback* resulte no registro de um *leasing* operacional para as entidades A e B, após o a conclusão da venda (momento 1) nenhum registro adicional será necessário, com exceção da contabilização dos pagamentos e recebimentos com o aluguel.[47] Na figura a seguir, é reproduzida essa mecânica:

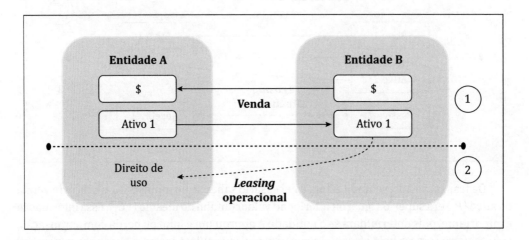

Assim como no caso do registro de um *leasing* financeiro em função do *leaseback*, é necessário considerar qual tratamento deve ser aplicado quando for apurado um ganho ou uma perda no momento 1 (da venda). O processo é um pouco mais complicado, no caso de uma perda, pois dependerá da relação: valor contábil × preço × valor justo × pagamentos futuros de *leasing*. Na tabela a seguir são demonstrados os requerimentos do IAS 17 para as possíveis situações, considerando-se que:[48]

- VC_1: Valor contábil do ativo 1.
- P_1: Preço pago pelo ativo 1.
- VJ_1: Valor justo do ativo 1.
- Pg_1: Pagamentos futuros do *leasing*.
- Pg_{pm}: Pagamentos futuros a preço de mercado.

---

[46] IAS 17.64.

[47] Vide tópico 7.1.

[48] IAS 17.61 e Guidance on Implementing IAS 17 Leases.

Efeito	Cenário	Reconhecimento
Lucro	$VC_1 < P_1 \leq VJ_1$	Lucro imediato: $(P_1 - VC_1)$
Lucro	$VC_1 < VJ_1 < P_1$	Lucro imediato: $(VJ_1 - VC_1)$
		Lucro diferido: $(P_1 - VJ_1)$
Lucro	$VJ_1 < VC_1 < P_1$	Impairment: $(VC_1 - VJ_1)$
		Lucro diferido: $(P_1 - VJ_1)$
Lucro	$VJ_1 < P_1 < VC_1$	Impairment: $(VC_1 - VJ_1)$
		Lucro diferido: $(VC_1 - P_1)$
Prejuízo	$P_1 = VJ_1 < VC_1$	Perda imediata: $(VC_1 - P_1)$
Prejuízo	$(P_1 < VC_1 \leq VJ_1)$ e $(Pg_1 \leq Pg_{pm})$	Perda imediata: $(VC_1 - P_1)$
Prejuízo	$(P_1 < VC_1 \leq VJ_1)$ e $(Pg_1 > Pg_{pm})$	Perda diferida: $(VC_1 - P_1)$
Prejuízo	$(P_1 < VJ_1 < VC_1)$ e $(Pg_1 \geq Pg_{pm})$	Impairment: $(VC_1 - VJ_1)$
		Perda imediata: $(VC_1 - P_1)$
Prejuízo	$(P_1 < VJ_1 < VC_1)$ e $(Pg_1 < Pg_{pm})$	Impairment: $(VC_1 - VJ_1)$
		Perda diferida: $(VC_1 - P_1)$

Conforme pode ser observado acima, situações nas quais o preço de venda do ativo supera seu valor justo $(VJ_1 < P_1)$ resultam em diferimento de ganhos, que devem ser amortizados durante o período esperado de uso do ativo. Caso o preço de venda seja inferior ao valor justo do ativo $(P_1 < VJ_1)$, pode ou não ocorrer o diferimento da perda, dependendo da forma como se darão os pagamentos futuros do *leasing*: (1) se o arrendatário se beneficiar de ganhos com pagamentos inferiores ao preço de mercado $(Pg_1 < Pg_{pm})$, deverá diferir a perda; (2) caso contrário $(Pg_1 \geq Pg_{pm})$, não.

Ponto de Atenção: de acordo com o parágrafo 63 do IAS 17, se o valor justo do ativo for inferior a seu valor contábil na data da venda ($VJ_1 < VC_1$), deve ser registrada uma perda no montante da diferença.

Benefícios definidos

8.1 Geral

Planos de benefícios definidos surgem quando uma entidade se compromete a oferecer benefícios a empregados (antigos e atuais), sujeitos a risco atuarial (podem custar mais do que o previsto), ao mesmo tempo em que assume riscos de investimentos feitos através de entidades separadas (fundos) e necessários para cobrir tais obrigações.[1] Com isso, terá uma obrigação legal ou construtiva de fazer contribuições adicionais caso um fundo responsável por gerir o plano não tenha ativos suficientes para pagar os benefícios acordados.

Isso pode ser exemplificado através do seguinte caso: suponha que a empresa XYZ decida criar um plano de pensão para seus empregados, compensando-os por cada ano trabalhado, desde o momento da contratação até a aposentadoria. Adicionalmente, a empresa decide que a pensão deverá ter caráter vitalício, sendo paga até a morte do empregado (risco atuarial). Tanto a empresa quanto o empregado fazem contribuições periódicas ao fundo, responsável pela gestão dos recursos que futuramente servirão para cobrir os pagamentos (risco de investimento).

Na figura a seguir, onde "A" corresponde às contribuições acrescidas de rentabilidade e "B" aos pagamentos anuais futuros, é representada a situação descrita acima:

---

[1] IAS 19.27.

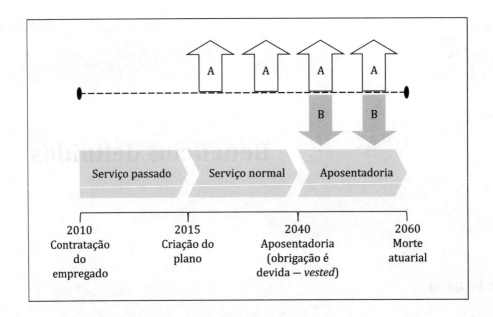

A mecânica do reconhecimento de planos de benefícios definidos passa por compreender os efeitos de "A" e "B" nos saldos em cada data de balanço.

8.2 Obrigação com benefícios definidos

No caso de "B", o efeito dependerá da aplicação do método de unidade projetada (*Projected Unit Credit Method*).[2] Esse método determina o valor presente dos pagamentos futuros esperados, necessários para liquidar a obrigação da empresa, considerando-se o número de períodos de serviço realizado pelo empregado (corrente e passado) – e isso também é chamado valor presente da obrigação com benefício definido (*Defined Benefit Obligation*). A lógica é a seguinte: cada período de serviço dá ao empregado uma unidade adicional de direito ao benefício, atribuída de acordo com a fórmula de benefício do plano (*plan's benefit formula*).[3]

Supondo que a empresa XYZ esteja preparando suas demonstrações financeiras de 2016 e que utilize um método linear de atribuição da obrigação com benefício definido, chegará ao valor presente do mesmo da seguinte forma:

$$VP_{OBD} = \left[\left(\sum_{n=1}^{20} \frac{B_n}{(1+i)^{n+25}}\right) \times \left(\frac{Np}{Nt}\right)\right] \times (1+i) + \left(\sum_{n=1}^{20} \frac{B_n}{(1+i)^{n+24}}\right) \times \left(\frac{1}{N_t}\right)$$

---

[2] IAS 19.64.

[3] IAS 19.70.

Onde:

VP_{OBD} = Valor presente da obrigação com benefício definido

B_n = Pagamentos anuais futuros

N_t = Tempo de serviço total (30 anos)

N_p = Tempo de serviço passado (5 anos)

i = Taxa de desconto

O significado dos componentes da equação (e como se dá o reconhecimento de cada um) é melhor explicado a seguir.

① *Insight* 1 – **Custo com o serviço passado (*past service cost*):** de acordo com o parágrafo 7 do IAS 19, custo com serviço passado corresponde a aumentos na obrigação com benefícios definidos, associados a serviços realizados pelo empregado em períodos passados. Podem surgir quando da criação de um plano novo ou alteração de um já existente. No nosso exemplo da empresa XYZ, o custo com serviço passado referente a serviços prestados durante cinco anos anteriores à criação do plano foi traduzido da seguinte forma:

$$\left(\sum_{n=1}^{20} \frac{B_n}{(1+i)^{n+25}} \right) \times \left(\frac{N_p}{N_t} \right)$$. Esse tipo de custo deve ser reconhecido de imediato quan-

do da criação ou alteração do plano, apenas nos casos em que a obrigação for considerada devida ao empregado (*vested*). Caso contrário, deve ser reconhecido através de um processo de amortização em base linear durante o período necessário para que a obrigação se torne devida.[4] No caso da empresa XYZ, isso ocorre apenas quando o empregado se aposenta, de maneira que a cada ano de serviço prestado pelo empregado, após a criação do plano, será reconhecida a parcela da amortização do custo com serviço passado no montante de

$$\left(\sum_{n=1}^{20} \frac{B_n}{(1+i)^{n+25}} \right) \times \left(\frac{N_p}{N_t} \right) \times \left(\frac{1}{N_t - N_p} \right) .$$

① *Insight* 2 – **Custo com juros (*interest cost*):** de acordo com o parágrafo 7 do IAS 19, o custo com juros corresponde à atualização do valor presente da obrigação com benefício definido em função da passagem do tempo à medida em que se aproxima a data de liquidação. Conforme o IAS 19,[5] o custo com juros é calculado multiplicando-se a taxa de desconto determinada no início do período[6] pelo valor presente da obrigação com benefício definido durante o período (levando-se em conta mudanças relevantes ocorridas). No caso da empresa XYZ, seria reconhecido em 2016 apenas o custo com juros da atualização da parcela

---

[4] IAS 19.96.

[5] IAS 19.82.

[6] Para melhor entendimento sobre a taxa de desconto a ser utilizada, vide IAS 19.78.

da obrigação com benefício definido referente ao serviço passado. Isso foi representado na

equação através de $\left(\displaystyle\sum_{n=1}^{20} \dfrac{B_n}{(1+i)^{n+25}} \right) \times \left(\dfrac{N_p}{N_t} \right) \times i$.

ⓘ **Insight 3 – Custo com o serviço corrente (*current service cost*):** ao final de um período de serviço realizado pelo empregado, este tem direito a uma unidade a mais do benefício definido. A obrigação correspondente é chamada custo com serviço corrente, explicado no parágrafo 7 do IAS 19 como sendo o aumento no valor presente da obrigação com benefício definido em função do serviço do empregado no período corrente. Na obrigação com benefício definido da empresa XYZ, o custo com serviço corrente a ser reconhecido em

2016 foi representado por $\left(\displaystyle\sum_{n=1}^{20} \dfrac{B_n}{(1+i)^{n+24}} \right) \times \left(\dfrac{1}{N_t} \right)$.

ⓘ **Insight 4 – Obrigação com benefício definido – reconhecimento:** fazendo uso da informação apresentada nos *Insights* anteriores, torna-se simples compreender o que deve ser reconhecido da obrigação com benefício definido. O quadro a seguir resume isso:

Obrigação com benefício definido
(–) Custo com serviço passado ainda não devido
Obrigação sujeita a reconhecimento

A obrigação com benefício definido movimentar-se-á através do custo periódico com benefício definido (*periodic pension cost*)[7] composto, a princípio, com base nos seguintes:

Custo com serviço corrente
(+) Custo com juros
(+) Custo com serviço passado devido
(+) Amortização de custo com serviço passado ainda não devido
Custo periódico com benefício definido

---

[7] O termo empregado neste capítulo é utilizado no FAS 87 para planos de pensão em US GAAP. O IAS 19 não utiliza termo semelhante, apesar de trabalhar com os mesmos conceitos.

Benefícios definidos **133**

8.3 Ativos do plano

Conforme mencionado anteriormente em nosso exemplo, a empresa XYZ faz, juntamente com seus empregados, contribuições periódicas a um fundo responsável por gerir tais recursos que futuramente serão utilizados para pagar os benefícios devidos. Esses ativos servirão, portanto, para compensar a obrigação sujeita a reconhecimento por XYZ.

O IAS 19 requer que a obrigação com benefício definido seja compensada com os ativos do plano (*plan assets*), medidos a valor justo no final do período,[8] e que o total de custos a serem reconhecidos no período sejam compensados com o retorno esperado dos ativos do plano,[9] também para o mesmo período.

> ◄᎒᎒ **Ponto de Atenção:** atentar para possíveis mudanças na medição a valor justo em IFRS, conforme apresentado no tópico 14.1.

O retorno esperado é obtido utilizando-se expectativas do mercado com relação aos ativos do plano (tanto os existentes no início do período quanto os contribuídos ou desembolsados durante o período). Isso é calculado da seguinte forma:

$$R_e = i \times VJ_{APinício} + i \times C \times \left(\frac{1}{n_1} \right) - i \times D \times \left(\frac{1}{n_2} \right)$$

Onde:

R_e = Retorno esperado

VJ = Valor justo dos ativos do plano no início do período

i = Taxa esperada de retorno

C = Contribuições durante o período

D = Desembolsos durante o período

$1/n_1$ e $1/n_2$ = Fração do período após contribuições ou desembolsos

A situação pode ser então resumida da seguinte forma:

---

[8] IAS 19.54.

[9] IAS 19.61.

Valor justo dos ativos do plano no início do período	
(+) Retorno esperado dos ativos do plano para o período	→ Compensados com o custo periódico com benefício definido.
(+) ou (−) Diferença entre retorno esperado e o retorno real dos ativos do plano para o período	→ Tratados como ganhos ou perdas atuariais.[10]
(+) Contribuições feitas	
(−) Benefícios pagos	
Valor justo dos ativos do plano no fim do período	→ Compensados com a obrigação com benefício definido.

Pode-se observar no quadro acima que o fato de o IAS 19 requerer que seja utilizado o retorno esperado para compensar com o custo periódico com benefício definido, e não o retorno real, faz com que uma diferença seja apurada na movimentação do valor justo dos ativos do plano, do início para o fim do período. Essa diferença é considerada parte dos ganhos ou perdas atuariais, explicadas no tópico 8.4 (definição e tratamento).

ⓘ *Insight* 1 − **Obrigação reconhecida e custo periódico líquido com benefício definido:** fazendo uso dos quadros apresentados no *Insight* 4 do tópico 8.2, podemos reformulá-los para considerar o efeito dos ativos do plano. A obrigação sujeita a reconhecimento por parte da empresa XYZ, por exemplo, passa a ser calculada da seguinte forma (desconsiderando-se, por enquanto, o efeito da diferença entre o retorno esperado e o retorno real dos ativos do plano para o período, tratada como ganhos ou perdas atuariais):

	Obrigação com benefício definido	
→	(−) Valor justo dos ativos do plano	
→	(+) ou (−) Diferença entre retorno esperado e retorno real dos ativos do plano para o período	→ Tratados como ganhos ou perdas atuariais.
	(−) Custo com serviço passado ainda não devido	
	Obrigação sujeita a reconhecimento	

---

[10] Vide tópico 8.4.

O custo periódico com benefício definido passa a ser composto da seguinte forma:

Custo com serviço corrente
(+) Custo com juros
→ (−) Retorno esperado dos ativos do plano para o período
(+) Custo com serviço passado devido
(+) Amortização de custo com serviço passado ainda não devido
Custo periódico com benefício definido

8.4 Ganhos ou perdas atuariais

Conforme mencionado anteriormente,[11] planos de benefícios definidos são caracterizados por atribuírem riscos atuariais e de investimento à entidade patrocinadora. Isso significa que por mais precisos que sejam os cálculos atuariais, sempre é possível que as estimativas não se verifiquem na realidade ou que tenham que ser revisitadas em um período subsequente.

No cálculo do valor presente da obrigação com benefícios definidos, por exemplo, podem ocorrer mudanças:[12]

- na taxa de desconto utilizada (i);
- no número de períodos de pagamento do benefício (n) em função, às vezes, de mudanças em tábuas de mortalidade utilizadas;
- nos valores a serem pagos (B_n) em função, às vezes, de aumentos nos níveis dos salários ou custos médicos.

Já na apuração do valor justo dos ativos do plano, conforme visto no tópico 8.3, podem ocorrer diferenças entre o retorno esperado (utilizado na composição do custo periódico com benefício definido) e o retorno real.

---

[11] Vide tópico 8.1.

[12] IAS 19.94.

136 IFRS: Entendendo e aplicando as normas internacionais de contabilidade • Strube Lima

Todos esses ajustes ocorridos com base na experiência passada (diferenças entre o previsto e o ocorrido) ou devido a mudanças em premissas atuariais são chamados ganhos ou perdas atuariais (*actuarial gains or losses*).[13]

ⓘ *Insight* **1 – Reconhecimento de ganhos ou perdas atuariais:** trata-se de uma política contábil a ser definida pela entidade patrocinadora do plano de benefício definido. O IAS 19 prevê três possibilidades:

- reconhecimento mínimo (*corridor approach*);[14]
- reconhecimento acelerado;[15] ou
- reconhecimento total.[16]

Pelo método de reconhecimento mínimo, ganhos ou perdas atuariais serão reconhecidas se o valor líquido acumulado das mesmas for superior a 10% do maior entre: (1) o valor presente da obrigação com benefícios definidos (VP_{OBD}); e (2) o valor justo dos ativos do plano (VJ_{AP}). Caso isso ocorra, o excesso deverá ser dividido pelo período médio de serviço remanescente – o resultado dessa conta deve ser reconhecido como parte do custo periódico com benefício definido. O método também pode ser apresentado da seguinte forma:

Valor líquido acumulado dos ganhos ou perdas atuariais
(–) 10% do maior entre VP_{OBD} e VJ_{AP}
Excesso
(÷) Período médio de serviço remanescente
Valor mínimo a ser reconhecido como parte do custo periódico com benefício definido

Pelo método de reconhecimento acelerado, uma entidade pode definir uma política contábil que resulte em um reconhecimento mais rápido dos ganhos ou perdas atuariais, através da aplicação de algum método sistemático. Por exemplo, uma entidade pode reconhecer o excesso de ganhos ou perdas atuariais (terceira linha do quadro apresentado anteriormente)

---

[13] IAS 19.7.

[14] IAS 19.92.

[15] IAS 19.93.

[16] IAS 19.93A.

em um período inferior ao prazo médio de serviço remanescente. Pode inclusive reconhecer ganhos ou perdas além do excesso mencionado anteriormente.

Os dois métodos descritos anteriormente afetariam da seguinte forma, respectivamente, a obrigação sujeita a reconhecimento e o custo periódico com benefício definido:

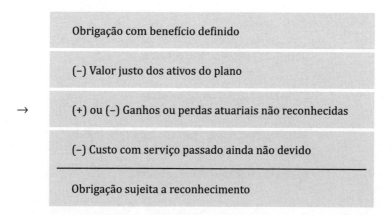

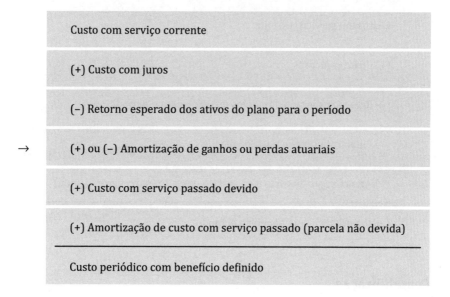

O terceiro método de reconhecimento total dos ganhos e perdas atuariais seria, na verdade, uma variação do segundo (que permite o uso de um método acelerado de reconhecimento). Entretanto, para facilitar o entendimento, separamos as diferenças de tratamento em três métodos distintos.

Caso uma entidade opte por reconhecer 100% dos ganhos ou perdas apurados a cada período, deverá fazê-lo registrando-os imediatamente como OCI na conta de lucros acumulados (*retained earnings*). Uma vez reconhecidos como parte dos lucros acumulados, não deverão ser reclassificados para lucros ou prejuízos (tal como ocorre, por exemplo, com ganhos ou perdas não realizadas de títulos classificados como disponíveis para a venda).[17]

Com o reconhecimento total dos ganhos e perdas atuariais, a obrigação sujeita a reconhecimento e o custo periódico com benefícios definidos seriam compostos das seguintes formas:

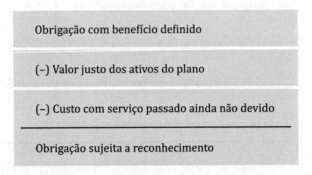

8.5 Contabilização

Na figura a seguir procura-se demonstrar como o custo periódico com benefício definido deve compor o saldo da obrigação registrada pela empresa patrocinadora, em contrapartida a uma despesa no resultado do período (vide item 1). Adicionalmente, caso a entidade tenha optado por reconhecer 100% dos ganhos ou perdas atuariais, na medida em que estas forem apuradas, lançamentos adicionais serão necessários (vide item 2).

---
[17] IAS 39.55b.

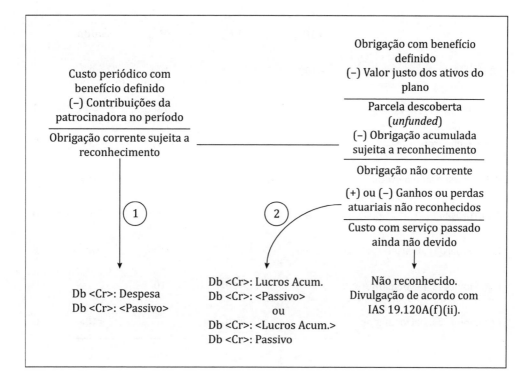

> **Exemplo 1 – Contabilização no caso de reconhecimento total dos ganhos e perdas atuariais:** suponha que a empresa XYZ, patrocinadora do plano de benefício definido criado em 2015 para atender seus empregados e optante pela política contábil de reconhecer 100% de ganhos ou perdas atuariais, deseje elaborar suas demonstrações contábeis de 2016. Para tanto, recebe de seus atuários as seguintes informações, onde:

- VP_{OBD} = Valor presente da obrigação com benefício definido
- VJ_{AP} = Valor justo dos ativos do plano
- CSP_{ND} = Custo com serviço passado não devido

	CSP_{ND}	VJ_{AP}	VP_{OBD}	Saldo	
2015	<100>		100	0	
Custo com serviço corrente			20	20	A
Custo com juros			5	5	B
Retorno esperado período		<10>		<10>	C
Amortização	4			4	D
Ganho (perda) atuarial		3	<9>	<6>	E
Contribuições: participante		<10>	10	0	F
Contribuições: patrocinador		<10>		<10>	G
2016	<96>	<27>	126	3	

As contabilizações seriam feitas da seguinte forma, pela empresa XYZ:

		Custo periódico	Ganhos atuariais	Contribuição: patrocinador	Total
Db <Cr>	Ativo			<10>	<10>
Db <Cr>	Passivo	<19>[i]	6[ii]	10[iii]	<3>
Db <Cr>	Despesa	19			19
Db <Cr>	Lucros Acumulados		<6>		<6>

i A + B + C + D.
ii E.
iii G.

Como resultado da contabilização efetuada, XYZ registra: (1) uma despesa no resultado no montante de $ 19, referente ao custo periódico com benefício definido; (2) um ganho atuarial no patrimônio líquido (OCI), no montante de $ 6; e (3) um saldo de passivo com plano de benefício definido, no montante de $ 3.

8.6 Ativos sujeitos a reconhecimento

A maioria dos quadros apresentados até o momento demonstra a composição de saldo e movimento de uma obrigação sujeita a reconhecimento por parte de uma empresa patrocinadora de um plano de benefício definido. Entretanto, a situação do plano pode levar a empresa patrocinadora a registrar um ativo e não um passivo, dependendo do saldo de cada um dos componentes descritos no parágrafo 54 do IAS 19 (valor presente da obrigação com benefício definido, valor justo dos ativos do plano, custo com serviço passado não devido, ganhos atuariais não reconhecidos e perdas atuariais não reconhecidas).

O registro de um eventual ativo, apurado de acordo com o parágrafo 54, deve estar limitado à condição estabelecida no parágrafo 58 do IAS 19 (*asset ceiling*): se o valor obtido através do parágrafo 54 for superior ao valor obtido através do parágrafo 58b(ii), deve-se utilizar o segundo para registro do ativo por parte da patrocinadora. Caso contrário, deve-se utilizar o primeiro. Abaixo, é reproduzida a forma como tais valores são obtidos, considerando-se que:

- VP_{OBD} = Valor presente da obrigação com benefício definido
- VJ_{AP} = Valor justo dos ativos do plano
- CSP_{ND} = Custo com serviço passado não devido
- GA_{NR} = Ganhos atuariais não reconhecidos
- PA_{NR} = Perdas atuariais não reconhecidas
- $VP_{BE - 58b(ii)}$ = Valor presente dos benefícios econômicos disponíveis na forma de reembolsos do plano ao patrocinador ou reduções em contribuições futuras do patrocinador ao plano

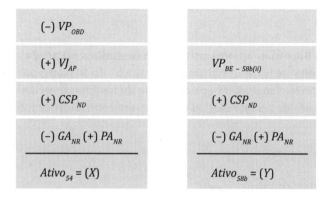

142 IFRS: Entendendo e aplicando as normas internacionais de contabilidade • Strube Lima

(i) *Insight* 1: **Contabilização:** a seguir, é demonstrado o ajuste referente ao teto estabelecido pelo parágrafo 58b:

		Se $Y < X$
Db <Cr>	Ativo	$<X - Y>$
Db <Cr>	Despesa	$X - Y$

Isso faz com que o custo periódico com benefício definido passe a ser composto da seguinte forma:

Custo com serviço corrente
(+) Custo com juros
(–) Retorno esperado dos ativos do plano para o período
(+) ou (–) Amortização de ganhos ou perdas atuariais
(+) Custo com serviço passado devido
(+) Amortização de custo com serviço passado (parcela não devida)
→ (+) ou (–) Ajuste para o teto do parágrafo 58b
Custo periódico com benefício definido

(i) *Insight* 2: **Reconhecimento antecipado de ganhos ou perdas atuariais e custo com serviço passado:** se for apurado um ajuste para o teto do parágrafo 58b e, no início ou no fim do período, houver superávit[18] que não possa ser totalmente recuperado pela entidade patrocinadora através de reembolsos ou reduções em contribuições futuras,[19] esta deverá

---

[18] Também chamado *Surplus* $(VJ_{AP} > VP_{OBD})$.

[19] IAS 19.58B.

considerar os seguintes possíveis efeitos nos ativos apurados de acordo com os parágrafos 54 e 58b do IAS 19:[20]

$Ativo_{54}$		$Ativo_{58b}$
$(-) A$ ou $(+) B$		$(-) A$ ou $(+) B$
$Ativo_{54\_Ajustado} = (X)$		$Ativo_{58b\_Ajustado} = (Y)$

Onde:

- $A = \Delta^{+} PA_{líquida} + \Delta^{+} CSP - \Delta^{-} VP_{BE\_58b(ii)}$
- $B = \Delta^{+} GA_{líquido} - \Delta^{+} CSP - \Delta^{+} VP_{BE\_58b(ii)}$

O objetivo do IASB, ao requerer no parágrafo 58A a mecânica descrita acima, é evitar que ganhos (ou perdas) sejam reconhecidos no resultado meramente em função de a entidade patrocinadora diferir custos com serviço passado não devidos e ganhos (ou perdas) atuariais.[21] A contabilização do reconhecimento do efeitos do parágrafo 58A e do teto estabelecido pelo parágrafo 58b ocorreria da seguinte forma:

		58b	58A
Db <Cr>	Ativo	$< X - Y >$	$< A >$ ou B
Db <Cr>	Despesa	$X - Y$	A
Db <Cr>	Receita		$< B >$

Isso faz com que o custo periódico com benefício definido passe a ser composto da seguinte forma:

---

[20] IAS 19.58A.

[21] IAS 19.BC78A-BC78F.

Custo com serviço corrente
(+) Custo com juros
(−) Retorno esperado dos ativos do plano para o período
(+) ou (−) Reconhecimento de ganhos ou perdas atuariais e/ou custo com serviço passado, após aplicação do parágrafo 58A
(+) ou (−) Amortização de ganhos ou perdas atuariais, não reconhecidas após aplicação do parágrafo 58A
(+) Custo com serviço passado devido
(+) Amortização de custo com serviço passado (parcela não devida), não reconhecido após aplicação do parágrafo 58A
(+) ou (−) Ajuste para o teto do parágrafo 58b
Custo periódico com benefício definido

ⓘ **Insight 3: Aplicação do parágrafo 58 quando a entidade reconhece ganhos ou perdas atuariais de acordo como parágrafo 93A:** nesses casos, conforme visto no *Insight* 1 do tópico 8.4, a entidade patrocinadora estará reconhecendo 100% dos ganhos ou perdas atuariais imediatamente contra lucros acumulados como parte de OCI. Isso faz com que determinados ajustes sejam necessários na mecânica do *asset ceiling*, detalhada no parágrafo 58 do IAS 19. Os valores sujeitos a reconhecimento do ativo passam a ser apurados da seguinte forma:

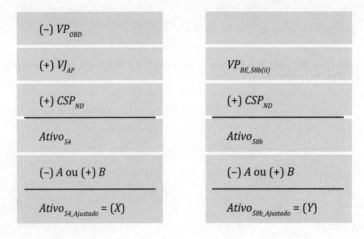

(−) VP_{OBD}	
(+) VJ_{AP}	$VP_{BE\_58b(ii)}$
(+) CSP_{ND}	(+) CSP_{ND}
$Ativo_{54}$	$Ativo_{58b}$
(−) A ou (+) B	(−) A ou (+) B
$Ativo_{54\_Ajustado} = (X)$	$Ativo_{58b\_Ajustado} = (Y)$

Onde:

- $A = \Delta^+ CSP - \Delta^- VP_{BE\_58b(ii)}$
- $B = - \Delta^+ CSP - \Delta^+ VP_{BE\_58b(ii)}$

A contabilização de ajustes oriundos do limite estabelecido no parágrafo 58b também passa a ser feita de maneira específica como parte de OCI, de acordo com o parágrafo 93C do IAS 19:

		Se Y < X
Db <Cr>	Ativo	$< X - Y >$
Db <Cr>	Lucros Acumulados	$X - Y$

ⓘ *Insight* 4: **Benefícios econômicos disponíveis na forma de reembolsos ou reduções em contribuições futuras:** fazem parte, conforme apresentado no início deste tópico, do limite previsto no parágrafo 58b do IAS 19, composto da seguinte forma:

$$\rightarrow \quad VP_{BE\_58b(ii)}$$

$$(+)\ CSP_{ND}$$

$$\dfrac{(-)\ GA_{NR}\ (+)\ PA_{NR}}{Ativo_{58b} = (Y)}$$

O IFRIC 14 oferece alguns esclarecimentos adicionais com relação a esse componente do cálculo do limite de ativo definido no parágrafo 58b do IAS 19. Especificamente, fornece interpretações sobre: (1) quando reembolsos ou reduções em contribuições futuras devem ser considerados disponíveis para a entidade patrocinadora; (2) como requerimentos de capitalização mínima de um plano (*minimum funding requirements*) podem afetar a disponibilidade de reduções em contribuições futuras; e (3) quando requerimentos de capitalização mínima podem levar ao registro de um passivo.[22]

---

[22] IFRIC 14.6.

Ponto de Atenção: atentar para mudanças previstas no tratamento de adiantamentos feitos a planos com requerimentos de capitalização mínima em IFRS, conforme apresentado no tópico 13.2.

No caso de reembolsos, uma entidade patrocinadora pode considerá-los disponíveis quando tiver um direito incondicional de recebê-los (o reembolso não depende da ocorrência ou não de um ou mais eventos futuros incertos que não estejam sob o controle da entidade). O benefício econômico de reembolsos deve ser medido como:[23]

$$BE_R = S_R - C$$

Onde:

BE_R = Benefício econômico de reembolsos

S_R = Superávit reembolsável

c = Custos associados

Com relação a reduções em contribuições futuras, uma entidade patrocinadora deve determinar o benefício econômico disponível da seguinte forma, onde:[24]

- BE_{RC} = Benefício econômico de reduções em contribuições
- S = Superávit
- VP_{CSF} = Valor presente do custo do serviço futuro, para a entidade patrocinadora

Entretanto, caso existam requerimentos de capitalização mínima do plano, uma entidade patrocinadora deverá separar as contribuições que servirão para atender a tal exigência entre: (1) contribuições que servirão para cobrir o custo de serviços já recebidos; e (2) contribuições que servirão para cobrir o custo de serviços futuros. Os efeitos em cada um dos casos são apresentados na figura a seguir:

---

[23] IFRIC 14.11-13.
[24] IFRIC 14.16.

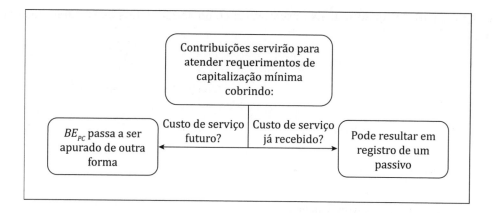

Caso as contribuições a serem feitas para atender a requerimentos de capitalização mínima sirvam para cobrir custos de serviços futuros dos empregados, uma entidade patrocinadora deve determinar os benefícios econômicos futuros disponíveis através de reduções em contribuições futuras, da seguinte forma:[25]

$$BE_{RC} = \sum_{n=1}^{x} \left(\frac{CSF_n - CCMe_n}{(1+i)^n} \right)$$

Onde:

BE_{RC} = Benefício econômico de reduções em contribuições

CSF_n = Custo do serviço futuro no período n

$CCMe_n$ = Contribuições para a capitalização mínima estimada com relação ao custo do serviço futuro no período n

i = Taxa de desconto

Caso as contribuições a serem feitas para atender a requerimentos de capitalização mínima sirvam para cobrir custos de serviços já recebidos dos empregados, uma entidade patrocinadora deve avaliar se, após os recursos serem transferidos para o plano, poderão ser reembolsados ou utilizados na compensação de contribuições futuras. Se isso não for o caso, um passivo pode ser registrado,[26] após a aplicação do parágrafo 58A do IAS 19.[27]

A forma de registro do ajuste, em função do reconhecimento do passivo, dependerá da política contábil da entidade patrocinadora (se optou por aplicar o parágrafo 93A do

---

[25] IFRIC 14.20.

[26] IFRIC 14.24.

[27] Vide *Insight* 2 do tópico 8.6.

IAS 19 ou não).[28] O quadro abaixo exemplifica como seriam feitos os lançamentos em cada caso.[29]

		Com p.93A	Sem p.93A
Db <Cr>	Passivo	$< X >$	$< X >$
Db <Cr>	Despesa		X
Db <Cr>	Lucros Acumulados	X	

8.7 Redução ou liquidação de planos de benefício definido

O IAS 19 prevê a possibilidade de ocorrerem reduções (*curtailments*) ou mesmo liquidações (*settlements*) de planos de benefícios definidos. Reduções podem ocorrer dependendo de determinadas condições: (1) se a entidade patrocinadora demonstrar que está comprometida em reduzir materialmente o número de participantes do plano; ou (2) se a entidade modificar materialmente os termos do plano de maneira que o nível de benefícios aos quais os participantes podem ter acesso seja reduzido. Liquidações ocorrem quando a entidade patrocinadora consegue eliminar qualquer obrigação que possa ter com o plano de benefício definido.[30]

De acordo com o parágrafo 109 do IAS 19, uma entidade deve reconhecer ganhos ou perdas de reduções ou liquidações de planos de benefícios definidos quando estas ocorrerem. Esses ganhos ou perdas devem ser apurados com base nas variações dos seguintes componentes do saldo registrado pela entidade (supondo-se que se trate de um passivo e que a política de diferir o reconhecimento de ganhos ou perdas atuariais seja utilizada):

- VP_{OBD} = Valor presente da obrigação com benefício definido
- VJ_{AP} = Valor justo dos ativos do plano
- CSP_{ND} = Custo com serviço passado não devido
- GA_{NR} = Ganhos atuariais não reconhecidos
- PA_{NR} = Perdas atuariais não reconhecidas

---

[28] Vide tópico 8.4.

[29] IFRIC 14.26. Vide também *Insight* 3 do tópico 8.6.

[30] IAS 19.111-112.

Antes da redução ou liquidação[31]		Após redução ou liquidação		Ganho ou perda com redução ou liquidação
VP_{OBD}	(–)	VP_{OBD} *	(=)	Ganho(Perda)
(VJ_{AP})	(–)	(VJ_{AP})*	(=)	Ganho(Perda)
(CSP_{ND})	(–)	(CSP_{ND})*	(=)	Ganho(Perda)
$GA_{NR}(PA_{NR})$	(–)	$GA_{NR}*(PA_{NR})$*	(=)	Ganho(Perda)
Passivo		**Novo passivo**		**Ganho (Perda) total**

O efeito dos ganhos ou perdas com reduções ou liquidações de planos de benefícios definidos faz com que o custo periódico com benefício definido passe a ter a seguinte composição (considerando-se que a entidade patrocinadora tem a política de diferir o reconhecimento de ganhos ou perdas atuariais):

Custo com serviço corrente

(+) Custo com juros

(–) Retorno esperado dos ativos do plano para o período

(+) ou (–) Amortização de ganhos ou perdas atuariais

(+) Custo com serviço passado devido

(+) Amortização de custo com serviço passado (parcela não devida)

→ (+) ou (–) Efeito de redução ou liquidação do plano

Custo periódico com benefício definido

---

[31] Antes da apuração de ganho ou perda com redução ou liquidação deve ser feita a remensuração das obrigações e dos ativos do plano com base nas premissas atuariais correntes (vide IAS 19.110).

Capitalização de custos de captação

9.1 Geral

Em IFRS, o IAS 23 estabelece os critérios a serem seguidos por uma entidade na capitalização de custos de captação como parte do custo histórico de ativos específicos. Isso pode ocorrer quando recursos forem captados com o objetivo de construir, adquirir ou produzir ativos que demandam um prazo substancial (*substantial period of time*) para estarem prontos para o uso ou venda – também chamados ativos qualificáveis (*qualifying assets*).[1]

No caso, o IAS 23 prevê que os seguintes custos de captação possam vir a ser capitalizados:[2]

- juros em saques a descobertos e em financiamentos de curto ou longo prazo;
- amortização de prêmios ou descontos relativos a financiamentos contraídos;
- amortização de custos auxiliares incorridos em conexão com a contratação de financiamentos;
- despesas financeiras relativas a arrendamentos financeiros; e
- variações cambiais de financiamentos em moedas estrangeiras, na medida em que são consideradas ajustes nas taxas de juros.

Conforme mencionado no início deste tópico, os custos de captação descritos acima podem ser capitalizados desde que os recursos obtidos sejam utilizados na construção, aquisição ou produção de ativos qualificáveis. Com isso, diz-se que os custos de captação são diretamente atribuíveis a esse objetivo.

---

[1] Podem incluir: (1) estoques; (2) fábricas; (3) usinas geradoras de energia; (4) ativos intangíveis; e (5) propriedades para investimento (vide IAS 23.5 e .7). O IAS 23 exclui de seu escopo o tratamento de custos de captação diretamente atribuíveis a: (1) ativos qualificáveis medidos a valor justo e (2) estoques produzidos em grandes quantidades e de maneira repetitiva (vide IAS 23.4 e .BC4-BC5).

[2] IAS 23.6.

A forma como se dará a capitalização dependerá do tipo de captação ocorrida. Se os recursos tiverem sido captados especificamente com o objetivo de obter determinado ativo qualificável, os custos de captação sujeitos à capitalização serão os custos efetivamente incorridos durante o período, reduzidos de receitas financeiras oriundas de investimentos temporários feitos com recursos ainda não utilizados.[3]

Custos de captação incorridos no período
(−) Receita de investimentos temporários
Custos de captação sujeitos à capitalização

Caso a entidade tenha captado recursos com o objetivo de obter ativos qualificáveis, mas tais recursos não são vinculados a ativos específicos (ou seja, são utilizados de maneira geral), o total de custos de captação sujeitos a capitalização será determinado aplicando-se uma taxa de capitalização às adições (*expenditures*) ocorridas no custo do ativo (ou ativos). Essa metodologia é melhor explicada no tópico 9.2.[4]

A informação apresentada até o momento pode ser resumida da seguinte forma:

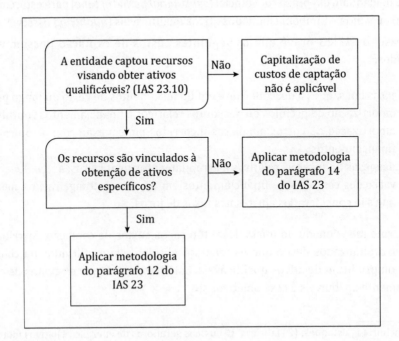

---

[3] IAS 23.12.

[4] IAS 23.14.

Capitalização de custos de captação **153**

Uma entidade deve começar a capitalizar custos de captação no momento em que: (1) tiver registrado adições[5] no custo do ativo; (2) tiver incorrido em custos de captação; e (3) tiver realizado as atividades necessárias para colocar o ativo em condições de uso ou venda.[6] Tal capitalização deve se encerrar, naturalmente, quando substancialmente todas as atividades necessárias para colocar o ativo em condições de uso ou venda forem concluídas.[7] Se, entre o início e o fim das atividades necessárias, estas forem interrompidas por períodos estendidos, também o deve ser a capitalização de custos de captação.[8]

ⓘ *Insight* 1 – **Identificação de ativos qualificáveis – AASB 1036:**[9] no mesmo parágrafo 7, em que dá exemplos de ativos sujeitos à qualificação para capitalização de juros, o IAS 23 instrui que ativos financeiros e estoques produzidos em um curto período de tempo não se enquadram nesse tratamento. No caso, ativos financeiros não devem ser considerados ativos qualificáveis mesmo quando se tratar de títulos de patrimônio em outra entidade que tenha ativos qualificáveis.[10]

Adicionalmente, de acordo com o AASB 1036, o conceito de "prazo substancial" utilizado no parágrafo 5 do IAS 23 para definir ativos qualificáveis seria interpretado como mais de 12 meses, transcorridos do momento em que começam até o momento em que são substancialmente concluídas todas as atividades necessárias para colocar o ativo em condições de uso ou venda.[11]

ⓘ *Insight* 2 – **Identificação de ativos qualificáveis – doações:** o IAS 23 não possui instruções com relação à qualificação de ativos adquiridos com recursos recebidos através de doações, acompanhadas de restrições feitas pelo doador (para que os recursos sejam utilizados especificamente na aquisição do ativo). Em US GAAP, o FAS 34 proíbe que tais ativos sejam qualificados para capitalização de juros e acrescenta que rendimentos (também restritos pelo doador) obtidos de investimentos temporários feitos com recursos das doações devem receber o mesmo tratamento.[12]

ⓘ *Insight* 3 – **Recursos captados especificamente para construção de ativos – AASB 1036:** de acordo com o parágrafo 10 do IAS 23, quando uma entidade capta recursos especificamente para obter um ativo qualificável, é provável que os custos de captação

---

[5] Vide tópico 9.2, onde é explicado que tipos de adições devem ser considerados.

[6] IAS 23.17.

[7] IAS 23.22.

[8] IAS 23.20.

[9] Anteriormente à adoção do IAS 23, a capitalização de custos de captação era definida na contabilidade australiana pelo AASB 1036, emitido pelo *Australian Accounting Standards Board*. Esse pronunciamento já era em certos aspectos semelhante ao IAS 23 e continha algumas instruções adicionais em pontos específicos.

[10] IAS 23.BC22c e AASB 1036.11.1.9.

[11] AASB 1036.11.1.10.

[12] IAS 23.22d e FAS 34.9f.

diretamente atribuíveis a tal ativo sejam identificáveis. Entretanto, presumia-se na norma australiana que apenas em operações simples ou em fases iniciais (*start-up operations*) e em projetos específicos uma conexão direta poderia (e deveria) ser feita entre a fonte dos recursos e a aplicação específica dos mesmos.[13]

Caso a entidade captasse mais recursos do que se esperava que seriam utilizados na construção, aquisição ou produção de um ativo qualificável, o custo de captação sujeito à capitalização corresponderia apenas àquele relacionado ao montante a ser gasto na obtenção do ativo.[14]

① *Insight* 4 – **Identificando custos de captação – AASB 1036:** o AASB 1036 continha as seguintes instruções para identificação de custos de captação descritos no parágrafo 6a do IAS 23: (1) quando um financiamento fosse descontado a valor presente para determinar seu valor contábil, a atualização deste com a passagem do tempo também seria classificada como custo de captação; e (2) quando um instrumento financeiro fosse classificado como passivo, e não patrimônio, os juros deveriam ser tratados como custo de captação, independentemente de sua forma legal (ex.: dividendos de ações preferenciais resgatáveis).[15] O IAS 23 exclui de seu escopo custo de itens de patrimônio (efetivo ou imputado), incluindo ações preferenciais não classificadas como dívida.[16]

Além disso, a amortização de custos auxiliares poderia incluir custos não reembolsáveis associados com a contratação do financiamento. Tais custos são, tipicamente, diferidos e amortizados durante o período do financiamento.[17]

① *Insight* 5 – **Correção monetária:** correção monetária de recursos captados com o objetivo de obter ativos qualificáveis também são considerados custos de captação sujeitos a capitalização. Apenas nos casos em que a entidade aplicar os requerimentos do IAS 29 (reconhecendo os impactos da inflação sobre o valor das adições nos ativos qualificáveis)[18] isso não deverá ocorrer.

① *Insight* 6 – **Amortização de ganhos ou perdas em *hedges* de valor justo:** o IAS 23 não contém instruções sobre o tratamento a ser dado no caso de ganhos ou perdas amortizadas, que derivem da parcela eficaz de um instrumento derivativo que se qualifique como *hedge* de valor justo.[19] Em US GAAP, a amortização de tais ajustes no valor contábil de um passivo coberto por *hedge* de valor justo deve ser considerada como parte do custo de captação, desde que a entidade comece a amortizar durante o período em que a capita-

---

[13] AASB 1036.5.3.1.

[14] AASB 1036.5.3.2.

[15] AASB 1036.11.1.3 e .11.1.5.

[16] IAS 23.3.

[17] AASB 1036.11.1.6.

[18] IAS 23.9 e IAS 29.21.

[19] IAS 23.BC21. Vide *Insight* 1 e Exemplo 1 do tópico 5.8.

lização é permitida. Deve-se considerar, para tanto, apenas a parcela eficaz dos ganhos ou perdas do *hedge*.[20]

9.2 Metodologia de capitalização

Conforme mencionado no tópico anterior, caso uma entidade capte recursos sem associá-los à obtenção de ativos qualificáveis específicos (financiamentos não vinculados), deve seguir a metodologia prevista no parágrafo 14 do IAS 23. Essa metodologia consiste na aplicação de uma taxa de capitalização às adições (*expenditures*) ocorridas no custo do ativo (ou ativos), de maneira a se obter o total de custos capitalizáveis em um período, conforme demonstrado na equação a seguir:

$$CCap^n = AC \times i_c$$

Onde:

$CCap_n$ = Custos de captação capitalizados no período n

AC = Adições para fins de Capitalização de Custos de Captação

i_c = Taxa corrente de capitalização

◀» **Ponto de Atenção** – Atentar para o limite no total de custos de captação capitalizáveis, estabelecido pelo IAS 23. Vide *Insight* 3 do tópico 9.2.

ⓘ *Insight* **1 – Adições para fins de Capitalização de Custos de Captação:** de acordo com o IAS 23, as adições para fins de capitalização de custos de captação (AC) demonstradas na equação anterior seriam compostas por adições no custo do ativo qualificável (*expenditures*) que resultaram em pagamentos em caixa, transferência de outros ativos ou contratação de obrigações sujeitas a juros (*interest-bearing liabilities*). O IAS 23 requer, entretanto, que tais adições sejam reduzidas de pagamentos (*progress payments*) e subvenções recebidas em conexão com o ativo.[21]

Na prática, é permitido que a apuração de tais adições seja feita de forma simplificada. Em US GAAP, por exemplo, o FAS 34 sugere que uma aproximação dos gastos capitalizados líquidos pode ser feita utilizando-se como base os custos capitalizados em um ativo (desde que a diferença seja imaterial).

---

[20] EITF 99-9.

[21] IAS 23.18.

Início da construção do ativo (custo 0)
(+) Adições
(+) ou (–) Transferências
(–) Baixas
Custo do ativo no fim do período

→ (junto a "(+) Adições")

Conforme mencionado anteriormente, as adições apresentadas no quadro acima devem ser reduzidas de pagamentos e subvenções recebidas, bem como gastos associados a obrigações que não estejam sujeitas a juros. Com isso, chega-se ao total de adições acumuladas no custo do ativo, sujeitas à aplicação da taxa de capitalização:

Adições
(–) Pagamentos recebidos[22]
(–) Subsídios recebidos
(–) Obrigações não sujeitas a juros[23]
Adições Líquidas – AL

Caso o período de capitalização tenha se iniciado após o início do acúmulo de custos no valor contábil do ativo imobilizado, o IAS 23 prevê a possibilidade de que seja utilizada uma média das adições acumuladas:[24]

---

[22] Quando da determinação do montante de pagamentos recebidos a serem excluídos do total de adições ocorridas no ativo qualificável para fins de capitalização de custos de captação, o AASB 1036 requeria que apenas os elementos de custo fossem considerados (AASB 1036.5.2.4).

[23] Exemplos podem incluir contas a pagar, provisões e retenções (*retainages*) para as quais não são reconhecidos juros (vide FAS 34.16). Retenções correspondem a parcelas de pagamentos a serem feitas pelo contratante apenas após a conclusão da construção (ou atendimento de outros termos contratuais).

[24] IAS 23.18.

$$AC = \left(\frac{AL_{inicial} + AL_{final}}{2} \right)$$

Onde:

AC = Adições para fins de Capitalização de Custos de Captação

$AL_{inicial}$ = Adições líquidas no início do período

AL_{final} = Adições líquidas no final do período

Outro ponto importante a ser levado em consideração é o fato de que custos de captação capitalizados devem ser calculados de maneira composta. Isso significa que tendo os juros sido capitalizados, tornam-se estes partes integrantes do custo do ativo, devendo ser considerados no cálculo dos juros a serem capitalizados no período seguinte, conforme demonstrado na seguinte equação:[25]

$$CCap_n - AC_n \times i_c$$

Considerando-se que:

$$AC_n = \sum_{n=1}^{x} (AL_n + JC_{n-1})$$

Onde:

$CCap_n$ = Custos de captação capitalizados no período n

AC_n = Adições para fins de Capitalização de Custos de Captação no período n

i_c = Taxa de capitalização do período corrente

AL_n = Adições líquidas no período n

ⓘ *Insight* **2 – Taxa de capitalização (*capitalisation rate*):** o IAS 23 requer que a taxa de capitalização utilizada para cálculo dos custos de captação capitalizados em um período represente uma média ponderada dos custos de captação aplicáveis ao endividamento da entidade, vigente durante o período de capitalização e subtraído de recursos captados especificamente para a obtenção de um ativo qualificável (cujos custos de captação são capitalizados de acordo com o parágrafo 12 do IAS 23).

Portanto, para se obter a taxa de capitalização a ser utilizada de acordo com o parágrafo 14 do IAS 23, é necessário inicialmente segregar do endividamento total e do custo total de

---

[25] IAS 23.18 e FAS 34.57.

captação, respectivamente, o endividamento específico para a obtenção de um determinado ativo qualificável e o custo de captação associado:[26]

Endividamento total	Custo total de captação
(–) Endividamento específico (IAS 23.12)	(–) Custo de captação específico (IAS 23.12)
Endividamento geral	Custo de captação geral

Uma vez obtida a informação descrita acima, pode-se calcular a taxa de capitalização da seguinte forma:

$$i_c = CCG_n \div \left(\frac{EG_{inicial} + EG_{final}}{2} \right)$$

Onde:

i_c = Taxa de capitalização do período corrente

CCG_n = Custo de captação geral no período n

$EG_{inicial}$ = Endividamento geral no início do período

EG_{final} = Endividamento geral no final do período

ⓘ *Insight* 3 – **Limite para capitalização:** uma importante condição do IAS 23 define que o montante de custos de captação sujeitos a capitalização em um determinado período é limitado pelo total de custos de captação registrados no mesmo período. Ou seja, uma entidade não pode capitalizar mais despesas do que aquelas incorridas e registradas em um período. Isso pode ser apresentado da seguinte forma:

- CCG_n = Custo de captação geral no período n
- $CCap_n$ = Custos de captação capitalizados no período n
- AC_n = Adições para fins de Capitalização de Custos de Captação no período n
- i_c = Taxa de capitalização do período corrente

---

[26] O IAS 23 requer que todo o endividamento em vigor durante o período de capitalização (reduzido de endividamentos específicos – IAS 23.12) seja utilizado no cálculo da taxa de capitalização. Não há flexibilidade na determinação da dívida a ser utilizada. Vide IAS 23.BC24.

Capitalização de custos de captação **159**

$$CCap_n = A_{Cn} \times ic \quad \xleftarrow{\text{Não}} \quad AC_n \times i_c > CCG_n\ ? \quad \xrightarrow{\text{Sim}} \quad CCap_n = CCG_n$$

(i) *Insight* 4 – **Capitalização de variação cambial:** de acordo com o parágrafo 6e do IAS 23, variações cambiais podem ser capitalizadas como parte do custo de ativos qualificáveis na medida em que sejam consideradas ajustes no custo com juros. Isso ocorre quando os recursos captados registrarem variação cambial que sirva para aproximar o custo efetivo com juros em moeda estrangeira (CJ_{me}) ao custo possível com juros na moeda local (CJ_{ml}) [27] da entidade:

Relação entre custos de juros	Variação cambial sobre endividamento	Variação cambial sujeita a capitalização	
$CJ_{me} < CJ_{ml}$	Despesa	$CJ_{ml}\ (-)\ CJ_{me}$	**A**
$CJ_{me} \geq CJ_{ml}$	Despesa	0	**B**
$CJ_{me} \leq CJ_{ml}$	Receita	0	**C**
$CJ_{me} > CJ_{ml}$	Receita	$CJ_{me}\ (-)\ CJ_{ml}$	**D**

Nos casos A e C apresentados acima, o total de variação cambial que pode ser capitalizada no período corresponderá a:

$$VCCap_n = CCap_n{}' - CCap_n$$

Onde:

$VCCap_n$ = Variação cambial capitalizada no período n

$CCap_n{}'$ = Custos de captação capitalizáveis no período n [28]

$CCap_n$ = Custos de captação capitalizados no período n [29]

---

[27] O termo CJ_{mf} representa o custo com juros de uma entidade caso as captações de recursos em moeda estrangeira tivessem sido realizadas na moeda funcional da mesma.

[28] Considera o custo efetivo com juros em moeda estrangeira (CJ_{me}).

[29] Considera o custo possível com juros na moeda local (CJ_{mf}).

Os custos de captação capitalizáveis no período n ($CCap_n'$) correspondem a:

$$CCap_n' = AC_n \times i_c'$$

Considerando-se que:

$$i_c' = CCG_n' \div \left(\frac{EG_{inicial}' + EG_{final}'}{2} \right)$$

Onde:

AC_n: Adições para fins de Capitalização de Custos de Captação no período n

CCG_n': Custo de captação geral no período n, ajustado ao custo possível em moeda

local $\left(\dfrac{EG_{inicial}' + EG_{final}'}{2} \right)$: Endividamento geral médio ajustado ao custo possível em moeda local

➤ **Exemplo 1 – Aplicação do *Insight* 4 do tópico 9.2:** considere que uma empresa XYZ possui ativos qualificáveis para capitalização de custos de captação e que em 1º.1.20X1 foram captados recursos de $ 100 em moeda nacional (financiamento 1) e de $ 100 em moeda estrangeira (financiamento 2). Durante o ano de 20X1, as seguintes informações foram apuradas por XYZ:

- adições para fins de Capitalização de Custos de Captação em 20X1 (AC_{20X1}): $ 200;
- custo com juros do financiamento 1 (CJ_1): $ 30;
- custo com juros do financiamento 2 (CJ_2): $ 20;
- saldo médio do financiamento 1 em 20X1 ($EG_{1-médio}$): $ 115;
- saldo médio do financiamento 2 em 20X1 ($EG_{2-médio}$): $ 135;
- variação cambial do financiamento 2 em 20X1 (VC_2): $ 50.

XYZ concluiu que o custo com juros do financiamento 2 teria sido equivalente ao do financiamento 1, caso a captação tivesse ocorrido em moeda nacional. Dessa forma, o total de variação cambial sujeita à capitalização por parte de XYZ seria calculada da seguinte forma:

1º) Obtendo-se o total de custos de captação capitalizados em 20X1:

$$CCap_{20X1} = \frac{(CJ_1 + CJ_2)}{(EG_{1-médio} + EG_{2-médio})} \times AC_{20X1}$$

$$CCap_{20X1} = \frac{(30 + 20)}{(115 + 135)} \times 200$$

$$CCap_{20X1} = 40$$

2º) Obtendo-se o total de custos capitalizáveis em 20X1:

$$CCap_{20X1}{}' = \frac{(30 + 30)}{(115 + 115)} \times 200$$

$$CCap_{20X1} \cong 52$$

3º) Obtendo-se a diferença entre os custos capitalizáveis e os custos capitalizados, em 20X1:

$$VCCap_n = CCap_n{}' - CCap_n$$

$$VCCap_n = 52 - 40$$

$$VCCap_n = 12$$

10

Lucro por ação

10.1 Geral

A forma como o lucro por ação (LPA) ou *earnings per share* (EPS) conforme o IAS 33, deve ser calculado e divulgado em IFRS dependerá da estrutura de capital da entidade, que pode ser considerada simples ou complexa.

Uma entidade tem estrutura de capital simples se esta for composta apenas de ações ordinárias e, nesse caso, deve ser divulgado o LPA básico (*basic* EPS). Para os demais casos, a estrutura de capital da entidade é considerada complexa e devem ser divulgados os LPAs básico e diluído (*diluted EPS*).[1]

10.2 Escopo

De maneira geral, empresas abertas ou que estejam em processo de registro para uma oferta pública devem divulgar o LPA.

🔊 **Ponto de Atenção:** caso uma entidade sem obrigatoriedade de divulgar o LPA opte por fazê-lo, deverá seguir os requerimentos do IAS 33 em IFRS.

ⓘ *Insight* **1 – Demonstrações financeiras consolidadas e individuais:** entidades que publicam tanto as demonstrações financeiras consolidadas quanto as individuais, de acordo com o IAS 27: precisam divulgar o LPA apenas para o resultado consolidado.

---

[1] FAS 128.36.

ⓘ **Insight 2 – Resultados abrangentes (*comprehensive income*):** caso a entidade divulgue a demonstração de resultado separada da demonstração de resultados abrangentes,[2] o LPA é necessário apenas para a primeira.

10.3 LPA básico

Entidades cuja estrutura de capital é composta apenas por ações ordinárias emitidas devem calcular e divulgar (na face da demonstração de resultado) LPA para o resultado das operações continuadas (*income from continuing operations*) e para o lucro ou prejuízo líquido. O cálculo deve ser feito da seguinte forma:[3]

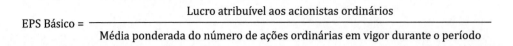

$$\text{EPS Básico} = \frac{\text{Lucro atribuível aos acionistas ordinários}}{\text{Média ponderada do número de ações ordinárias em vigor durante o período}}$$

ⓘ **Insight 1 – Lucro atribuível aos acionistas ordinários (*profit or loss attributable to ordinary equity holders of the parent entity*):** conforme o parágrafo 12 do IAS 33, o lucro atribuível aos acionistas ordinários com respeito ao resultado das operações continuadas e o lucro (ou prejuízo) líquido devem ser ajustados pelo efeito pós-imposto de ações preferenciais.

Resultado das operações continuadas / Lucro ou prejuízo líquido
(–) Dividendos declarados no período sobre ações preferenciais não cumulativas
(–) Dividendos acumulados em ações preferenciais cumulativas
Lucro atribuível aos acionistas ordinários

ⓘ **Insight 2 – Média ponderada do número de ações ordinárias em vigor durante o período (*weighted average number of ordinary shares outstanding during the period*):** de acordo com o parágrafo 20 do IAS 33, o cálculo da média ponderada do número de ações ordinárias reflete a possibilidade de o montante de capital variar durante o período devido a maior ou menor número de ações em vigor em diferentes momentos. Essa metodologia é exemplificada no seguinte quadro:

---

[2] IAS 1.81.
[3] IAS 33.10.

Ações ordinárias em vigor no início do período	
(+) Ações emitidas durante o período	→ Ponderadas pelo tempo em que estiveram em vigor durante o período de reporte
(–) Ações recompradas durante o período	→ Ponderadas pelo tempo em que estiveram em vigor durante o período de reporte
(+) Dividendos em ações (*stock dividends*) e desdobramento de ações (*share splits*)	→ Ajustados retroativamente e ponderados pelo tempo a partir desta data
(+) Ações contingentes, caso as condições para emissão tenham sido totalmente satisfeitas	→ Ajustadas retroativamente e ponderadas pelo tempo a partir desta data
(–) Desdobramentos reversos de ações (*reverse share splits*)	→ Ajustados retroativamente e ponderados pelo tempo a partir desta data
Média ponderada do número de ações em vigor	

10.4 LPA diluído

Conforme mencionado anteriormente, entidades com estrutura de capital complexa (emissoras de títulos potencialmente conversíveis em ações) devem divulgar os LPAs básico e diluído. No caso do LPA diluído, tanto o lucro atribuível aos acionistas ordinários quanto a média ponderada do número de ações em vigor precisam ser ajustados pelos efeitos de títulos potencialmente diluentes (ou ações ordinárias potenciais), tais como: (1) opções; (2) títulos conversíveis; (3) ações contingentes; e (4) contratos que possam ser liquidados em espécie ou em ações.[4]

$$\text{LPA Básico} = \frac{\text{Lucro atribuível aos acionistas ordinários + rendimentos de títulos diluentes}}{\text{Média ponderada do número de ações ordinárias em vigor durante o período, considerando-se que todos os títulos diluentes foram convertidos em ações}}$$

---

[4] IAS 33.31.

É importante observar que títulos podem ser diluentes (*dilutive*) ou antidiluentes (*antidilutive*), dependendo do efeito que causam no cálculo do LPA conforme demonstrado pela seguinte figura:[5]

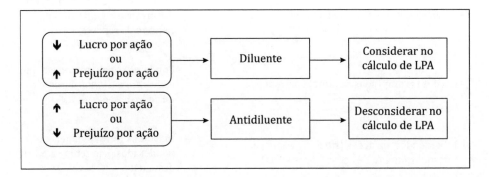

O parágrafo 36 do IAS 33 explica que títulos diluentes devem ser considerados convertidos em ações ordinárias no início do período para o qual o LPA está sendo calculado ou a partir da data de emissão, se esta ocorrer durante o período.

ⓘ *Insight* 1 – **Opções:** de acordo com o parágrafo 45 do IAS 33, para fins de cálculo do LPA diluído, uma entidade deve assumir que opções diluentes são exercidas e os ganhos presumidos desses instrumentos devem ser tratados como recebidos pela emissão de ações ordinárias a preço de mercado durante o período. Isso deve ocorrer, ou não, nas seguintes situações:

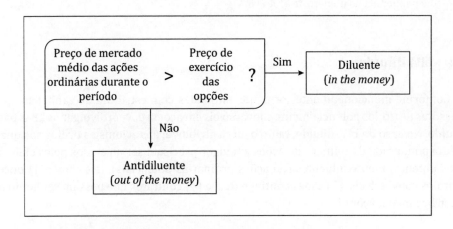

Para se chegar à quantidade adicional de ações de opções que devem ser adicionadas à média ponderada do número de ações ordinárias em vigor durante o período, no caso de o instrumento ser diluente, deve-se utilizar a seguinte fórmula:[6]

---

[5] IAS 33.32.

[6] IAS 33.46-47.

$$Ne - Ne \times \left(\dfrac{Pe}{Pm} \right) = N$$

Onde:

Ne = Número de ações emitidas se a opção for exercida

Pe = Preço de exercício da opção

Pm = Preço médio de mercado das ações ordinárias

N = Número adicional de ações a serem consideradas no cálculo de LPA

Caso a opção faça parte do escopo do IFRS 2, o preço de exercício da opção (Pe) deverá considerar também o valor justo de bens e serviços fornecidos à entidade durante o período acordado.[7]

ⓘ *Insight* 2 – **Títulos conversíveis (*convertible instruments*):** de acordo com o parágrafo 50 do IAS 33, para saber se ações preferenciais conversíveis são diluentes é preciso verificar se:

$$\left(\dfrac{Dd + Da}{N} \right) > \text{LPA Básico}$$

Onde:

Dd = Dividendos declarados no período para ações preferenciais

Da = Dividendos de ações preferenciais acumulados no período

N = Ações ordinárias adicionais devido à conversão de preferenciais

Além de abordar a questão das ações preferenciais conversíveis, o parágrafo 50 do IAS 33 explica de maneira análoga que títulos de dívida conversíveis devem ser considerados diluentes quando:

$$\left(\dfrac{J \times (1 - a)}{N} \right) > \text{LPA Básico}$$

Onde:

J = Despesa com juros

a = Alíquota de imposto

N = Ações ordinárias adicionais devido à conversão da dívida

---

[7] IAS 33.47A.

ⓘ **Insight 3 – Ações contingentes (*contingently issuable shares*):** nesse caso, a emissão de ações ordinárias depende da satisfação de determinada condição ou condições. No diagrama abaixo, é resumido o tratamento requerido no parágrafo 52 do IAS 33 para esse tipo de situação:

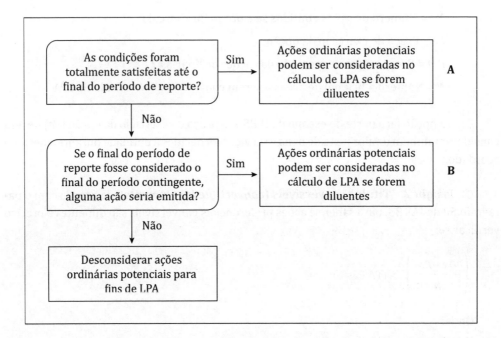

Na situação B do diagrama acima, é possível que a contingência esteja relacionada a resultados ou preços de ações futuros. Nesses casos, o resultado ou o preço de mercado das ações existentes no final do período de reporte seriam utilizados para avaliar quanto das condições foi satisfeito.[8]

ⓘ **Insight 4 – Contratos que podem ser liquidados em espécie ou ações (*contracts that may be settled in ordinary shares or cash*):** uma entidade que emite contratos dessa natureza, retendo a opção de determinar a forma de liquidação dos mesmos, deve presumir que isso ocorrerá em ações, de maneira que o instrumento seja considerado no cálculo do LPA se for diluente. A mecânica para determinar se as ações ordinárias potenciais podem ser consideradas diluentes ou não é semelhante à utilizada para avaliar títulos de dívida (vide *Insight* 2).[9]

No caso de o contrato poder ser liquidado em espécie ou em ações à opção da contraparte, deve ser considerado o cenário com maior efeito diluente.[10]

---

[8] IAS 33.53-54.

[9] IAS 33.58.

[10] IAS 33.60.

11

Impairment

11.1 Geral

As normas internacionais de contabilidade preveem a possibilidade de que um ativo (ou conjunto de ativos) registrado por uma entidade não seja considerado recuperável. Isso significa que o valor contábil do ativo excede os benefícios econômicos futuros que a entidade irá obter através do uso ou venda deste. O tratamento a ser aplicado, nesse caso, deve seguir os requerimentos do IAS 36, exceto para os seguintes ativos:[1]

- estoques, cobertos pelo IAS 2;
- ativos oriundos de contratos de construção (*construction contracts*), cobertos pelo IAS 11;
- imposto de renda diferido ativo, coberto pelo IAS 12;[2]
- ativos oriundos de planos de benefícios, cobertos pelo IAS 19;[3]
- ativos financeiros, cobertos pelo IAS 39;
- propriedades para investimento (*investment property*) medidas a valor justo, conforme definido no IAS 40;
- ativos biológicos (*biological assets*) relativos à atividade de agricultura que sejam medidos a valor justo menos custos estimados para o momento da venda (*fair value less estimated point-of-sale costs*), conforme definido no IAS 41;
- custos de aquisição diferidos (*deferred acquisition costs*) e ativos intangíveis oriundos de direitos contratuais de um segurador, resultantes de contratos de seguros cobertos pelo IFRS 4; e

---

[1] IAS 36.2.

[2] Vide tópico 6.4.

[3] Vide tópico 8.6.

- ativos não correntes individuais ou agrupados (inclusive com passivos direta-mente associados – *disposal groups*) classificados como mantidos para venda (*held for sale*) de acordo com o IFRS 5.

Em resumo, o IAS 36 requer que uma entidade:

i. considere se avaliará a recuperabilidade de um ativo individual ou de um con-junto de ativos, chamados "unidade geradora de caixa" (*Cash Generating Unit – CGU*);[4]

ii. avalie, com determinada periodicidade, se um ativo pode ser considerado não recuperável. Em certos casos, essa análise preliminar deve ser dispensada, de-vendo a entidade testar o ativo;[5]

iii. teste a recuperabilidade do ativo individual ou da CGU,[6] caso necessário (devido a indicativos de perda de recuperabilidade ou em função de obrigatoriedade);[7]

iv. registre a perda de *impairment* do ativo ou da CGU, trazendo o mesmo a seu valor recuperável, se for comprovada a perda da recuperabilidade do ativo;[8]

v. avalie se houve melhoria na recuperabilidade do ativo ou da CGU, em períodos subsequentes ao registro de uma perda de *impairment*.[9] Caso isto seja verdade, a entidade deve reconhecer a reversão da perda de *impairment* registrada ante-riormente.[10]

O IAS 36 também dá instruções sobre como uma entidade deve proceder com relação à recuperabilidade de: (1) *goodwill* (alocação em outros ativos,[11] teste e registro de *impairment*[12] e reversão de perdas passadas);[13] e (2) ativos corporativos (alocação em outros ativos, teste e registro de *impairment*).[14]

---

[4] IAS 36.65-73.

[5] IAS 36.9-17.

[6] IAS 36.18-57 e IAS 36.74-79 (especificamente no caso de CGUs).

[7] No caso de: (1) *goodwill*; (2) ativos intangíveis com vida útil indefinida; ou (3) ativos intangíveis ainda não disponíveis para uso. IAS 36.10.

[8] IAS 36.58-64 e IAS 36.104-108 (especificamente no caso de CGUs).

[9] IAS 36.110-116.

[10] IAS 36.117-121 (especificamente no caso de ativos individuais) e IAS 36.122-123 (especificamen-te no caso de CGUs).

[11] IAS 36.80-87.

[12] IAS 36.88-90 (geral) e IAS 36.96-99 (momento do teste).

[13] IAS 36.124-125.

[14] IAS 36.100-102.

Essa sequência de passos não corresponde exatamente à forma como o IAS 36 está estruturado.[15] Entretanto, pode oferecer uma visão alternativa de como os requerimentos desse pronunciamento podem ser compreendidos.

11.2 Unidades geradoras de caixa

O IAS 36 requer que a análise de recuperabilidade de um ativo seja feita no nível do próprio ativo individual ou, caso isso não seja possível, no menor grupo de ativos identificáveis que gerem fluxos de caixa em conjunto e de maneira independente de outros ativos (ou grupo de ativos). A esse grupamento de ativos chama-se unidade geradora de caixa (*Cash Generating Unit* – CGU),[16] conforme exibido na figura a seguir:

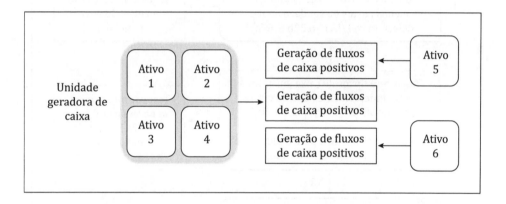

ⓘ **Insight 1 – Identificação de unidade geradora de caixa:** a definição de como ativos são utilizados em conjunto para gerar fluxos de caixa requer grande quantidade de julgamento por parte da administração de uma entidade (ainda que qualquer conclusão deva estar baseada em fatos). Na figura a seguir, são resumidos os critérios a serem utilizados na identificação de uma CGU de acordo com o IAS 36:

---

[15] IAS 36.7-8.
[16] IAS 36.6.

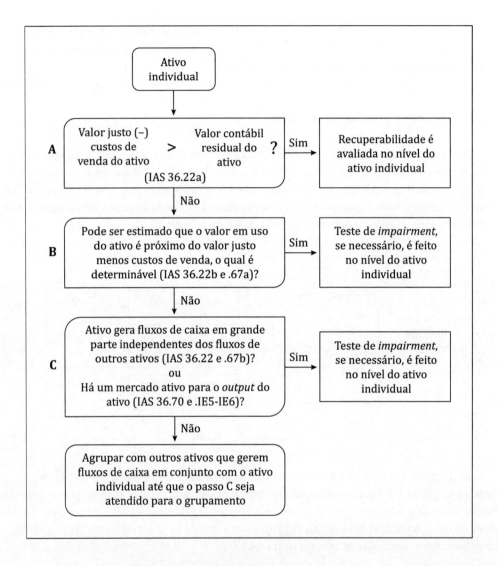

- **Ponto de Atenção:** em uma CGU, deve ser considerado o <u>menor nível de agregação possível</u> de ativos que, em conjunto, geram fluxos de caixa independentemente de outras ativos ou outras CGUs.[17]

- **Ponto de Atenção:** grupos de ativos cujo resultado do uso (*output*) seja utilizado internamente também podem ser considerados CGUs, caso o item C acima seja atendido. A recuperabilidade de uma CGU desse tipo deve considerar preços de mercado obtidos em transações isentas (*arms-lenght transactions*).[18]

---

[17] IAS 36.68.
[18] IAS 36.70.

ⓘ **Insight 2 – Alocação de *goodwill* a unidades geradoras de caixa:** conforme o parágrafo 80 do IAS 36, o *goodwill* adquirido em uma combinação de negócios deve, para fins de teste de *impairment*, ser alocado a cada CGU ou grupos de CGUs das quais se espera obter benefícios das sinergias oriundas da combinação. Essa CGU (ou grupo de CGUs) para a qual for alocado o *goodwill* deve atender aos seguintes critérios:

i. representar o menor nível dentro da entidade no qual o *goodwill* é monitorado para fins de gerenciamento interno; e

ii. não ser superior a um segmento operacional, determinado de acordo com o IFRS 8.

Com isso, pode-se chegar aos seguintes resultados:

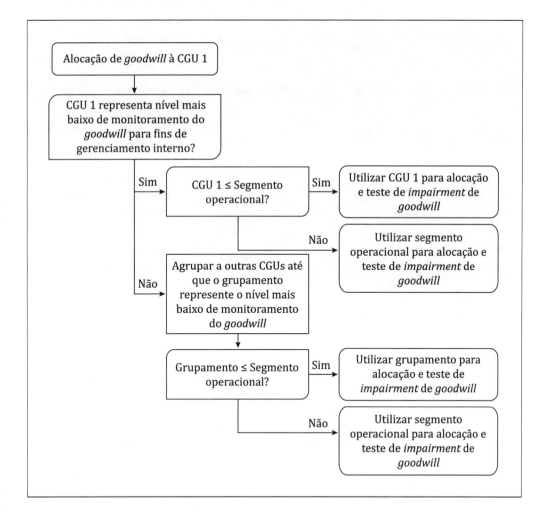

➢ **Exemplo 1 – Casos práticos:** no quadro abaixo são listados alguns exemplos de como determinadas empresas definiram CGUs, ou grupamento de CGUs, para fins de alocação de

174 IFRS: Entendendo e aplicando as normas internacionais de contabilidade • Strube Lima

goodwill. Deve-se considerar, entretanto, que as informações utilizadas nesse levantamento foram elaboradas com base no IAS 14, vigente até exercícios iniciados em 1º de janeiro de 2009 (ou após essa data).

Empresa	Sede	Principal atividade	CGU
Air France[b]	França	Transporte aéreo	Segmentos operacionais
Lafarge[b]	França	Materiais de construção	Um nível abaixo dos segmentos de negócio
ArcelorMittal[c]	Luxemburgo	Metalurgia	Segmento e unidade operacional
Ericsson[d]	Suécia	Telecomunicação	Segmentos de negócio
Hotéis Intercontinental[d]	Inglaterra	Hotelaria	Operações nas Américas e na Ásia
Danone[b]	França	Alimentos	Subsidiárias ou grupo de subsidiárias em um segmento
British Petroleum[d]	Inglaterra	Petróleo e gás	Um nível abaixo dos segmentos de negócio

[b] 20-F 2006.
[c] 20-F 2008.
[d] 20-F 2007.

ⓘ *Insight* 3 – **Ativos corporativos (*corporate assets*):** de maneira semelhante ao que ocorre no processo de alocação de *goodwill*, o conceito de CGU é aplicado de maneira específica também no caso de ativos corporativos. O IAS 36 explica que em função de os ativos corporativos não gerarem caixa de forma independente, torna-se naturalmente inviável estimar separadamente seus valores recuperáveis (a não ser no momento em que são vendidos).[19]

---

[19] IAS 36.101.

Para que esses ativos possam ter sua recuperabilidade testada, torna-se necessária a alocação dos mesmos às CGUs de acordo com os seguintes passos estabelecidos no parágrafo 102 do IAS 36:[20]

i. Quando do teste de recuperabilidade das CGUs identificadas, verificar se ativos corporativos podem ser alocados em uma base razoável e consistente a uma ou mais dessas CGUs:[21]

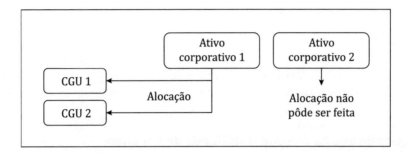

ii. Para os casos nos quais foi possível fazer a alocação, testar a recuperabilidade do valor residual contábil das CGUs somados do valor alocado dos ativos corporativos:[22]

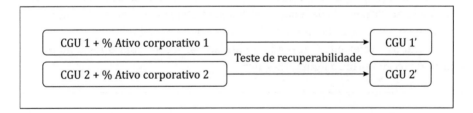

iii. No caso dos ativos corporativos que não puderam ser alocados inicialmente, agrupar as CGUs já testadas por recuperabilidade nos menores níveis nos quais seja possível fazer a alocação:[23]

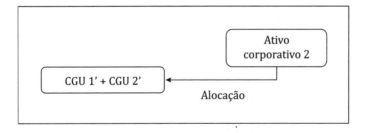

---

[20] Exemplo desse processo é encontrado em IAS 36.IE69-IE79.

[21] IAS 36.102.

[22] IAS 36.102a-102b (i).

[23] IAS 36.102b (ii).

iv. Por fim, comparar o valor residual contábil agrupado das CGUs, incluindo a parcela alocada dos ativos corporativos, com o valor recuperável:[24]

Apesar de não ser mencionado no IAS 36, uma conclusão lógica à qual se pode chegar é a de que em determinados casos a alocação de ativos corporativos poderá ser feita apenas para um grupamento de CGUs que compreenda todos os ativos e passivos da entidade. Esse tratamento para ativos corporativos estaria alinhado com o parágrafo 11 do FAS 144.

11.3 Quando avaliar a recuperabilidade de um ativo

Ativos cobertos pelo IAS 36 devem ter sua recuperabilidade testada sempre que ocorrerem eventos ou mudanças em circunstâncias indicando que o valor contábil de um ativo (ou de uma CGU) não pode mais ser considerado recuperável. Em função disso, uma entidade deve, no final de cada período de reporte, avaliar se existem indicadores internos ou externos que justifiquem um teste de *impairment*. No caso de determinados ativos, esses indicadores são considerados irrelevantes, devendo a entidade proceder com o teste de *impairment* periodicamente, conforme a figura a seguir:[25]

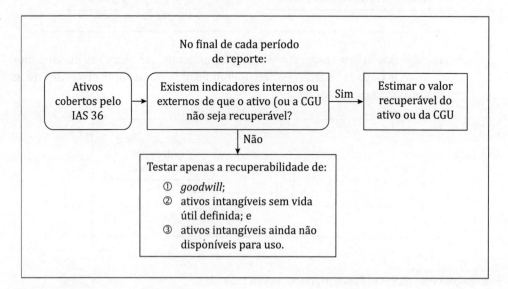

---

[24] IAS 36.102b (iii).
[25] IAS 36.9-10.

Impairment **177**

◁» **Ponto de Atenção:** o teste de *impairment* de um ativo intangível do tipo descrito no parágrafo 10 do IAS 36[26] não precisa, necessariamente, ser feito no final do período de reporte, podendo ser utilizada qualquer data (desde que se repita em anos subsequentes). Se tal ativo intangível for adquirido durante um período anual corrente, deverá ter sua recuperabilidade testada do final desse mesmo período.[27]

◁» **Ponto de Atenção:** o conceito de materialidade não se aplica a: (1) *goodwill*; (2) ativos intangíveis sem vida útil definida; e (3) ativos intangíveis ainda não disponíveis para uso. No caso dos demais ativos cobertos pelo IAS 36, a materialidade pode ser considerada.[28]

O IAS 36 requer que, no mínimo, sejam considerados os indicadores externos e internos descritos no parágrafo 12 do pronunciamento e abaixo resumidos:

Fonte	Tipo	Exemplo
Interna	Ocorrência de obsolescência ou dano físico ao ativo (ou da CGU)	
Interna	Ocorrência ou previsão de mudanças internas que podem afetar a entidade e o uso do ativo (ou da CGU)	Ociosidade de um ativo (ou da CGU), planos de descontinuidade ou reestruturação de operações, planos de se desfazer do ativo (ou da CGU) antes do previsto e revisões na vida útil de um ativo (ou da CGU)
Interna	Evidência existente em relatórios internos que indicam perda de *performance* econômica do ativo (ou da CGU)	Comparações de fluxos de caixa, resultados operacionais e orçamentos feitos para o ativo (ou para a CGU)[29]
Externa	Decréscimo inesperado no valor de mercado do ativo (ou da CGU)	

---

[26] (1) *Goodwill*; (2) ativos intangíveis com vida útil indefinida; ou (3) ativos intangíveis ainda não disponíveis para uso.

[27] IAS 36.10a.

[28] IAS 36.15-16.

[29] IAS 36.14.

Externa	Mudanças externas que podem afetar a entidade e o uso do ativo	Mudanças no ambiente econômico, tecnológico, legal ou de mercado da entidade	
Externa	Aumento em taxas de mercado que podem afetar a taxa de desconto utilizada para calcular o valor recuperável de um ativo (ou da CGU)	Aumento de taxas de juros de mercado ou taxas de mercado para retorno de investimento (*market rate of return on investments*)	
Externa	O valor contábil dos ativos líquidos (patrimônio líquido) de uma entidade supera sua capitalização de mercado (*market capitalisation*)[30]		

⊲» **Ponto de Atenção:** a existência de planos de descontinuidade de operações e planos da entidade de desfazer-se do ativo serve como indicador de que uma perda de *impairment* pode ser necessária de acordo com o IAS 36, caso o ativo (ou a CGU) não tenha sido (até o momento) enquadrado no escopo do IFRS 5.[31]

11.4 Medindo o valor recuperável

O IAS 36 define valor recuperável de um ativo (ou CGU) como sendo seu valor em uso (*value in use*) ou seu valor justo reduzido de custos de venda (*fair value less cost to sell*), dos dois o maior. Valor em uso equivale ao valor presente dos fluxos de caixa futuros que uma entidade espera obter de um ativo (ou de uma CGU). Já o valor justo reduzido de custos de venda corresponde ao montante que uma entidade obteria em uma venda do ativo (ou da CGU) para terceiros, subtraído dos custos da venda, considerando-se que a transação foi isenta (*arm's lenght*) e envolveu partes instruídas (*knowledgeable*) e desejosas de transacionar.[32]

⊲» **Ponto de Atenção:** atentar para possíveis mudanças na medição de valor justo em IFRS, conforme apresentado no tópico 14.1.

Resumidamente, poder-se-ia dizer que o valor justo reduzido de custos de venda é uma medida que considera o valor do ativo (ou da CGU) para terceiros, enquanto que o valor em uso é uma medida que considera o valor do ativo (ou da CGU) para a entidade proprietária do mesmo. O valor em uso só não é totalmente imune à influência de expectativas existen-

---

[30] Preço corrente de uma ação × quantidade de ações em vigor (*outstanding*). IFRS 3.IE.Example 6 (Pré 2008).

[31] IAS 36.12f.

[32] IAS 36.6.

tes em mercados do ativo (ou da CGU) devido à consideração que deve ser dada à taxa de desconto utilizada para trazer os fluxos de caixa futuros a valor presente.[33]

Na figura a seguir, são resumidos os conceitos descritos anteriormente, onde:

- *VR*: Valor recuperável;
- *VU*: Valor em uso; e
- (*VJ – CV*): Valor justo reduzido de custos de venda.

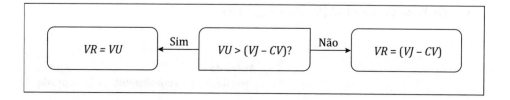

🔊 **Ponto de Atenção:** se uma entidade constata que um ativo (ou uma CGU) é recuperável com base no valor em uso (*VU*), não é necessário obter também o valor justo reduzido de custos de venda (*VJ – CV*), mesmo que o segundo seja superior ao primeiro (*VU < VJ*). O inverso também é válido.[34]

A questão, então, resume-se a saber se o valor contábil é superior ao valor recuperável de um ativo (ou de uma CGU). Se esse for o caso, o valor contábil deve ser ajustado para equiparar-se ao valor recuperável e esse ajuste chama-se perda de *impairment*. Isso pode ser apresentado da seguinte forma, onde:[35]

- *VR*: Valor recuperável;
- *VC*: Valor contábil; e
- P_{imp}: Perda de *impairment*.

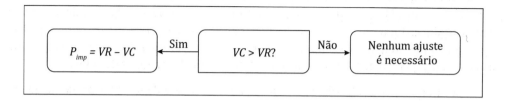

---

[33] IAS 36.BC57 e BC60.

[34] IAS 36.19.

[35] IAS 36.59.

O registro contábil da perda de *impairment*, no caso de uma entidade que utilize apenas o método de custo (previsto no IAS 16), seria feito imediatamente contra o resultado do período da seguinte forma, considerando-se que:[36]

- C: Custo do ativo;
- DA: Depreciação acumulada do ativo;
- P_{imp}: Perda de *impairment*;
- VC: Valor contábil $(C - DA = VC)$;
- VR: Valor recuperável $(C - DA - P_{imp} = VR)$.

		Antes da perda	*Impairment*	Após a perda
Db <Cr>	Custo	C		C
Db <Cr>	Depreciação acumulada	$< DA >$	$< P_{imp} >$	$< DA + P_{imp} >$
Db <Cr>	Resultado		P_{imp}	P_{imp}

◀◉ **Ponto de Atenção:** perdas de *impairment* reconhecidas em CGUs devem: (1) primeiro, reduzir o valor contábil de *goodwill* alocado em uma CGU (ou grupo de CGUs);[37] e (2) em seguida, ser alocadas *pro rata* aos demais ativos que compõem o grupamento com base no valor contábil de cada um.[38]

ⓘ *Insight* 1 – **Prazo dos fluxos de caixa no caso de CGUs contendo ativos com vidas úteis distintas:** o IAS 36 requer que as estimativas de fluxo de caixa para teste de *impairment* de um ativo sejam feitas considerando-se a vida útil econômica do mesmo, definida no parágrafo 6 como: (1) o período de tempo durante o qual a entidade espera utilizar o ativo; ou (2) a produção total (ou outra unidade semelhante) que a entidade espera obter do ativo. Entretanto, o IAS 36 não dá exemplos de metodologias a serem utilizadas para cálculo de fluxos de caixa no caso de CGUs compostas de ativos com diferentes vidas úteis.

O FAS 144, no parágrafo 18, explica que, em US GAAP, a vida útil remanescente de um grupo de ativos deve ser baseada na vida útil remanescente do ativo primário (*primary asset*) do agrupamento. Um ativo primário é o mais significante componente do qual um grupo de

---

[36] IAS 36.60.

[37] Vide *Insight* 2 do tópico 11.2.

[38] Vide IAS 36.104.

ativos deriva sua capacidade de geração de fluxos de caixa, devendo ser tangível e depreciável ou intangível e amortizável. Alguns do fatores a serem considerados na determinação do ativo primário incluem:

i. se outros ativos do grupo teriam sido adquiridos caso o ativo analisado não existisse;

ii. o nível de investimento que seria requerido para substituir o ativo analisado; e

iii. a vida útil remanescente do ativo analisado em relação à de outros ativos do grupo.

A vida útil remanescente do ativo primário deve ser utilizada mesmo quando for inferior à de demais ativos do grupo. Nesse caso, deve ser considerado nos fluxos de caixa que ao final da vida útil do ativo primário todo o grupamento será vendido.

O FASB chegou a considerar, quando da elaboração do FAS 144, a possibilidade de utilização de dois outros métodos que por fim foram rejeitados:[39] (1) o método da estimativa limitada; e (2) o método da média ponderada. O primeiro método funcionaria da seguinte forma:

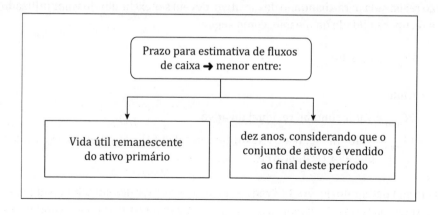

Já o método da média ponderada serviria para determinar o prazo estimado dos fluxos de caixa com base em uma média da vida útil remanescente dos ativos que compõem o grupo, ponderada pelo valor contábil residual dos mesmos. Esse método eliminaria as dificuldades associadas à identificação do ativo primário mas aumentaria, para a maioria das empresas, o custo de estimar fluxos de caixa para grupos de ativos.

ⓘ **Insight 2 – Estimativa de abandono de ativos no valor recuperável de uma CGU:** o IAS 36 explica, no parágrafo 78, que determinados passivos reconhecidos por uma entidade devem ser considerados quando da determinação do valor recuperável de um ativo. Esse entendimento é acompanhado, inclusive, de um exemplo no qual uma empresa que provisiona gastos futuros com a restauração do ambiente em que opera (ou custo com

---

[39] FAS 144.B25-B26.

abandono de ativos) utiliza essa estimativa para ajustar o valor residual contábil de um ativo, bem como seu valor em uso e/ou valor justo menos custos de venda. O teste de *impairment*, utilizado para verificar se o valor residual contábil de um ativo é superior ou não a seu valor recuperável, poderia, nesse caso, ser traduzido da seguinte forma:

$$VC_{ativo} - VP_{abandono} \leq ou > VP_{ativo} - VP_{abandono}$$

Onde:

VC_{ativo} = Valor contábil residual do ativo

$VP_{abandono}$ = Valor presente dos fluxos de caixa de abandono dos ativos do ativo

VP_{ativo} = Valor presente dos fluxos de caixa do ativo, equivalentes a seu valor em uso ou valor justo menos custos de venda

$(VP_{ativo} - VP_{abandono})$ = Valor recuperável

Esse tratamento pode ser considerado equivalente ao requerimento do parágrafo 12 do FAS 143 (em US GAAP), segundo o qual fluxos de caixa futuros estimados, relativos a uma provisão registrada para abandono de um ativo, devem ser excluídos do valor utilizado para testar a recuperabilidade do mesmo, como segue:

$$VC_{ativo} \leq ou > VP_{ativo}$$

Onde:

VC_{ativo} = Valor contábil residual do ativo

VP_{ativo} = Valor presente dos fluxos de caixa da CGU, equivalentes a seu valor justo ou valor recuperável

O mesmo parágrafo do FAS 143 requer, inclusive, que o valor contábil residual do ativo sendo testado para fins de *impairment* considere também os montantes capitalizados de custo estimado para abandono do mesmo. Faria sentido que esse tipo de requerimento, apesar de não constar no IAS 36, também fosse seguido para fins de IFRS.

No caso de custos ambientais com encerramento de operações para os quais não tenha sido reconhecida provisão de acordo com o FAS 143, o EITF 95-23 esclarece que a inclusão dos mesmos nos fluxos de caixa utilizados para testar a recuperabilidade de um ativo dependerá das intenções da administração para com este. A seguir, foram destacados alguns dos exemplos que o EITF fornece de situações nas quais a intenção da administração levaria à inclusão, ou não, de tais custos ambientais:

Inclusão	Não inclusão
A administração pretende operar o ativo pelo restante de sua vida útil. Custos com abandono desse ativo são incorridos durante a vida útil do ativo. Nesse caso, fluxos de caixa estimados para o teste de *impairment* do ativo devem considerar custos que ainda serão reconhecidos e incorridos.	A administração pretende operar o ativo durante a vida útil remanescente deste; o total dos fluxos de caixa futuros esperados durante o período excede o valor contábil do ativo, incluindo *goodwill*, e a administração não tem motivos para esperar que uma eventual baixa dos ativos resultaria em fluxos de caixa líquidos negativos.
A administração espera executar ações relativas ao uso do ativo que podem fazer com que a entidade incorra em custos ambientais ou pretende abandonar ou fechar o ativo no futuro e tal evento fará com que a entidade incorra em custos ambientais.	A administração pretende operar o ativo indefinidamente (e tem a capacidade de fazê-lo); o ativo gera fluxos de caixa positivos; as melhores informações da administração indicam que o ativo continuará a ser lucrativo no futuro; e não existem restrições à vida útil econômica do ativo.
A administração pretende vender o ativo no futuro e, de acordo com a legislação ou regulamentação aplicável, deverá incorrer em custos ambientais (que não façam parte do escopo do FAS 143), quando da venda.	A administração espera vender o ativo no futuro e com isso não incorrerá em custos ambientais.

ⓘ *Insight* 3 – **Obras em andamento:** o parágrafo 42 do IAS 36 esclarece que, quando da elaboração de fluxos de caixa para um ativo em construção ou em desenvolvimento, devem ser considerados nas saídas de caixa futuras os montantes a serem incorridos até que o ativo se encontre em condições de uso.

Já no parágrafo 44b, o pronunciamento requer que os fluxos de caixa de uma ativo sejam estimados com base nas suas condições correntes de serviço, sem considerar entradas e saídas de caixa que derivem de aumentos na capacidade de *performance* do ativo.

Pode ser considerada simples a visualização da aplicação desses parágrafos em casos nos quais o ativo individual gere fluxos de caixa de maneira independente, não precisando portanto ser agrupado a outros ativos em uma CGU. Entretanto, em situações nas quais a unidade geradora de caixa já esteja em operação ao mesmo tempo em que recebe gastos para obras em andamento, é possível enxergar um certo conflito entre os parágrafos 42 e 44b do IAS 36.

184 IFRS: Entendendo e aplicando as normas internacionais de contabilidade • Strube Lima

Nos parágrafos 19 a 21 e na Base de Conclusões[40] do FAS 144 (em US GAAP), que possui requerimentos semelhantes aos do IAS 36 com relação à projeção de fluxos de caixa, encontram-se algumas referências que podem auxiliar na compreensão da norma internacional. Em resumo, são abordados os casos de ativos (ou grupos de ativos) em uso e ativos (ou grupo de ativos) em desenvolvimento.

No primeiro caso, o FASB decidiu que ativos (ou grupo de ativos) em uso, incluindo aqueles considerados substancialmente concluídos, devem ter sua recuperabilidade testada com base no potencial de serviço existente na data do teste (*as is*), sem considerar possíveis melhorias capitalizadas em períodos futuros que ampliariam o potencial de serviço (*as improved*). Entretanto, o FASB observou que os fluxos de caixa dessas melhorias poderiam ser incluídos na medição do valor justo do ativo (ou grupo de ativos) caso participantes do mercado (*market participants*) viessem a fazer o mesmo.

No segundo caso, o FASB decidiu que ativos (ou grupo de ativos) em desenvolvimento devem ser testados por recuperabilidade com base no potencial de serviço esperado. Com isso, estimativas de fluxos de caixa deveriam incluir, também, saídas e entradas de caixa associadas a gastos futuros necessários para concluir o ativo (ou grupo de ativos). Especificamente nos parágrafos 21 e B33, o FAS 144 explica que para grupos de ativos em uso, que também incluam ativos em desenvolvimento, devem ser considerados nas estimativas de fluxos de caixa os gastos necessários para que a parcela seja concluída.

➢ **Exemplo 1 – Produção de fosfato:** para exemplificar o tratamento a ser dado no caso de grupos de ativos em uso que também incluam ativos em desenvolvimento, o FAS 144 descreve, no parágrafo A10, uma situação na qual uma empresa engajada na produção de fosfato estima os fluxos de caixa de seus ativos com base nos depósitos comerciáveis do minério. A extração do fosfato, entretanto, dependerá da construção de plantas de processamento durante a vida útil da mina. Nesse caso, o teste de recuperabilidade da mina e de seus ativos de longo prazo associados deverá considerar também os fluxos de caixa necessários para a construção futura das plantas de processamento.

11.5 Reversão de perdas de *impairment*

Conforme mencionado anteriormente,[41] o IAS 36 prevê a possibilidade de que perdas de *impairment* reconhecidas anteriormente para ajustar o valor contábil de um ativo (ou de uma CGU) a seu valor recuperável sejam revertidas. Para tanto, é requerido de uma entidade o acompanhamento periódico de indicadores que possam sinalizar a necessidade de uma reversão. Devem ser considerados, no mínimo, os seguintes indicadores internos e externos:

---

[40] FAS 144.B27-B33.

[41] Vide tópico 11.1.

Fonte	Tipo	Exemplo
Interna	Ocorrência ou previsão de mudanças internas que podem afetar a entidade e o uso do ativo (ou da CGU)	Planos de reestruturação de operações e desembolsos que melhorem o desempenho do ativo (ou da CGU)
Interna	Evidência existente em relatórios internos que indicam ganho de *performance* econômica do ativo (ou da CGU)	Comparações de fluxos de caixa, resultados operacionais e orçamentos feitos para o ativo (ou para a CGU)
Externa	Aumento significativo no valor de mercado do ativo (ou da CGU)	
Externa	Mudanças externas que podem afetar a entidade e o uso do ativo	Mudanças no ambiente econômico, tecnológico, legal ou de mercado da entidade
Externa	Redução em taxas de mercado que podem afetar a taxa de desconto utilizada para calcular o valor recuperável de um ativo (ou de uma CGU)	Redução de taxas de juros de mercado ou taxas de mercado para retorno de investimento

Caso existam indicativos de que uma perda de *impairment* deve ser revertida, torna-se necessário que a entidade avalie se ocorreram mudanças em estimativas utilizadas na medição do valor recuperável que serviu como base para ajuste do valor contábil no passado, uma vez que reversões são requeridas apenas nessas situações.[42]

Qualquer reversão a ser feita não pode resultar em um ativo (ou em uma CGU) com valor superior ao que seria seu valor contábil no período corrente, caso a perda de *impairment* revertida não tivesse sido registrada em períodos anteriores.[43]

🔊 **Ponto de Atenção:** perdas de *impairment* reconhecidas para trazer o *goodwill* ao seu valor recuperável não podem ser revertidas.[44]

A metodologia descrita pode ser resumida da seguinte forma:

---

[42] IAS 36.114.

[43] IAS 36.117. Em reversões de perdas reconhecidas em CGUs, deve-se fazer uma alocação *pro rata* do valor revertido com base no valor contábil de cada ativo que compõe o grupamento (IAS 36.122).

[44] IAS 36.142.

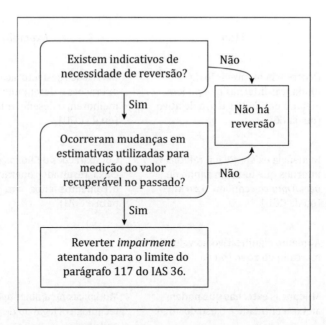

ⓘ **Insight 1 – Transferências de ativos entre CGUs:** apesar de não serem mencionadas no IAS 36, podem ocorrer situações nas quais ativos alocados a uma determinada CGU sejam remanejados para outras CGUs em períodos subsequentes. A forma como ativos são agrupados pode ser alterada devido a mudanças normais no curso dos negócios e, nesses casos, deveria ser tratada como revisão nas estimativas da entidade sobre como fluxos de caixa identificáveis e independentes são gerados.[45]

Outra questão está relacionada ao tratamento que deveria ser dado caso a CGU original acumulasse perdas de *impairment*. O valor contábil residual do ativo remanejado estaria, portanto, reduzido de perdas de períodos anteriores, as quais deveriam acompanhar o mesmo para a nova CGU na qual seria alocado. Isso estaria de acordo com o parágrafo 104 do IAS 36, que requer a alocação de perdas de *impairment* reconhecidas para uma CGU aos ativos individuais que compõem a mesma, conforme demonstrado na figura a seguir.

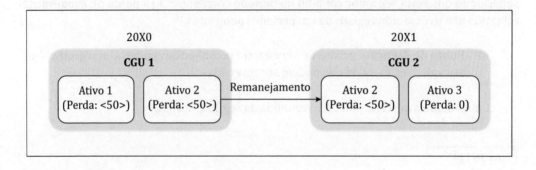

---

[45] IAS 8.32-38.

No exemplo, a mera transferência do Ativo 2 para a CGU 2 não deveria ser motivo para que a perda acumulada de $ 50 fosse revertida, mesmo que os fluxos de caixa dessa nova CGU no período 20X1 fossem suficientes para tanto. Isso poderia acontecer se, em linha com 115 do IAS 36, a CGU2 se beneficiasse com um acréscimo em seu potencial de serviço, do período 20X1 para o período 20X2.

12

Provisão para abandono de ativos

12.1 Geral

O IAS 37, apesar de não tratar especificamente de provisões para abandono de ativos (*Asset Retirement Obligations* – ARO), fornece alguns exemplos de casos nos quais essas obrigações precisariam ser registradas. O Exemplo 3 do Apêndice C esclarece, inclusive, que custos relacionados a esse tipo de evento (recuperação de áreas danificadas) devem ser incorporados ao custo do ativo imobilizado a ser abandonado, caso exista uma obrigação presente resultante de um evento passado.[1]

Esse conceito de custos de recuperação reconhecidos como parte do ativo imobilizado (IAS 16) ao mesmo tempo em que são provisionados (IAS 37) é utilizado pelo IFRIC 1 para definir seu escopo, o qual está relacionado a mudanças em provisões para abandono existentes (*changes in existing decommissioning, restoration and similar liabilities*).[2]

ⓘ **Insight 1 – Tratamento previsto em US GAAP:** provisões para abandono em US GAAP devem ser contabilizadas de acordo com o FAS 143. O escopo desse pronunciamento[3] cobre obrigações legais associadas ao abandono de ativos tangíveis de longo prazo, as quais podem resultar de: (1) aquisição; (2) construção; (3) desenvolvimento; e/ou (4) operações normais do ativo. Abandono e obrigações legais são definidos pelo FAS 143 como:

- abandono: remoção do serviço, que não temporária, de um ativo de longo prazo. Isso inclui venda, abandono, reciclagem ou outro tipo de encerramento do ativo;

---

[1] Caso a obrigação seja gerada durante a operação, e em função desta, o mesmo exemplo do IAS 37 sugere que seu reconhecimento ocorra no resultado do período quando incorrida (IAS 37.Appendix C.Example3).

[2] IFRIC 1.2.

[3] FAS 143.2.

- obrigações legais: obrigações que uma parte seja requerida a liquidar em função de: (1) legislação em vigor; (2) estatutos; (3) regulamentação; ou (4) contratos verbais, escritos ou mesmo aqueles constituídos de acordo com a Doutrina de Estoppel.[4]

O parágrafo 17 do FAS 143, no entanto, esclarece que obrigações tais como as descritas acima não fazem parte do escopo desse pronunciamento caso estejam incluídas nos pagamentos mínimos de um arrendamento (ou em pagamentos contingentes)[5] a serem feitos por um arrendatário em um contrato de *leasing*.[6]

Estimativas de gastos com abandono de ativos, que pertençam ao escopo do FAS 143, são contabilizadas inicialmente da seguinte forma:

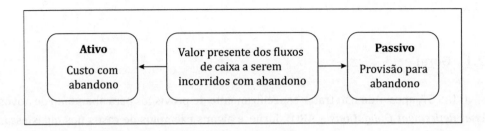

12.2 Mudanças na provisão para abandono

Conforme mencionado no tópico anterior, mudanças em provisões para abandono registradas de acordo com o IAS 16 (ativo) e com o IAS 37 (passivo) fazem parte do escopo do IFRIC 1 e devem ser tratadas segundo os requerimentos do mesmo. Tais requerimentos resultam da interpretação sobre como devem ser tratados os seguintes eventos que alteram o montante de uma provisão para abandono:

---

[4] O FAS 143 utiliza a definição contida na 7ª edição do *Black's law dictionary*, segundo o qual a Doutrina de Estoppel corresponde ao princípio de que uma promessa feita por uma parte sem a obtenção de contrapartida pode, ainda assim, ter seu cumprimento exigido para evitar injustiças, caso: (1) aquele que fez a promessa devesse, de maneira razoável, ter esperado que o recebedor da promessa fosse contar com a mesma; e (2) o recebedor da promessa de fato tenha contado com a promessa feita, podendo sofrer detrimento caso esta não seja cumprida.

[5] FAS 13.5.

[6] Vide tópico 7.4.

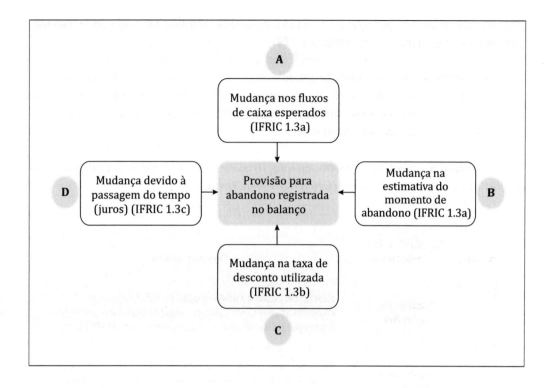

Como a provisão para abandono de ativos é registrada inicialmente com base no valor presente dos fluxos de caixa estimados, o efeito dos eventos descritos na figura anterior sobre o saldo da provisão pode ter sentido igual ou inverso ao da mudança em si. Ou seja, onde a variação da provisão para abandono de ativos dependerá de $\dfrac{\Delta A}{(1 + \Delta C)^{\Delta B}}$, podem ocorrer os seguintes efeitos:

Evento	Sentido da mudança	Efeito na provisão
A	Δ^+	Δ^+
B	Δ^+	Δ^-
C	Δ^+	Δ^-
D	Δ^+ apenas	

Dessa forma, o IFRIC 1 explica como devem ser tratadas adições e reduções no saldo da provisão para abandono de ativos quando: (1) uma entidade utiliza o modelo de custo

192 IFRS: Entendendo e aplicando as normas internacionais de contabilidade • Strube Lima

(*cost model*) do IAS 16 (parágrafo 30); e (2) uma entidade utiliza o modelo de reavaliação (*revaluation model*) do IAS 16 (parágrafo 31).

◁》 **Ponto de Atenção:** tanto no modelo de custo quanto no modelo de reavaliação, a movimentação decorrente da passagem do tempo (evento D, no início deste tópico) e a depreciação do custo com abandono devem ser registradas no resultado do exercício, quando incorridas.

ⓘ *Insight* **1 – Modelo de custo:** no quadro abaixo, são resumidos os requerimentos do IFRIC 1 para entidades que utilizam o modelo de custo:

Evento[7]	Efeito na provisão	Contrapartida
A, B e C	Adição na provisão	Adição no custo do ativo relacionado,[8] devendo-se considerar se o novo valor residual contábil estará sujeito a uma perda de *impairment* de acordo com o IAS 36.[9]
	Redução da provisão	Redução no custo do ativo relacionado, até o limite de seu valor residual contábil. Montantes excedentes devem ser reconhecidos no resultado.[10]

◁》 **Ponto de Atenção:** no caso de redução da provisão para abandono, o limite do valor residual contábil a ser utilizado antes que qualquer montante excedente seja reconhecido no resultado do exercício corresponde ao ativo associado como um todo e não apenas à parcela referente ao custo com abandono incorporado anteriormente.[11]

➤ **Exemplo 1 – Contabilização de provisão para abandono sob o modelo de custo:** suponha que uma empresa XYZ registre em 1º.1.20X1 uma provisão para abandono de ativos no montante de $ 50. Essa provisão reflete o valor presente de fluxos de caixa de $ 100 a serem incorridos dentro de cinco anos, descontados a uma taxa de 15%. Caso XYZ deprecie seu ativo a ser abandonado pelo método linear, ao longo de 20X1, os seguintes valores serão reconhecidos:

---

[7] Vide figura no início do tópico 12.2.

[8] IFRIC 1.5a.

[9] IFRIC 1.5c.

[10] IFRIC 1.5b.

[11] Vide Exemplo 1 em IFRIC 1.IE1-IE5.

- Depreciação: $ 10 ($ 50 ÷ 5)
- Juros: $ 7,5 ($ 50 × 15%)

		1ª.1.20X1	Depreciação	Juros	31.12.20X1
Db <Cr>	Ativo	50	< 10 >		40
Db <Cr>	Passivo	< 50 >		< 7,5 >	< 57,5 >
Db <Cr>	Resultado		10	7,5	17,5

Em 31.12.20X1, XYZ revisa suas estimativas de abandono de ativos e, devido a consideráveis avanços tecnológicos, conclui que os fluxos de caixa esperados passam de $ 100 para $ 30. O prazo esperado para abandono também é revisado, passando de quatro para dez anos. Considerando-se que a taxa de desconto permanece a mesma, XYZ registraria em 31.12.20X1 um passivo referente à obrigação a valor presente pelo montante aproximado de $ 7,5. Os lançamentos para reconhecimento da revisão feita em 31.12.20X1 seriam feitos da seguinte forma:[12]

		Saldo anterior à revisão	Revisão	Saldo final em 31.12.20X1
Db <Cr>	Ativo	40	< 40 >	0
Db <Cr>	Passivo	< 57,5 >	50	< 7,5 >
Db <Cr>	Resultado	17,5	< 10 >	7,5

ⓘ *Insight* 2 – **Modelo de reavaliação:** em casos nos quais uma entidade utilize o modelo de reavaliação, devem ser observadas algumas condições. As contrapartidas de reduções na provisão para abandono correspondem a créditos que podem ser registrados diretamente no patrimônio líquido (reserva de reavaliação) ou no resultado do exercício, dependendo do seguinte:[13]

---

[12] Para fins de simplificação, não será considerado o valor contábil original do ativo (anterior ao registro da provisão para abandono).

[13] IFRIC 1.6a(i) e .6b.

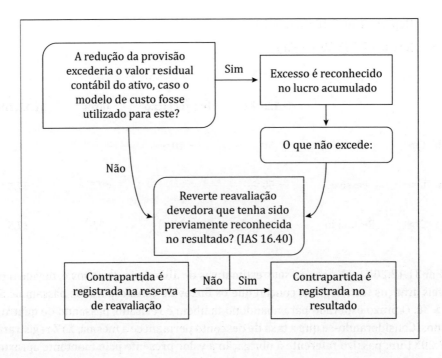

O registro de contrapartidas associadas a aumentos na provisão para abandono segue uma mecânica mais simples, prevista no parágrafo 6a(ii) do IFRIC 1. Basicamente, o efeito de aumento na provisão para abandono deve ser registrado no resultado do exercício, a não ser que exista reserva de reavaliação credora para o ativo no patrimônio líquido. Nesse caso, o registro da contrapartida é feito diretamente no patrimônio líquido até o limite da reserva, sendo qualquer montante excedente registrado no resultado do exercício.

> **Ponto de Atenção:** o IFRIC 1 alerta, no parágrafo 6c, que mudanças na provisão para abandono podem ser indicações de que o ativo tenha que ser reavaliado. Nesse caso, as considerações sobre registro de contrapartidas no resultado ou no patrimônio líquido devem incluir também os efeitos da reavaliação do ativo.

12.3 Obrigações condicionais de abandono de ativos

De maneira semelhante ao IAS 37, o FAS 143 requer (em US GAAP) que uma obrigação para abandono de ativos seja reconhecida quando a mesma for incorrida, caso seja possível estimar razoavelmente seu valor justo.[14] Entretanto, esse requerimento do FAS 143, de que obrigações sejam reconhecidas quando incorridas (em geral, quando da aquisição, construção, desenvolvimento e/ou através das operações normais de um ativo), não é facilmente aplicável em casos nos quais obrigações cujo momento (*timing*) e/ou o método de abandono

---

[14] FAS 143.3.

Provisão para abandono de ativos **195**

são condicionados a eventos futuros (obrigações condicionais para abandono de ativos ou *conditional asset retirement obligation*).

Isso resultou em práticas divergentes em US GAAP na medida em que entidades adotaram critérios distintos para definir quando as obrigações deveriam ser reconhecidas.[15] Por esse motivo, o FASB emitiu o FIN 47 com o objetivo de esclarecer quando uma entidade teria informações suficientes para estimar razoavelmente o valor justo de uma provisão para abandono de ativos e como proceder em casos nos quais esse tipo de informação é obtida num momento posterior àquele no qual a obrigação é incorrida.

ⓘ *Insight* **1 – Informação necessária para estimar razoavelmente o valor justo de um ARO:** o valor justo de um ARO deve ser considerado razoavelmente estimável quando:[16]

i. for evidente que o valor justo do ARO está embutido no preço de aquisição do ativo;

ii. existir um mercado ativo através do qual o ARO possa ser transferido; e

iii. existir informação suficiente para a aplicação da técnica de valor presente esperado.[17]

A técnica de valor presente esperado serve para lidar com incertezas relacionadas ao método e/ou momento de abandono (quando informação suficiente está disponível) na medida em que diferentes cenários são ponderados com base em suas probabilidades de ocorrência, conforme a seguinte equação:

$$\left(\frac{X}{(1 + i)^{n1}} \right) \times p + \left(\frac{Y}{(1 + i)^{n2}} \right) \times (1 - p) = Z$$

Onde:

X = Fluxo de caixa do abandono utilizando-se o método 1

Y = Fluxo de caixa do abandono utilizando-se o método 2

n_1 = Prazo 1 para ocorrência do abandono

n_2 = Prazo 2 para ocorrência do abandono

i = Taxa de desconto

p = Probabilidade de ocorrência do abandono utilizando-se o método 1 no prazo 1

---

[15] Conforme o parágrafo 1 do FIN 47, algumas entidades optaram por reconhecer as obrigações antes do abandono dos ativos, incorporando ao valor justo das mesmas incertezas com relação ao momento e/ou método de abandono. Outras entidades optaram por reconhecer as obrigações a valor justo apenas quando se tornasse provável que os ativos seriam abandonados em uma data específica e utilizando-se um método específico de abandono ou quando os ativos fossem efetivamente abandonados.

[16] FIN 47.4.

[17] CON 7.46.

(1 − p) = Probabilidade de ocorrência do abandono utilizando-se o método 2 no prazo 2

Z = Valor presente do ARO

Segundo o parágrafo 5 do FIN 47, uma entidade terá informação suficiente para aplicar a técnica do valor presente esperado quando for verificada uma das seguintes situações:

i. a data e o método de abandono foram estabelecidos por terceiros através dos meios legais que deram origem à obrigação (lei, regulamentação, contrato etc.);[18] e

ii. existe informação necessária para estimar razoavelmente: (1) as datas possíveis de abandono; (2) os métodos potenciais de abandono; e (3) as probabilidades associadas aos potenciais métodos e datas de abandono.[19]

ⓘ *Insight* 2 – **Caso a informação necessária não exista quando a obrigação é incorrida:** após a obrigação ter sido incorrida, o provisionamento do ARO deve ocorrer no momento em que a informação necessária para estimar seu valor justo estiver disponível.

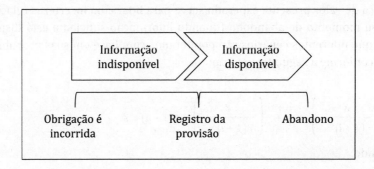

---

[18] FIN 47.5a: Incerteza quanto à cobrança de *performance* não interfere no registro da provisão.

[19] FIN 47.5b. Fontes potenciais de informação: (1) informação derivada de práticas passadas da entidade; (2) prática da indústria; (3) intenções da administração; ou (4) estimativa de vida útil econômica do ativo a ser abandonado.

IFRSs emitidos em 2009

Este capítulo visa atualizar o leitor com relação aos requerimentos de alguns dos novos IFRSs emitidos durante o ano de 2009 e que impactarão o conteúdo de um ou mais capítulos desta publicação, na medida em que entrarem em vigor ou sejam adotados antecipadamente.

13.1 IFRS 9 – *Financial Instruments*

Emitido em 12 de novembro de 2009, o IFRS 9 é um pronunciamento que tem como objetivo substituir o IAS 39, que atualmente define os requerimentos para a contabilização de instrumentos financeiros em IFRS no tocante aos seguintes aspectos: reconhecimento; reversão de reconhecimento; medição; tratamento de derivativos (embutidos ou não); e contabilização de *hedges*.[1]

O projeto de substituição do IAS 39 foi estruturado em três fases: (1) classificação e mensuração de instrumentos financeiros; (2) metodologia de *impairment*; e (3) contabilização de *hedge*. A versão publicada do IFRS 9 inclui as decisões do IASB com relação à primeira das três fases e alterará a forma como as entidades classificarão e medirão os ativos financeiros em IFRS.[2] Tais alterações entrarão em vigor para períodos anuais iniciados a partir de 1º de janeiro de 2013 e, salvo em alguns casos específicos, deverão ser aplicadas retroativamente de acordo com o IAS 8.[3]

---

[1] IFRS 9.IN6.
[2] IFRS 9.IN6.
[3] IFRS 9.8.1.1-8.2.1.

198 IFRS: Entendendo e aplicando as normas internacionais de contabilidade • Strube Lima

◁» **Ponto de Atenção:** apesar de entrar em vigor a partir de 1º de janeiro de 2013, é permitida a aplicação antecipada do IFRS 9 que poderá ser adotado já nas demonstrações financeiras de 2009.[4]

Futuramente, na medida em que as etapas seguintes forem concluídas, o IFRS 9 receberá inclusões (*amendments*) que servirão para que o pronunciamento substitua integralmente o IAS 39. Todas as inclusões do IFRS 9 deverão ocorrer antes do final de 2010.

◁» **Ponto de Atenção:** atentar para as possíveis mudanças no teste de *impairment* de ativos financeiros em IFRS, conforme apresentado no tópico 15.3.

A tabela a seguir demonstra resumidamente como o pronunciamento está estruturado e o que aborda cada um dos principais tópicos:

Tópico	Abordagem
Escopo (IFRS 9.2.1)	Manterá o mesmo escopo do IAS 39.
Reconhecimento de ativos financeiros (IFRS 9.3.1.1-3.1.2)	Manterá o mesmo critério de reconhecimento do IAS 39.
Classificação de ativos financeiros (IFRS 9.4.1-4.4)	Existirão apenas duas classes de ativos financeiros: os que serão medidos a custo amortizado e os que serão medidos a valor justo. O enquadramento em uma das duas classes dependerá do modelo de negócios (*business model*) da entidade para gestão de ativos financeiros e, das características dos fluxos de caixa contratuais do ativo financeiro.
1. Opção de designação a valor justo (IFRS 9.4.5)	Permanecerá a opção de designar um ativo financeiro à classe dos que serão medidos a valor justo com movimentações reconhecidas no resultado, desde que tal designação elimine ou reduza significativamente inconsistências de reconhecimento ou medição (*accounting mismatch*).[5]

---

[4] IFRS 9.8.1.1

[5] Tal mecanismo, chamado de opção do valor justo (*fair value option*), existe no IAS 39 e permite que um instrumento financeiro seja designado, quando do reconhecimento inicial como medido a valor justo com variações reconhecidas no resultado do período. Tal designação pode ocorrer quando: (1) o uso da opção reduz inconsistências de reconhecimento e medição; ou (2) um grupo de instrumentos financeiros é gerenciado e tem sua *performance* avaliada formalmente com base no valor justo. Vide IAS 39.9.

2. Derivativos embutidos (IFRS 9.4.6-4.8)	Se o contrato principal fizer parte do escopo do IFRS 9, o contrato híbrido deverá ser integralmente classificado de acordo com o este pronunciamento. Caso contrário, o IAS 39 deverá ser utilizado para avaliar se o derivativo embutido será separado.
3. Reclassificações (IFRS 9.4.9)	Deverão ocorrer reclassificações entre as duas classes de ativos financeiros desde que estejam em linha com mudanças ocorridas no modelo de negócio da entidade para gestão de ativos financeiros.
Medição	
1. Medição inicial (IFRS 9.5.1.1)	Manterá o mesmo critério de medição inicial do IAS 39.
2. Medição subsequente (IFRS 9.5.2.1-5.2.3)	Ativos financeiros deverão ser medidos a valor justo ou a custo amortizado. Os requerimentos do IAS 39 continuam valendo para o *impairment* de ativos financeiros e para contabilização de ativos financeiros designados como itens cobertos em relações de hedge.
3. Reclassificações (IFRS 9.5.3.1-5.3.3)	Reclassificações deverão ser feitas prospectivamente a partir da data de reclassificação (*reclassification date*) e respeitando o seguinte: i. Valor justo ➜ custo amortizado: o valor justo na data de reclassificação passa a ser o valor contábil do ativo para fins de custo amortizado. ii. Custo amortizado ➜ valor justo: o valor justo deverá ser apurado na data de reclassificação e ganhos ou perdas deverão ser reconhecidos no resultado.
4. Ganhos e perdas (IFRS 9.5.4.1-5.4.5)	Ganhos e perdas deverão ser reconhecidos no resultado, exceto nos casos em que o ativo financeiro seja: i. Parte de uma relação de hedge, de acordo com o IAS 39; ii. Contabilizado com base na data de liquidação (*settlement date accounting*),[6] de acordo com o IAS 39; ou iii. Um instrumento de participação para o qual, na data de reconhecimento, a entidade optar por apresentar as variações no valor justo em outros resultados abrangentes. O instrumento deverá fazer parte do escopo do IFRS 9 e não poderá ser considerado como mantido para negociação (*held for trading*).

---

[6] Forma de contabilização aplicável a títulos do tipo *regular way* (IAS 39.9). Quando a contabilização pela data de liquidação é utilizada, as variações do valor justo do ativo a ser recebido, ocorridas entre a data de negociação (*trade date*) e a data de liquidação (*settlement date*), devem ser contabilizadas da mesma forma que o ativo adquirido (IAS 39.AG56).

200 IFRS: Entendendo e aplicando as normas internacionais de contabilidade • Strube Lima

ⓘ **Insight 1 – Classificação de ativos financeiros**: o IAS 39 prevê a existência de quatro categorias que definem a forma como ativos financeiros são medidos e como suas movimentações são reconhecidas:[7] (1) ativos financeiros medidos a valor justo com movimentações reconhecidas no resultado (*financial asset at fair value through profit or loss*); (2) investimentos mantidos até o vencimento (*held-to-maturity investments*); (3) empréstimos e recebíveis (*loans and receivables*); e (4) ativos financeiros disponíveis para a venda (*available-for-sale financial assets*).

A classificação dos ativos financeiros entre cada uma das categorias mencionadas acima depende da intenção da administração sobre o destino que dará a cada instrumento individual, ou seja, se negociará o instrumento, se o manterá como disponível para uma venda ou se o manterá até seu vencimento ou até um futuro previsível.

Por considerar que tal modelo do IAS 39 é demasiadamente complexo de ser aplicado e produz informações de difícil compreensão por parte dos usuários das demonstrações financeiras, o IASB decidiu reduzir o número de categorias de ativos financeiros e estabelecer critérios de classificação baseados na forma como a entidade gerencia seus ativos financeiros bem como nas características dos fluxos de caixa contratuais dos instrumentos.[8]

A tabela a seguir resume as mudanças trazidas pelos IFRS 9 com relação à classificação de ativos financeiros:

	IAS 39	IFRS 9
Critérios	Intenção da administração.	Forma como a entidade gerencia seus ativos financeiros e características dos fluxos de caixa contratuais dos instrumentos.
Categorias	Ativos financeiros medidos a valor justo com movimentações reconhecidas no resultado.	Ativos financeiros medidos a valor justo.[9]
	Investimentos mantidos até o vencimento.	Ativos financeiros medidos a custo amortizado.
	Empréstimos e recebíveis.	
	Ativos financeiros disponíveis para a venda.	

---

[7] IAS 39.9.

[8] IFRS 9.BC8.

[9] O reconhecimento das movimentações deverá ocorrer no resultado do período a menos que o ativo financeiro seja parte de uma relação de *hedge* contabilizada de acordo com o IAS 39 ou seja um ins-

🔊 **Ponto de Atenção:** ao reduzir o número de categorias de ativos financeiros o IASB fez também com que apenas uma metodologia do IAS 39 para *impairment* de ativos financeiros (a daqueles medidos a custo amortizado) permaneça no IFRS 9.[10]

De acordo com o parágrafo 4.2 do IFRS 9, uma entidade deverá primeiro avaliar se um ativo financeiro atende aos critérios para pertencer à categoria de ativos financeiros medidos a custo amortizado. Caso o ativo não seja medido a custo amortizado, por não atender aos critérios do parágrafo 4.2, deverá ser medido a valor justo tal como estabelecido no parágrafo 4.4 do IFRS 9.

A figura da página seguinte exemplifica a aplicação dos parágrafos 4.2 e 4.4. do IFRS 9.

A identificação dos modelos de negócio para gerenciamento de ativos financeiros será fundamental para a aplicação do IFRS 9. Isso dependerá da observação de fatos que indiquem como a entidade é gerenciada e como a informação é fornecida para a administração.[11] Julgamento também será necessário para definir o nível de agregação correto dos ativos financeiros quando da definição dos modelos de negócio, uma vez que estes não dependem da intenção da administração com relação a ativos financeiros individuais – a determinação deverá ser feita com base em como a administração gerencia seus negócios.[12]

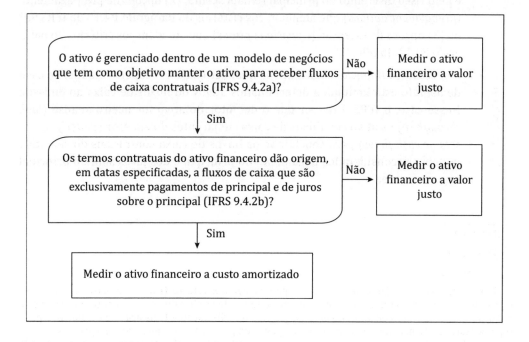

trumento de participação para o qual a entidade tenha optado por reconhecer as movimentações em outros resultados abrangentes. IFRS 9.5.4.1.

[10] IFRS 9.BC8b..

[11] IFRS 9.BC27.

[12] IFRS 9.B4.2 e .BC26b.

🔊 **Ponto de Atenção:** o fato de uma entidade se desfazer de ativos financeiros antes de seus vencimentos não significa que o modelo de negócios não tenha como objetivo manter os ativos para receber fluxos de caixa contratuais. A manutenção dos ativos financeiros não precisa ser, necessariamente, até as datas de vencimento.[13]

Já a segunda condição (se os termos contratuais do ativo financeiro dão origem, em datas especificadas, a fluxos de caixa que são exclusivamente pagamentos de principal e de juros sobre o principal remanescente) dependerá das características dos fluxos de caixa contratuais do ativo financeiro. Algumas características que poderão determinar a classificação de um ativo financeiro incluem:

- alavancagem (*leverage*): aumenta a variabilidade dos fluxos de caixa contratuais, fazendo com que deixem de ter características econômicas de juros.[14]

- termos contratuais que alterem o momento e o valor dos pagamentos do principal e dos juros sobre o principal remanescente:[15] impedirão que ativos sejam medidos a custo amortizado, a menos que sejam referentes à: (1) taxas de juros flutuantes que compensem pelo valor do dinheiro no tempo (*time value of money*) e pelo risco de crédito do principal remanescente; (2) opções de pré-pagamento (*prepayment options*) que atendam aos critérios do parágrafo B4.10 do IFRS 9;[16] ou (3) opções de extensão (*extension options*) que atendam aos critérios do parágrafo B4.11 do IFRS 9.[17]

- *non-recourse financial assets*: ativos financeiros cuja recuperabilidade, no caso de *default*, está limitada a determinados ativos ou fluxos de caixa do emissor. Nesse caso, o IFRS 9 requer que o detentor do ativo financeiro analise (*look through to*) os ativos ou fluxos de caixa subjacentes do emissor (*underlying assets or cash flows*) para concluir se os fluxos de caixa contratuais do seu ativo podem ser considerados pagamento do principal e dos juros sobre o principal remanescente.[18]

---

[13] IFRS 9.B4.3.

[14] IFRS 9.B4.9.

[15] IFRS 9.B4.12.

[16] O exercício da opção não poderá ser contingente a eventos futuros (exceto nos casos em que protege o detentor do ativo financeiro contra deterioriazação de crédito do emissor, contra mudanças de controle do emissor ou contra mudanças relevantes de tributação e legislação) e o valor pré-pago representará substancialmente montantes não pagos do principal e dos juros sobre o principal remanescente (podendo estar incluída compensação razoável e adicional pelo encerramento antecipado do contrato). Vide IFRS 9.B4.10.

[17] O exercício da opção não poderá ser contingente a eventos futuros (exceto nos casos em que protege o detentor do ativo financeiro contra deterioriazação de crédito do emissor, contra mudanças de controle do emissor ou contra mudanças relevantes de tributação e legislação) e os fluxos de caixa contratuais durante o período estendido serão exclusivamente pagamentos de principal e de juros sobre o principal remanescente. Vide IFRS 9.B4.11.

[18] IFRS 9.B4.16-B4.17.

- instrumentos subordinados (*subordinated instruments*): ativos financeiros que dão ao detentor prioridade inferior no recebimento de pagamentos em relação a outras dívidas do emissor. Essa situação não impede que os fluxos de caixa contratuais sejam considerados pagamento do principal e dos juros sobre o principal remanescente desde que: (1) o não pagamento por parte do emissor se configure numa quebra de contrato; e (2) o detentor do ativo financeiro possua o direito de receber os pagamentos não realizados, mesmo no caso de falência do emissor.[19]
- concentração de risco de crédito através de *tranches*: o IFRS 9 define *tranches* como instrumentos vinculados contratualmente de maneira a criar concentração de risco de crédito. Isso se dá através de uma subordinação que estabelece a prioridade com que fluxos de caixa gerados pelo emissor serão alocados a cada *tranche*. Por exemplo, suponha que uma entidade emite quatro *tranches* (A, B, C e D) que serão pagas com fluxos de caixa a serem gerados por dois de seus ativos (*underlying instruments pool*). As *tranches* são vinculadas contratualmente (*contractually linked*) de maneira que cada uma receberá 25% de eventuais perdas, alocadas da seguinte forma: 1º) A (*junior tranche*); 2º) B; 3º) C; e 4º) D (*senior tranche*). Essa estrutura, que concentra o risco de crédito nas primeiras *tranches*, pode ser ilustrada da seguinte forma:

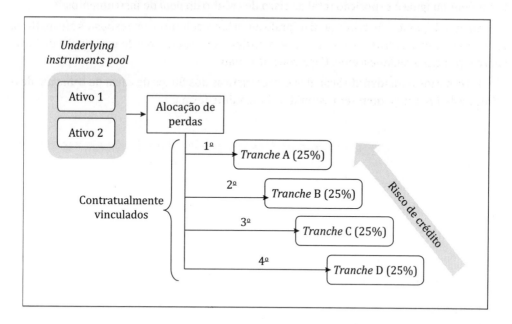

A concentração de risco de crédito apresentada na figura anterior pode fazer com que as *tranches* A, B ou C sejam consideradas alavancadas (e sujeitas à medição a valor justo) uma vez

---

[19] IFRS 9.B4.19.

que oferecem proteção à *senior tranche* D.[20] Dessa forma, para que os fluxos de caixa contratuais de uma *tranche* possam ser considerados por seu detentor como pagamento de principal e de juros sobre o principal remanescente, determinadas condições do parágrafo B4.21 do IFRS 9 precisam ser atendidas. Tais condições são explicadas no *Insight* 2 a seguir.

ⓘ *Insight* 2 – **Critérios para qualificar os fluxos de caixa contratuais de *tranches* como pagamentos de principal e juros sobre o principal remanescente**: tomando como base o exemplo sobre *tranches* apresentado no *Insight* 1, suponha que o detentor da *tranche* C deseje definir se os fluxos de caixa do seu ativo financeiro possuem características de pagamento de principal e de juros sobre o principal remanescente.

Antes de tudo, o detentor da *tranche* precisará avaliar se o ativo financeiro gera fluxos de caixa contratuais que sejam exclusivamente oriundos do pagamento de principal e de juros sobre o principal remanescente.[21]

Caso isso se verifique, o detentor precisará analisar (*look through to*) o *pool* de instrumentos do emissor das *tranches* (no caso, os ativos 1 e 2). Nessa análise, que deve considerar somente os instrumentos que geram fluxos de caixa ao invés de repassá-los,[22] o detentor deverá: (1) verificar se as características dos ativos 1 e 2 atendem a determinadas condições;[23] e (2) concluir se a exposição ao risco de crédito do *pool* de instrumentos, inerente à *tranche* C, é menor ou igual à exposição total ao risco de crédito do *pool* de instrumentos.[24]

Se os dois passos descritos no parágrafo anterior resultarem em respostas afirmativas, os fluxos de caixa da *tranche* C terão características de pagamentos de principal e de juros sobre o principal remanescente. Caso contrário, não.

Os critérios para identificação das características dos fluxos de caixa de *tranches*, descritos neste *Insight*, podem ser resumidos da seguinte forma:

---

[20] IFRS 9.BC33.

[21] IFRS 9.B4.21a.

[22] IFRS 9.B4.22.

[23] IFRS 9.B4.21b. O *pool* deve conter um ou mais instrumentos cujos fluxos de caixa contratuais sejam exclusivamente pagamentos de principal e de juros sobre o principal remanescente e também pode incluir instrumentos que sirvam para: (1) reduzir a variabilidade dos fluxos de caixa do *pool*; ou (2) alinhar os fluxos de caixa do *pool* com os fluxos de caixa das *tranches* com relação às diferenças entre taxas fixas e flutuantes, diferenças de moedas ou diferenças de momento de ocorrência dos fluxos (*timing*). IFRS 9.B4.23-B4.24.

[24] IFRS 9.B4.21c.

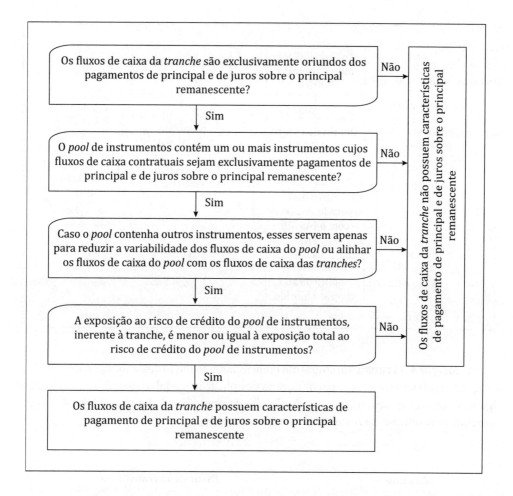

ⓘ **Insight 3 – Derivativos embutidos**: conforme explicado no tópico 5.3, o IAS 39 requer que derivativos embutidos sejam separados de seus contratos principais caso determinadas condições sejam atendidas. Essa forma de contabilização será modificada pelo IFRS 9 caso o contrato principal pertença ao escopo deste pronunciamento. Isso ocorrerá porque todo o contrato híbrido deverá ser contabilizado de uma única forma: a custo amortizado ou a valor justo com movimentações reconhecidas no resultado.[25]

Além disso, se um derivativo embutido for separado de seu contrato principal, de acordo com o IAS 39, deverá ser contabilizado conforme o IFRS 9 caso resulte em um ativo financeiro.[26]

Tal mecânica, prevista para a contabilização de derivativos embutidos, é resumida na figura a seguir:

---

[25] IFRS 9.4.7.

[26] IFRS 9.4.8.

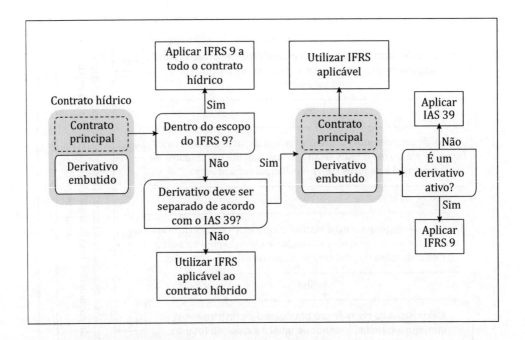

ⓘ **Insight 4 – Transição**: conforme mencionado no início deste tópico, o IFRS 9 deverá ser adotado retroativamente, a partir da data de aplicação inicial (*date of initial application*). Algumas especificidades, entretanto, são detalhadas nas disposições transitórias do pronunciamento e encontram-se resumidas na tabela a seguir.

Assunto	Disposição transitória
Data de aplicação inicial (IFRS 9.8.2.2)	Deverá ser no início do primeiro período de reporte, se a entidade adotar o IFRS 9 em 1º de janeiro de 2011 (ou a partir desta data); ou Poderá ser em qualquer data entre a emissão do IFRS 9 e 31 de dezembro de 2010, se a entidade adotar o IFRS 9 antes de 1º de janeiro de 2011.[27]
Ativos financeiros que já não eram mais reconhecidos na data de aplicação inicial (IFRS 9.8.2.1)	O IFRS 9 não deverá ser aplicado para esses ativos.

---

[27] A isenção tem como objetivo permitir que as entidades adotem o IFRS 9 nas demonstrações financeiras de 2009 ou de 2010. IFRS 9.BC108.

Modelo de negócios da entidade para gestão de ativos financeiros (IFRS 9.8.2.4)	A aplicação retroativa do IFRS 9 deverá considerar o modelo de negócios em vigor na data de aplicação inicial.
Medição do valor justo de contratos híbridos (IFRS 9.8.2.5)	Se o valor justo de um contrato híbrido não tiver sido determinado para fins de informações comparativas, deverá ser considerado como tal o somatório do valor justo do derivativo embutido com o valor justo do contrato principal.
Reconhecimento de diferenças de valor justo em contratos híbridos (IFRS 9.8.2.6)	Se a data de aplicação inicial do IFRS 9 for no início de um período de reporte, diferenças (na data de aplicação) entre o valor justo de um contrato híbrido e o valor justo de seus componentes deverão ser reconhecidas em lucros acumulados. Caso contrário, tais diferenças deverão ser reconhecidas no resultado do período.
Designações de ativos financeiros a valor justo (IFRS 9.8.2.7)	Designações de ativos financeiros a valor justo, com movimentações reconhecidas no resultado ou com movimentações reconhecidas em outros resultados abrangentes, poderão ser feitas na data de aplicação inicial do IFRS 9 com base em fatos e circunstâncias existentes nessa data.
Revogação da designação de ativos financeiros a valor justo com movimentações reconhecidas no resultado (IFRS 9.8.2.8)	Designações feitas anteriormente à aplicação do IFRS 9 e que com base em fatos e circunstâncias existentes na data de aplicação: i. não eliminam ou reduzem significativamente inconsistências de reconhecimento ou medição → deverão ser revogadas. ii. eliminam ou reduzem significativamente inconsistências de reconhecimento ou medição → poderão ser revogadas.
Designação de passivos financeiros a valor justo com movimentações reconhecidas no resultado (IFRS 9.8.2.9)	Uma entidade deverá aplicar o IAS 39 para determinar, com base em fatos e circunstâncias existentes na data de aplicação do IFRS 9, se designará um passivo financeiro a valor justo com movimentações reconhecidas no resultado ou se deverá revogar tal designação, caso ela já fosse utilizada.

Método da taxa efetiva ou requerimentos de *impairment* do IAS 39 (IFRS 9.8.2.10)	Se for impraticável, uma entidade não precisará aplicar retroativamente o método da taxa efetiva ou requerimentos de *impairment* do IAS 39.[28] Nesse caso, a entidade assumirá o valor justo do ativo financeiro como sendo seu saldo a custo amortizado no final de cada período comparativo.
Investimentos em instrumentos de participação sem cotação (IFRS 9.8.2.11)	Se uma entidade contabilizou a custo um investimento em um instrumento de participação sem cotação (ou um derivativo vinculado que precise ser liquidado através da entrega do dito instrumento), deverá medir o mesmo a valor justo na data de aplicação inicial.
Informações comparativas (IFRS 9.8.2.12)	Uma entidade que adotar o IFRS 9 para períodos de reporte iniciados antes de 1º de janeiro de 2012 não precisará republicar (*restate*) períodos comparativos.
Demonstrações intermediárias (IFRS 9.8.2.13)	Se for impraticável, uma entidade não precisará aplicar o IFRS 9 para períodos intermediários anteriores à data de aplicação inicial.

ⓘ *Insight* 5 – **Principais diferenças com relação ao ED** *Financial Instruments: Classification and Measurement*: conforme requerido no processo de emissão de qualquer novo IFRS, o IFRS 9 foi precedido pela emissão de uma minuta (*Exposure Draft*) intitulada *Financial Instruments: Classification and Measurement*. Tal documento é abordado no tópico 14.2 desta publicação e possui algumas diferenças em relação à versão final do pronunciamento aprovada pelo IASB.

Na tabela a seguir são resumidas as principais diferenças entre os requerimentos do IFRS 9 e as propostas contidas em sua versão preliminar:

---

[28] IAS 39.58-65 e .AG84-AG93.

Assunto	Diferença
Escopo (IFRS 9.BC118a)	A versão do IFRS 9 publicada em novembro de 2009 trata apenas de ativos financeiros. A versão preliminar tinha a proposta de abranger ativos e passivos financeiros.
Critérios para medição a custo amortizado (IFRS 9.BC118b)	O IFRS 9 priorizará o modelo de negócio da entidade na análise da classificação de um ativo financeiro. A versão preliminar do pronunciamento tinha como proposta priorizar a análise dos fluxos de caixa do ativo financeiro. De qualquer forma, ambos os critérios precisam ser atendidos para que um ativos financeiro seja medido a custo amortizado.
Reconhecimento de dividendos de investimentos medidos a valor justo com movimentações reconhecidas em outros resultados abrangentes (IFRS 9.BC118f)	O IFRS 9 requererá que o reconhecimento de tais dividendos ocorra no resultado do período. Na versão preliminar foi proposto que o reconhecimento ocorresse em outros resultados abrangentes.
Tranches (IFRS 9.BC118d)	Conforme explicado no *Insight* 2, o IFRS 9 requererá que as características dos fluxos de caixa de uma *tranche* sejam determinadas com base em uma análise do *pool* de instrumentos financeiros do emissor. Segundo a versão preliminar, apenas a *senior tranche* poderia gerar fluxos de caixa com características de pagamento de principal e de juros sobre o principal remanescente.
Ativos financeiros adquiridos com descontos que reflitam perdas de crédito (IFRS 9.BC118e)	O IFRS 9 requererá que sejam medidos a custo amortizado se atenderem aos critérios para tanto. De acordo com a versão preliminar, tais ativos seriam medidos a valor justo.
Reclassificações (IFRS 9.BC118g)	Serão requeridas pelo IFRS 9 se a entidade mudar seu modelo de negócios para gestão de ativos financeiros. Na versão preliminar, reclassificações seriam proibidas.

13.2 Alterações do IFRIC 14

Em 26 de novembro de 2009, foram emitidas algumas alterações dos requerimentos do IFRIC 14 com aplicação requerida para períodos iniciados em 1º de janeiro de 2011 (ou após esta data).[29]

◁» **Ponto de Atenção:** é permitida a adoção antecipada das alterações feitas no IFRIC 14. Caso uma entidade opte por isso, deverá divulgar tal fato.[30]

Conforme explicado no tópico 8.6, o IFRIC 14 oferece interpretações sobre a aplicação do parágrafo 58 do IAS 19 que limita o reconhecimento de ativos oriundos de planos de benefícios definidos. Em especial, o IFRIC 14 possui instruções sobre como deve ser o reconhecimento de benefícios econômicos oriundos de adiantamentos de contribuições futuras, feitas em algumas circunstâncias nas quais existam requerimentos de capitalização mínima.[31]

A versão atualmente em vigor do IFRIC 14 requer que o benefício econômico disponível na forma de reduções de contribuições futuras, caso existam requerimentos de capitalização mínima relativas a serviços futuros, seja medido da seguinte forma:[32]

$$BE_{RC} = \sum_{n=1}^{x} \left(\frac{CSF_n - CCMe_n}{(1 + i)^n} \right)$$

Onde:

BE_{RC} = Benefício econômico de reduções em contribuições

CSF_n = Custo do serviço futuro no período n

$CCMe_n$ = Contribuições para capitalização mínima estimada com relação ao custo do serviço futuro do período n

i = Taxa de desconto

A versão revisada do IFRIC 14, entretanto, elimina algumas conseqüências indesejadas da aplicação prática da metodologia atualmente em vigor. Essas conseqüências derivam do fato de que adiantamentos feitos para reduzir contribuições futuras, exigidas em requerimentos de capitalização mínima, poderiam ser desconsiderados na medição dos benefícios econômicos a serem obtidos.[33]

---

[29] IFRIC 14-R.27B.

[30] IFRIC 14-R.27B.

[31] IFRIC 14-R.1.

[32] IFRIC 14.20.

[33] IFRIC 14-R.BC30A.

As alterações do IFRIC 14 farão com que os benefícios econômicos de reduções em contribuições futuras, quando da existência de requerimentos de capitalização mínima, sejam medidos da seguinte forma:[34]

$$BE_{RC} = Ad_{CCM} + \sum_{n=1}^{x} \left(\frac{CSF_n - CCMe_n}{(1 + i)^n} \right)$$

Onde:

BE_{RC} = Benefício econômico de reduções em contribuições

Ad_{CCM} = Adiantamentos que reduzirão contribuições futuras para cobrir requerimentos de capitalização mínima

CSF_n = Custo do serviço futuro no período n

$CCMe_n$ = Contribuições para capitalização mínima estimada com relação ao custo do serviço futuro do período n

i = Taxa de desconto

A versão final das alterações aprovadas do IFRIC 14 diverge um pouco das propostas contidas na sua versão preliminar intitulada *IAS 19 – The Limit on a Defined Benefit Asset, Minimum Funding Requirements and their Interaction* e abordada no tópico 14.5 desta publicação.

Essa divergência deriva do fato da versão final das alterações do IFRIC 14 não considerar o *superávit* de um plano como balizador para a medição dos benefícios econômicos futuros disponíveis através da redução de contribuições futuras.[35]

---

[34] IFRIC 14-R.20.

[35] IFRIC 14.16 e. 20 e IFRIC 14-R.16 e. 20 e ED/2009/4.20.

Documentos para discussão e minutas emitidos em 2009

O objetivo neste capítulo é o de apresentar alguns dos projetos em andamento durante o ano de 2009 (tanto do IASB quanto do IFRIC), que podem modificar o conteúdo das informações apresentadas até o momento. Dessa forma, espera-se que o leitor possa manter-se atualizado com relação a certas novidades que impactarão os IFRSs no futuro.

> **Ponto de Atenção:** maiores informações sobre os projetos em andamento do IASB e do IFRIC, tanto os apresentados neste capítulo quanto os não apresentados, podem ser obtidas no *website* do IASB (vide tópico 15.1).

Também é importante que o leitor conheça o processo do IASB para elaboração de novos IFRSs, chamado "*due process*", através do qual são feitas consultas junto ao público. As etapas para a criação de um novo IFRS consistem basicamente no seguinte:[1]

i. definição de uma agenda;
ii. planejamento do projeto;
iii. desenvolvimento e publicação de um *Discussion Paper* (DP);
iv. desenvolvimento e publicação de um *Exposure Draft* (ED);
v. desenvolvimento e publicação de um novo IFRS; e
vi. procedimentos executados após a emissão do IFRS.

Na primeira etapa, o IASB decide o que será, ou não, parte da sua agenda de projetos. A análise é feita em cima de questões encaminhadas ao IASB por diversas fontes: a equipe do IASB (IASB *staff*), outras entidades emissoras de normas contábeis (*standard-setters*), o SAC, o IFRIC e outras partes interessadas. A inclusão da questão apresentada na agenda

---
[1] *Due Process Handbook for the IASB.*

do IASB dependerá da importância desta no atendimento das necessidades dos usuários de demonstrações financeiras em IFRS. Para tanto, o IASB considera os seguintes pontos:[2]

- a relevância da questão para usuários e confiabilidade (*reliability*) da informação que poderia ser gerada;
- a existência de instruções (*guidances*);
- a possibilidade de incrementar a convergência com outro conjunto de práticas contábeis;
- a qualidade do pronunciamento a ser desenvolvido; e
- restrições de recursos.

Na segunda etapa, o Diretor de Atividades Técnicas (*Director of Technical Activities*) e o Diretor de Pesquisa (*Director of Research*), ambos da equipe técnica (*technical staff*) do IASB, definem a equipe do projeto. O gerente do projeto irá desenhar o plano a ser seguido, sob a supervisão dos diretores mencionados anteriormente. É ainda nessa etapa que o IASB decide se conduzirá por conta própria o projeto ou em conjunto com outras entidades emissoras de normas contábeis e se criará grupos de trabalho (*working groups*) ou não.[3]

A terceira etapa envolve a elaboração de um documento chamado *Discussion Paper* (DP) e não é considerada mandatória (apesar de o IASB normalmente fazer uso desse recurso). DPs servem como instrumento para explicar a questão e solicitar comentários antecipados de partes interessadas (*constituents*) e normalmente incluem: uma análise compreensiva da questão, metodologias possíveis para tratar a questão, entendimentos preliminares do IASB (ou do autor, caso o documento não tenha sido elaborado pelo IASB) e solicitação de que comentários sejam enviados. Caso o IASB deseje explorar ainda mais o assunto, pode realizar visitas a campo, audiências públicas ou "mesas redondas" (*round-table meetings*).[4]

Na quarta etapa, o IASB emite um documento chamado *Exposure Draft* (ED). A publicação de um ED antes da emissão de um novo IFRS é considerada mandatória, diferentemente do que ocorre no caso de DPs. É através dos EDs que o IASB consulta o público sobre o conteúdo de versões propostas para novos IFRS (ou emenda de algum pronunciamento já existente). Os EDs também contêm solicitação de que comentários sejam enviados, base de conclusões sobre as propostas feitas, e podem incluir visões alternativas de membros discordantes do IASB e guias de implementação e aplicação.[5]

Na quinta etapa, após o encerramento do período de consulta sobre o conteúdo de um ED, o IASB analisa os comentários recebidos e resolve questões levantadas durante a etapa anterior. Em seguida, os membros do IASB decidem se deve ser publicado um segundo ED (retornando à quarta etapa do *Due Process*) ou se consideram satisfatórios os resultados obtidos, o que leva à emissão do novo IFRS.[6]

---

[2] *Due Process Handbook for the IASB* (parágrafos 19 a 26).

[3] *Due Process Handbook for the IASB* (parágrafos 27 a 29).

[4] *Due Process Handbook for the IASB* (parágrafos 30 a 37).

[5] *Due Process Handbook for the IASB* (parágrafos 38 a 44).

[6] *Due Process Handbook for the IASB* (parágrafos 45 a 49).

A sexta e última etapa serve para que o IASB (equipe e membros) possa avaliar a aplicação do IFRS emitido. Isso pode levar ao surgimento de novas questões que, em conjunto com comentários recebidos de partes interessadas e mudanças no contexto em que o IFRS foi originalmente publicado, podem resultar na inclusão de novos itens na agenda do IASB.[7]

14.1 Valor justo

Em maio de 2009, o IASB emitiu o ED de um novo IFRS sobre medição a valor justo (*Fair Value Measurement*). Através desse pronunciamento proposto procura-se: (1) definir o conceito de valor justo; (2) estabelecer um regime para medição a valor justo; e (3) requerer divulgações específicas sobre valor justo. Dessa forma, serão unificadas em um mesmo guia diversas instruções espalhadas de maneira quebrada e incompleta entre os diferentes IFRSs que obrigam ou permitem o uso de valor justo. Deve ser ressaltado também que o IFRS, da forma como foi proposto, converge de maneira significativa com US GAAP.[8]

ⓘ **Insight 1 – Definição de valor justo:** o ED define valor justo como sendo o preço (*exit price*) que seria recebido para vender um ativo (ou pago, para transferir uma obrigação) em uma transação regular (*orderly*)[9] entre participantes de um mercado (*market participant*) na data de medição.[10] A figura a seguir apresenta a interação desses conceitos tal como proposto pelo IASB.

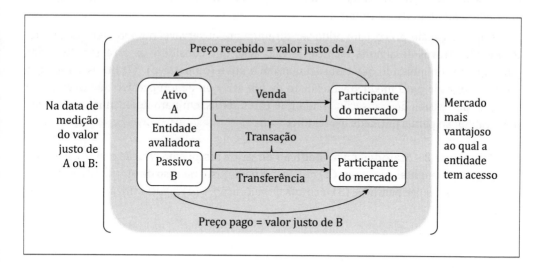

---

[7] *Due Process Handbook for the IASB* (parágrafos 50 a 51).

[8] FAS 157.

[9] Oposto de transação forçada ou venda em situação crítica (*distress sale*). Em uma transação regular assume-se que por um período anterior à data de medição, são realizadas atividades de marketing usuais para transações envolvendo o ativo ou passivo em questão (ED/2009/5.7).

[10] ED/2009/5.1.

Quando da medição do valor justo de um ativo (ou passivo), propõe-se que sejam consideradas particularidades deste (localização, por exemplo), caso os participantes do mercado em que a transação viesse a ocorrer também as considerassem quando da determinação do preço a ser pago (ou recebido) na data de medição.[11]

Conforme mencionado no início deste *Insight*, a transação hipotética em que um ativo é vendido ou um passivo é transferido deveria ser considerada regular e dever-se-ia presumir que ocorre no mercado mais vantajoso ao qual a entidade avaliadora tem acesso (*most advantageous market*). Esse mercado seria aquele em que a entidade esperaria maximizar o preço que seria recebido (ou minimizar o preço que seria pago), após considerar custos de transação e transporte.[12] O ED também explica que na ausência de evidências do contrário, uma entidade poderia assumir que o principal mercado (*principal market*) do ativo ou passivo equivale ao mais vantajoso.[13]

Os participantes do mercado considerados na medição a valor justo de um ativo ou passivo deveriam possuir certas características: (1) não poderiam ser considerados partes-relacionadas; (2) seriam suficientemente informados para tomar decisões de investimento (devendo-se presumir que conhecem o ativo ou passivo transacionado tanto quanto a contraparte); e (3) seriam capazes de realizar a transação e desejariam fazê-lo.[14]

Adicionalmente, uma entidade não precisaria buscar por participantes específicos do mercado, podendo distingui-los de maneira geral, levando-se em consideração: (1) o ativo (ou passivo); (2) o mercado mais vantajoso; e (3) participantes do mercado com os quais a entidade avaliadora transacionaria.[15]

Com relação ao preço, este pode ser diretamente observável ou pode ter que ser determinado através de alguma técnica de valoração que considere as características dos participantes do mercado que transacionariam o ativo (ou passivo).[16] O ED esclarece que o preço utilizado para medir o valor justo de um ativo ou de um passivo não deveria ser ajustado por custos de transação, ainda que estes servissem para determinar o mercado mais vantajoso para a entidade avaliadora.[17]

ⓘ *Insight* 2 – **Métodos para medição de valor justo:** com relação a esse assunto, o ED aborda as seguintes questões: (1) medição a valor justo no caso de ativos; (2) medição a valor justo no caso de passivos; (3) técnicas de valoração; e (4) *inputs* utilizados em técnicas de valoração.

---

[11] ED/2009/5.5.

[12] ED/2009/5.8. Custos de transação e transporte são melhor detalhados em ED/2009/5.BC48.

[13] ED/2009/5.11. O mercado principal é definido como sendo o mercado do ativo (ou passivo) em que há o maior volume e nível de atividade.

[14] ED/2009/5.13.

[15] ED/2009/5.14.

[16] ED/2009/5.15.

[17] ED/2009/5.16.

No caso da medição a valor justo de um ativo, dever-se-ia considerar o melhor uso (*highest and best use*) deste por parte de participantes do mercado, dentro do que fosse fisicamente possível, legalmente permitido e financeiramente factível.[18] Isso significa que dentro das formas possíveis de utilização, o melhor uso por parte dos participantes do mercado implicaria na maximização do valor do ativo (ou grupo de ativos em conjunto com os quais o ativo avaliado seria utilizado).[19]

Do parágrafo 22 ao 24, o ED explica que o melhor uso do ativo estabeleceria a premissa de valoração (*valuation premise*) utilizada na medição a valor justo. Esta poderia ser:

- Em uso (*in-use*): o melhor uso do ativo seria considerado "em uso" quando este produzisse um valor máximo ao participante do mercado principalmente através da utilização em conjunto com outros ativos.

- Em negociação (*in-exchange*): o melhor uso do ativo seria considerado "em negociação" quando este produzisse um valor máximo ao participante do mercado principalmente através da utilização individual (*standalone basis*). Normalmente, isso se aplicaria a ativos financeiros.

No caso da medição a valor justo de um passivo, três pontos são ressaltados: (1) deveria ser assumido que este seria transferido para um participante do mercado na data de medição (a obrigação com a contraparte não seria liquidada);[20] (2) que o risco de não *performance*[21] permaneceria o mesmo após a transferência; e (3) que quaisquer restrições à habilidade da entidade avaliadora de transferir o passivos não deveriam influenciar no valor justo.[22]

Adicionalmente, o ED explica que na existência de um preço de mercado observável para a transferência de um passivo, este deveria servir como base para a medição a valor justo. Na sua ausência, a entidade avaliadora mediria o valor justo do passivo utilizando-se da mesma metodologia que a contraparte utilizaria para medir o valor justo do ativo correspondente.[23] Em último caso, a entidade avaliadora estimaria o preço que participantes do mercado cobrariam para assumir o passivo, utilizando-se de técnicas de valor presente (ou outra técnica de valoração).[24] Isso pode ser resumido da seguinte forma:

---

[18] ED/2009/5.17-19.

[19] ED/2009/5.20-21.

[20] ED/2009/5.25.

[21] Risco de que a obrigação não será honrada e que afeta o preço pelo qual o passivo é transferido (ED/2009/5.29-30).

[22] ED/2009/5.31.

[23] ED/2009/5.26-27.

[24] ED/2009/5.28.

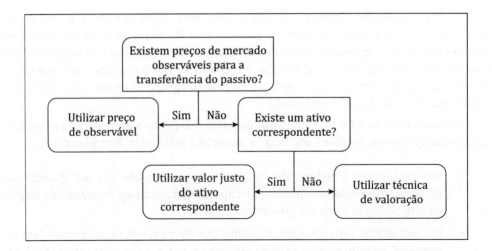

De acordo com o parágrafo 28 do ED, uma entidade avaliadora poderia estimar fluxos de caixa futuros para a aplicação de técnicas de valor presente da seguinte forma:

Fluxos de caixa estimados em que a entidade avaliadora incorreria para liquidar o passivo
(–) Fluxos de caixa em que outros participantes do mercado não incorreriam
(+) Fluxos de caixa em que outros participantes do mercado incorreriam mas a entidade avaliadora, não
Fluxos de caixa sujeitos a técnicas de valor presente

Conforme explicado no ED, o uso de técnicas de valor presente de fluxos de caixa é consistente com um dos métodos existentes para medição do valor justo de ativos e passivos, chamado método de resultado (*income approach*). Outras técnicas de valoração (*valuation techniques*) utilizadas deveriam ser consistentes com este ou com outros dois métodos previstos: o método de mercado (*market approach*) ou o método de custo (*cost approach*). Na figura a seguir é resumido cada um desses métodos:[25]

---

[25] ED/2009/5.38.

Método de mercado	**Método de resultado**	**Método de custo**
Usa de preços e outras informações relevantes geradas por transações de mercado envolvendo ativos ou passivos similares.	Usa de técnicas de valoração que convertam valores futuros em um único valor presente.	Reflete montantes que seriam requeridos na data de medição para repor a capacidade de serviço de um ativo.

Uma entidade deveria utilizar técnicas de valoração apropriadas para a situação e para as quais existam suficientes informações para medição a valor justo, maximizando o uso de *inputs* observáveis e minimizando o uso de *inputs* não observáveis:[26]

- *inputs* observáveis são *inputs* que refletem premissas que participantes do mercado utilizariam na precificação do ativo (ou passivo), desenvolvidas com base em dados de mercado (*market data*);

- *inputs* não observáveis são *inputs* desenvolvidos com base na melhor informação disponível sobre premissas que participantes de mercado utilizariam na precificação de ativos (ou passivos), uma vez que não existem dados de mercado disponíveis.

ⓘ *Insight* 3 – **Outras questões relativas à medição a valor justo:** os seguintes pontos cobertos pelo ED merecem ser destacados: (1) medição a valor justo de instrumentos de patrimônio; (2) reconhecimento inicial a valor justo; e (3) hierarquia de medições a valor justo (*fair value hierarchy*).

Com relação a instrumentos de participação, o ED explica que um emissor consegue desfazer-se de instrumentos desse tipo apenas quando deixam de existir ou quando são recomprados (*repurchased*). Quando da medição a valor justo destes um emissor consideraria, portanto, o preço que seria praticado por um participante de mercado detentor caso este viesse a se desfazer do ativo.[27]

Com relação à questão do reconhecimento inicial a valor justo, podem ocorrer situações em que o preço de uma transação (*transaction price* ou *entry price*) praticado quando uma entidade adquire um ativo ou assume um passivo não seja igual ao preço que deveria ser

---

[26] ED/2009/5.39. *Inputs*: premissas que participantes do mercado utilizariam, quando da precificação do ativo (ou do passivo), incluindo premissas sobre risco, tanto aquele inerente à técnica de valoração quanto aquele inerente às demais premissas utilizadas (ED/2009/5.41).

[27] ED/2009/5.32.

utilizado na medição a valor justo do item (*exit price*, conforme mencionado anteriormente).[28] Nesses casos, o ED propõe que tais diferenças sejam reconhecidas no resultado do período como um ganho ou uma perda, a menos que algum IFRS requeira outro tratamento para a transação.[29] Ao avaliar se o preço de um transação equivale ao preço utilizado na medição a valor justo, uma entidade poderia considerar se:[30]

- a transação foi entre partes relacionadas;
- a transação não ocorreu de maneira regular;
- a unidade de contabilização (*unit of account*) utilizada para o preço da transação foi diferente da unidade de contabilização utilizada na medição a valor justo; ou
- o mercado em que a entidade adquiriu o ativo (ou assumiu o passivo) não equivale ao mercado mais vantajoso para a entidade, caso ela fosse vender o mesmo ativo (ou transferir o mesmo passivo).

Com relação à hierarquia de medições a valor justo, esta define a prioridade no uso dos *inputs*, segregando-os em três níveis, conforme a figura abaixo[31]

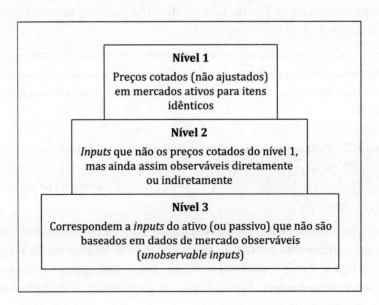

---

[28] ED/2009/5.34.
[29] ED/2009/5.37.
[30] ED/2009/5.36.
[31] ED/2009/5.43-54.

No caso de *inputs* baseados em preços definidos em mercados do tipo *dealer markets*,[32] o preço dentro da diferença entre o *bid price* e o *ask price* (*bid-ask spread*) que fosse mais representativo do valor justo nas circunstâncias seria utilizado na medição a valor justo do ativo (ou passivo), independentemente do nível em que se encontra na hierarquia apresentada anteriormente.[33]

14.2 Instrumentos financeiros: classificação e medição

Em julho de 2009, em resposta à crise financeira mundial, o IASB publicou o ED *Financial Instruments: Classification and Measurement* com o objetivo de simplificar a aplicação dos requerimentos do IAS 39 quanto à classificação e medição de ativos e passivos financeiros (tais como definidos no escopo do IAS 39). Esses requerimentos foram herdados do IASB pelo IASC e são considerados complexos e desalinhados com o que se esperaria de um pronunciamento baseado em princípios.[34]

Esse ED é resultado de um dos três estágios do projeto de substituição do IAS 39: (1) classificação e medição de instrumentos financeiros; (2) *impairment* de instrumentos financeiros; e (3) contabilização de *hedge*.[35] Consequentemente, a classificação de itens qualificados em uma relação de *hedge* continuaria a seguir os requerimentos do IAS 39, assim como o teste e registro de *impairment* no caso de instrumentos financeiros.

> ◁» **Ponto de Atenção:** o ED *Financial Instruments: Classification and Measurement* serviu como minuta do IFRS 9, que foi emitido pelo IASB em novembro de 2009 e discutido no tópico 13.1 da presente publicação. As propostas do ED, entretanto, foram mantidas nesse capítulo para conhecimento do leitor.

ⓘ *Insight* 1 – **Método de classificação:** de acordo com a proposta contida no ED, ativos e passivos financeiros seriam segregados em duas categorias distintas, que refletiriam a forma como o instrumento seria medido após o reconhecimento inicial: valor justo ou custo amortizado.[36] Instrumentos financeiros medidos subsequentemente a custos amortizados seriam aqueles que atendessem a dois critérios específicos.[37] Por exclusão, a menos que a opção

---

[32] Em *dealer markets*, existem compradores e vendedores prontos para negociar, o que faz com que o mercado do ativo ou passivo seja líquido (mercados de balcão, por exemplo). *Bid price* representa o preço pelo qual um negociante está disposto a comprar e *ask price* representa o preço pelo qual um negociante está disposto a vender. Normalmente, esses preços estão mais disponíveis do que os preços de fechamento das transações (*closing prices*). Vide FAS 157.A20b.

[33] ED/2009/5.55.

[34] ED/2009/7.IN1-IN5.

[35] Vide plano de projeto no *website* do IASB.

[36] Reclassificações entre categorias seriam proibidas, de acordo com a proposta do IASB (ED/ 2009/7.10).

[37] A proposta do IASB para classificação de instrumentos financeiros elimina a proibição de que um ativo financeiro (especificamente, instrumentos mantidos até o vencimento, segundo classificação do IAS 39) seja classificado como sujeito a custo amortizado caso a entidade tenha previamente vendido

por valor justo (*fair value option*) fosse utilizada, obter-se-iam os instrumentos financeiros medidos subsequentemente a valor justo. Na figura a seguir, é reproduzida essa mecânica:

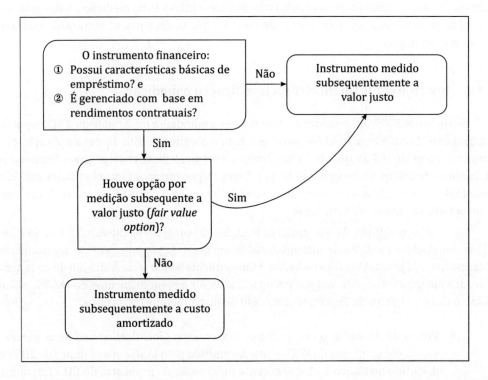

Três pontos importantes merecem ser destacados: (1) as mudanças que a proposta traz à opção de medição a valor justo; (2) a forma como variações subsequentes no valor justo seriam reconhecidas; e (3) os efeitos que a metodologia de classificação traria à contabilização de derivativos embutidos em contratos principais que atendessem à definição de instrumento financeiro.

Com relação à opção de medição a valor justo, esse é um mecanismo existente hoje no IAS 39 e que permite que um instrumento financeiro seja designado quando do reconhecimento inicial como medido a valor justo com movimentações reconhecidas no resultado do período (*at fair value through profit or loss*). Resumidamente, isso pode ocorrer quando:[38]

  i. o uso da opção reduz inconsistências de reconhecimento e medição (*accounting mismatch*); ou
 ii. um grupo de instrumentos financeiros é gerenciado e tem a *performance* avaliada formalmente com base no valor justo.

---

outro instrumento medido a custo amortizado antes do vencimento (*tainting provision* – IAS 39.9). No lugar dessa proibição, o ED traz requerimentos adicionais de divulgação sobre ganhos ou perdas apurados com a venda de instrumentos a custo amortizado (ED/2009/7.BC54).

[38] IAS 39.9.

Naturalmente que, com a metodologia proposta pelo IASB para classificação de instrumentos financeiros, o item (ii) dos critérios apresentados acima para uso da opção de medição a valor justo tornar-se-ia desnecessário, permanecendo no ED apenas o item (i).[39]

Com relação à forma como variações subsequentes no valor justo seriam reconhecidas, o ED propõe que tais ganhos ou perdas, quando não associadas a um item que faça parte de uma relação de *hedge*, sejam reconhecidos no resultado do período quando incorridos. A exceção seria no caso de investimentos em participação (*equity instruments*) que façam parte do escopo do IAS 39 e para os quais se poderia utilizar uma opção irrevogável de registro de ganhos ou perdas em outros resultados abrangentes, feita quando do reconhecimento inicial do instrumento.[40] A figura abaixo sintetiza essa proposta.

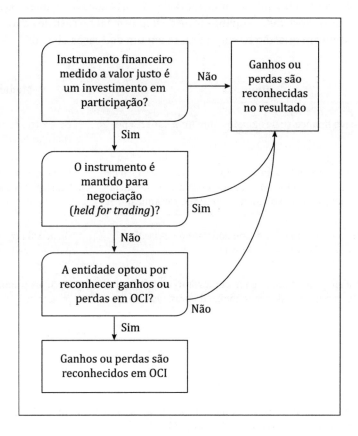

Com relação aos efeitos que a metodologia de classificação traria à contabilização de derivativos embutidos em contratos principais que atendessem à definição de instrumento

---

[39] ED/2009/7.9.

[40] ED/2009/7.19 e .21. Nota-se também que: (1) receita com dividendos também seria reconhecida em OCI (ED/2009/7.22); e (2) ganhos ou perdas acumuladas em OCI não poderiam ser reclassificados para lucros ou prejuízos. Dentro do patrimônio líquido poderiam ser feitas reclassificações (ED/2009/7.BC72-BC73).

financeiro,[41] o IASB propõe que o contrato híbrido (derivativo embutido + contrato principal) seja classificado em sua totalidade como sujeito a custo amortizado ou valor justo.[42] Caso o derivativo esteja apenas anexado ao contrato principal, seria considerado um instrumento financeiro separado, e não um derivativo embutido.[43]

ⓘ **Insight 2 – Medição:** o IASB propõe no ED que, quando do reconhecimento inicial de instrumentos financeiros, estes sejam medidos a valor justo (no caso de instrumentos que fossem medidos subsequentemente a valor justo) ou valor justo acrescido de custos de transação (no caso de instrumentos que fossem medidos subsequentemente a custo amortizado).[44]

Após o reconhecimento inicial, uma entidade mediria seus instrumentos financeiros a valor justo ou custo amortizado (sujeito a teste de *impairment* no caso de ativos financeiros), a menos que o item em questão se enquadrasse em um dos casos abaixo:[45]

Item	Medição
Ativo ou passivo financeiro designado como item coberto por *hedge*;	De acordo com o IAS 39 (parágrafos 89 a 102)
Passivo financeiro reconhecido quando um ativo financeiro não puder deixar de ser reconhecido quando de sua transferência[46] ou quando o método de envolvimento contínuo for aplicado;[47]	De acordo com o IAS 39 (parágrafos 29 e 31)
Passivo financeiro que resulta de um contrato de garantia financeira (*financial guarantee contract*);	De acordo com os parágrafos 16 e 17 do ED
Passivo financeiro que resulta de um compromisso de oferecer financiamento a uma taxa de juros abaixo da praticada no mercado.	De acordo com os parágrafos 16 e 17 do ED

---

[41] Derivativos embutidos em contratos principais que fossem instrumentos não financeiros continuariam sendo tratados com base no IAS 39 (ED/2009/7.7).

[42] ED/2009/7.7-8.

[43] Um derivativo não seria considerado embutido em um contrato híbrido caso fosse contratualmente transferível de maneira independente do contrato principal ou se tivesse uma contraparte diferente da do contrato principal (ED/2009/7.6).

[44] ED/2009/7.11.

[45] ED/2009/7.12-15.

[46] IAS 39.29.

[47] *Continuing involvement approach* (IAS 39.30).

Nos parágrafos 16 e 17 do ED, é proposto que o passivo financeiro seja medido a valor justo (com ganhos ou perdas reconhecidos no resultado do período) se determinados critérios forem atendidos. Se não for o caso, o ED propõe que o instrumento financeiro seja medido pelo maior valor entre: (1) o que se obteria com base no IAS 37; e (2) o que se obteria com base no montante reconhecido inicialmente, reduzido de amortização acumulada (se isso for apropriado de acordo com o IAS 18). Isso pode ser representado da seguinte forma:

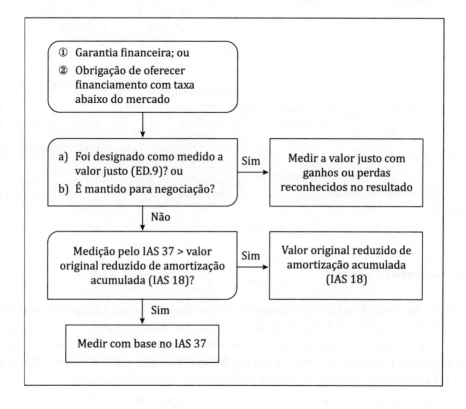

As propostas do IASB com relação à medição subsequente de instrumentos financeiros podem ser resumidas da seguinte forma:

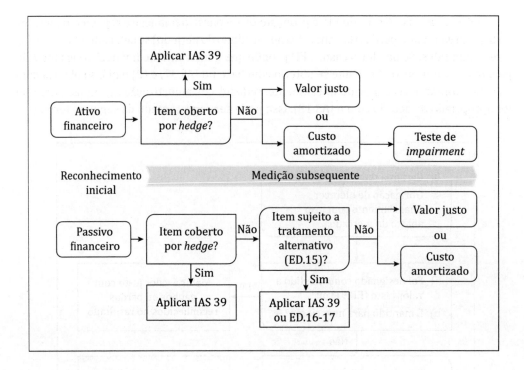

14.3 Imposto de renda

Em março de 2009, o IASB publicou o ED *Income Tax* com propostas para um novo IFRS que servirá para substituir o IAS 12. O objetivo é alterar requerimentos existentes hoje no IAS 12 (procurando-se, inclusive, eliminar exceções ao princípio geral de reconhecimento) para esclarecer e simplificar vários aspectos desse pronunciamento e reduzir diferenças entre IFRS e US GAAP com relação à contabilização de imposto de renda.[48]

A seguir, são apresentadas as principais mudanças propostas no ED.

ⓘ *Insight* 1 – **Reconhecimento inicial:** o ED propõe, no parágrafo 10, a introdução de um critério inicial a ser utilizado na determinação do reconhecimento de imposto de renda diferido ativo (ou passivo). Esse critério estabelece que na ausência de lucro tributável quando da recuperação do valor de um ativo (ou liquidação do valor de um passivo), nenhum imposto de renda diferido seria reconhecido (ativo ou passivo).[49] De acordo com o ED, isso ocorreria quando:

i. a recuperação ou liquidação (do ativo, passivo ou outro item) não resultasse em lucro tributável ou redução do lucro tributável; ou

---

[48] ED/2009/2.IN1-IN2.

[49] ED/2009/2.IN8c.

Documentos para discussão e minutas emitidas em 2009 **227**

ii.   o lucro tributável fosse reduzido por despesas dedutíveis de igual valor; ou

iii. montantes tributáveis ou dedutíveis estivessem sujeitos a uma alíquota nula de imposto de renda.

ⓘ *Insight 2* – **Base fiscal (*Tax Basis*):** o ED propõe, através do uso do conceito de *tax basis*, mudar a definição de base fiscal utilizada no IAS 12, que trabalha com o conceito de *tax base*. Ambos os conceitos são definidos da seguinte forma:[50]

Tax Basis (ED)	*Tax Base* (IAS 12.5)
Medição, com base na alíquota substancialmente em vigor, de um ativo, passivo ou outro item	Montante atribuído a um ativo ou passivo para fins fiscais

A versão atual do IAS 12 prevê que a base fiscal de um ativo, utilizada na medição de diferenças temporárias,[51] seja determinada em função das intenções da administração da entidade quanto à forma de recuperabilidade do ativo. Ou seja, a base fiscal deve ser determinada através do uso ou venda de um ativo, sendo que o uso ou venda deste pode resultar em medidas diferentes dependendo da legislação fiscal.[466]

Já o ED propõe que a base fiscal de um ativo seja determinada em função das deduções fiscais disponíveis, caso a entidade recuperasse o valor do ativo através de sua venda na data de reporte.[52]

Base fiscal de um ativo (ED)	Base fiscal de um ativo (IAS 12)
Determinada através de venda	Determinada através de uso ou venda

O fato de as intenções da administração não influenciarem no montante da base fiscal (conforme proposto no ED) não significa que a alíquota a ser aplicada na diferença temporária (para obter-se o imposto de renda diferido) seria determinada considerando-se a realização do ativo através de venda. Nesse caso, se as deduções do ativo estiverem disponíveis através de venda ou uso, propõe-se que a entidade meça o imposto de renda diferido com base na alíquota condizente com as expectativas da administração quanto à realização do ativo.[53]

---

[50] ED/2009/2. IN8a.

[51] Vide tópico 6.2.

[52] ED/2009/2.IN8b.

[53] ED/2009/2.B29.

228 IFRS: Entendendo e aplicando as normas internacionais de contabilidade • Strube Lima

ⓘ *Insight* **3 – Provisão para perda (*valuation allowance*):** o IASB propôs no ED que o valor realizável de um imposto de renda diferido ativo reflita o montante reconhecido originalmente, reduzido (se aplicável) por uma provisão para perda. O valor contábil resultante seria equivalente ao maior montante considerado "mais provável do que não" de ser realizado contra lucro tributável futuro. Essa proposta não deveria resultar em alterações nos valores contábeis registrados com base no IAS 12. [54]

ⓘ *Insight* **4 – Efeitos fiscais de distribuições a acionistas:** em determinadas jurisdições, o imposto de renda a pagar pode ser calculado com base em alíquotas mais elevadas ou inferiores, caso os lucros acumulados sejam distribuídos na forma de dividendos (totalmente ou parcialmente). Nesse tipo de situação, o IAS 12 requer que o imposto de renda (corrente e diferido) seja medido com base na alíquota que desconsidera os efeitos da distribuição. Essas consequências fiscais da distribuição de dividendos devem ser reconhecidas no resultado do mesmo período em que a obrigação de pagar os dividendos é reconhecida.[55]

No ED é proposto que a entidade meça o imposto de renda (corrente e diferido) com base na alíquota esperada de ser aplicada quando da realização do ativo (ou liquidação do passivo), incluindo-se o efeito de distribuições futuras esperadas. Deve ser observado também que o ED propõe alterações de parágrafos do IAS 32 que poderiam ser conflitantes com este tratamento.[56]

ⓘ *Insight* **5 – Incertezas na medição de imposto de renda corrente e diferido (tanto ativo quanto passivo):** o IAS 12 não possui requerimento ou instrução de como tratar incertezas na medição de imposto de renda corrente e diferido (tanto ativo quanto passivo). Em função disso e considerando-se a emissão pelo FASB do FIN 48, o IASB propôs no ED que tais incertezas sejam imputadas utilizando-se a média ponderada dos resultados possíveis com relação à realização (ou liquidação) de imposto de renda ativo (ou passivo). Na definição dos resultados possíveis (e probabilidades associadas) dever-se-ia presumir que as autoridades fiscais examinariam os montantes declarados e teriam conhecimento de todas as informações relevantes.[57]

No quadro a seguir, procura-se demonstrar como seria calculada a média ponderada dos resultados possíveis para a realização de um ativo (ou liquidação de um passivo):

---

[54] ED/2009/2.IN8g e .BC53.

[55] A menos que as consequências fiscais da distribuição de dividendos surjam das circunstâncias descritas no parágrafos 58a e 58b do IAS 12. Vide IAS 12.52A-52B.

[56] ED/2009/2.IN8k e .C5.

[57] ED/2009/2.IN8i.

Cenário	→	1	2	3
Resultados possíveis, após revisão das autoridades fiscais	→	$X_1 = \$ 100$	$X_2 = \$ 150$	$X_3 = \$ 200$
Probabilidade associada	→	$p_1 = 30\%$	$p_2 = 50\%$	$p_3 = 20\%$
Total (X × p)	→	$\$ 30$	$\$ 75$	$\$ 40$

A média ponderada no caso acima seria igual a $ 145 ($ 30 + $ 75 + $ 40). A lógica aplicada nesse exemplo também pode ser escrita da seguinte forma:

$$X_{médio} = \sum_{n=1}^{3} (X_n \times p_n)$$

Considerando-se que:

$$1 = \sum_{n=1}^{3} p_n$$

Onde:

$X_{médio}$ = Média ponderada

X_n = Resultados possíveis

p_n = Probabilidade associada

ⓘ **Insight 6 – Alocação intraperíodo (*intraperiod allocation*):** isso corresponde à forma como receitas e despesas com imposto de renda são alocadas, para fins de apresentação, entre os diferentes componentes de resultados abrangentes e patrimônio líquido em um mesmo período. O IASB, nesse caso, propõe através do ED que seja adotada a metodologia requerida pelo FAS 109 para fins de US GAAP.

🔊 **Ponto de Atenção:** a principal mudança contida na proposta está relacionada à alocação no período corrente de alterações em itens reconhecidos fora de resultado de operações continuadas em períodos passados. A metodologia do IAS 12, em vigor hoje, requer que o reconhecimento de tais alterações também ocorra fora do resultado de operações continuadas (*backwards tracing*). O FAS 109 requer que o reconhecimento ocorra no resultado de operações continuadas, com algumas exceções.[58]

Resumidamente, o ED propõe que despesas com imposto de renda originadas por uma transação (ou outro evento) sejam reconhecidas no mesmo componente de resultados abrangentes ou patrimônio líquido em que tal transação (ou evento) foi registrada.[59] Isso pode ser representado da seguinte forma:

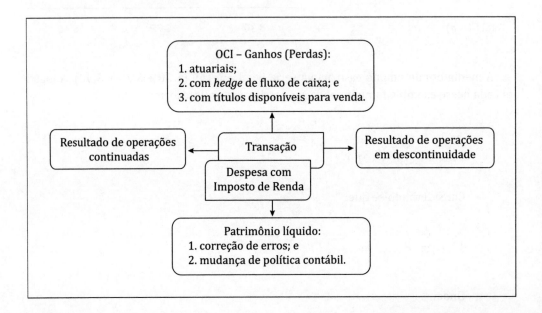

É possível, ao se fazer tal alocação entre os diferentes componentes de resultados abrangentes e patrimônio liquido, que o total de imposto de renda apurado no período seja inferior ou superior ao somatório dos valores alocados.[60] Suponha que uma empresa XYZ apure, por exemplo, os seguintes resultados por componente e esteja sujeita às seguintes alíquotas por faixa de resultado:

---

[58] ED/2009/2.IN8l e .BC90.

[59] ED/2009/2.29.

[60] ED/2009/2.31.

Transação (ou evento)	$		Faixa	Alíquota
Correção de erro	$ 50		100 < $	30%
Operações continuadas	$ 200		50 < $ ≤ 100	20%
Operações descontinuadas	$ 70		0 < $ ≤ 50	15%
Total	$ 320			

O somatório do imposto de renda por componente totalizaria $ 66,5 e seria calculado da seguinte forma:

- Correção de erro: $ 7,5 ($ 50 × 15%)
- Operações continuadas: $ 47,5 ($ 50 × 15% + $ 50 × 20% + $ 100 × 30%)
- Operações descontinuadas: $ 11,5 ($ 50 × 15% + $ 20 × 20%)

O imposto de renda apurado no período totalizaria $ 83,5, calculados da seguinte forma: ($ 50 × 15% + $ 50 × 20% + $ 220 × 30%).

Nesses casos, o ED propõe que a alocação do imposto de renda total apurado em um período seja feita da seguinte forma:[61]

Despesa total apurada com imposto de renda		
(–) Despesa relativa a operações continuadas	→	Alocar ao resultado de operações continuadas
Diferença A		
Despesa relativa ao total dos itens com perda, fora de operações continuadas	→	Alocar *pro rata* a cada item com perda fora de operações continuadas
Diferença B		
(–) Diferença B	→	Alocar *pro rata* aos demais itens fora de operações continuadas
0		

---

[61] ED/2009/2.34.

Dessa forma, com a proposta apresentada no ED, a despesa com imposto de renda de transações (e outros eventos) reconhecidas no resultado de operações continuadas não seria afetada por itens reconhecidos fora do resultado de operações continuadas. A única exceção prevista seria no caso do reconhecimento de benefícios fiscais oriundos de perdas em operações continuadas. Isso ocorre porque deveriam ser considerados os efeitos sobre esses benefícios fiscais, de itens reconhecidos em todos os componentes de resultados abrangentes e patrimônio líquido.[62]

Suponha, por exemplo, que uma empresa XYZ, sujeita a uma alíquota de 20% (para qualquer faixa de resultado), tenha apurado perdas em operações continuadas no montante de $ 200 e ganhos em operações em descontinuidade no montante de $ 100. Desconsiderando-se a possibilidade de transporte de prejuízos fiscais não utilizados (*carryforward* ou *carryback*), a despesa total de imposto de renda da empresa XYZ no período seria igual a zero, alocada da seguinte forma: receita de $ 20 em operações continuadas e despesa de $ 20 em operações em descontinuidade. O montante alocado a operações continuadas não seria igual a $ 200 $\times$ 20% ($ 40), devido ao efeito de itens reconhecidos no componente de operações em descontinuidade.

No entanto, conforme mencionado no início deste *Insight*,[63] a principal mudança no modelo de apresentação proposta pelo IASB está descrita no parágrafo 33 do ED, segundo o qual mudanças subsequentes em montantes reconhecidos previamente como despesa de imposto de renda seriam automaticamente apresentadas como parte de operações continuadas (a menos que estejam relacionadas a mudanças em uma provisão para perda). Variações em provisões para perda seriam tratadas da seguinte maneira, segundo a proposta:[64]

Provisão para perda	Reconhecimento
i. Relacionada a imposto diferido ativo adquirido em combinação de negócios e cuja recuperabilidade foi revisada no período de medição devido a novas informações sobre fatos e circunstâncias existentes na data de aquisição.[65]	1. *Goodwill* (se este for > 0); ou 2. Lucros ou prejuízos (se *goodwill* = 0)
ii. Relacionada a imposto diferido ativo originado em transação com acionista (*equity holder*) que não numa distribuição.	Patrimônio líquido
iii. Demais casos em que o resultado do período cause redução na provisão.	Componente em que o resultado for reconhecido
iv. Demais casos em que mudança de julgamento sobre recuperabilidade do imposto diferido ativo cause variação na provisão.	Resultado de operações continuadas

---

[62] ED/2009/2.30.

[63] Vide Ponto de Atenção.

[64] ED/2009/2.B36.

Documentos para discussão e minutas emitidas em 2009   233

O ED também traz propostas no modelo de apresentação, relativas a:[66]

- benefícios fiscais (*tax benefits*);
- imposto de renda no caso de grupos que fazem declarações consolidadas (*consolidated tax return*);
- imposto de renda oriundo de combinações de negócios; e
- imposto de renda oriundo de pagamentos com base em ações.

ⓘ *Insight* 7 – **Classificação de imposto de renda diferido:** o IAS 1 requer, no parágrafo 56, que imposto de renda diferido (ativo e passivo) seja integralmente classificado como não circulante. O IASB propõe no ED que imposto de renda diferido (ativo e passivo) passe a ser classificado entre circulante e/ou não circulante com base na classificação do ativo ou passivo que gerou a diferença temporária.[67]

ⓘ *Insight* 8 – **Exceções ao princípio geral de reconhecimento:** com relação a esse assunto, o IASB propôs, através do ED: (1) alterar a exceção relativa a diferenças temporárias associadas a investimentos em subsidiárias, filiais, associadas e participações em *joint ventures*; e (2) remover a exceção relativa ao reconhecimento inicial de um ativo (ou passivo) em uma transação que não seja uma combinação de negócios e que não afete o lucro tributável ou o lucro contábil.[68]

A alteração na exceção relativa a diferenças temporárias em investimentos passaria, com a proposta, a ser aplicável apenas a investimentos no exterior em subsidiárias, filiais ou *joint ventures* (e não mais a associadas) que sejam essencialmente permanentes em duração e se for aparente que a diferença temporária não se reverterá em um futuro previsível.[69]

No lugar da exceção relativa ao reconhecimento inicial, o IASB propôs o seguinte tratamento, inspirado no EITF 98-11, caso seja apurada uma diferença temporária quando do reconhecimento inicial de um ativo (ou passivo):[70]

i. no momento do reconhecimento inicial, a entidade separaria o ativo (ou passivo) entre: (1) ativo (ou passivo) reduzido de efeitos fiscais específicos à entidade ($X - EF_{ee}$); e (2) efeitos fiscais específicos à entidade (EF_{ee});

ii. ($X - EF_{ee}$) seria reconhecido de acordo com o IFRS aplicável;

iii. a diferença entre ($X - EF_{ee}$) e a base fiscal disponível à entidade (BF_{de}) seria reconhecida como imposto de renda diferido ativo (ou passivo) – (IR_d).

---

[65] IFRS 3-R.45. Vide também tópico 3.4.

[66] ED/2009/2.32.

[67] ED/2009/2.IN8m.

[68] ED/2009/2. IN8e-IN8f.

[69] ED/2009/2.B5.

[70] ED/2009/2.B10-B13.

Para compreender a lógica apresentada acima, é necessário considerar que o ativo ou passivo (X) é equivalente ao preço da transação (P_t) em que o mesmo foi adquirido ou contraído. Esse preço da transação (P_t) foi praticado considerando-se uma determinada base fiscal disponível para a entidade (BF_{de}). Para se chegar aos efeitos fiscais específicos à entidade (EF_{ee}), é necessário saber quanto teria sido o preço da transação (P_t') caso a base fiscal considerada fosse aquela disponível aos demais participantes do mercado (BF_{dpm}), pois:[71]

$$EF_{ee} = P_t - P_t'$$

Adicionalmente, segundo a proposta do IASB apresentada no parágrafo 13 do ED, a contabilização do imposto de renda diferido seguiria a contabilização da transação que o originou:

Transação original	Imposto de renda
Afeta o resultado abrangente	Afeta o resultado abrangente
Afeta o resultado do período	Afeta o resultado do período
Afeta o patrimônio líquido	Afeta o patrimônio líquido
Foi uma combinação de negócios	Afeta o *goodwill* ou o ganho com compra por barganha

Caso a transação original não seja uma das listadas no quadro acima, a entidade reconheceria como prêmio (*Pre*) ou provisão (*Pro*) a diferença entre o preço da transação (P_t) e o ativo (ou passivo) reconhecido ($X - EF_{ee}$) somado ao imposto de renda diferido reconhecido (IR_d). No quadro abaixo, procura-se exemplificar essa proposta, no caso de uma aquisição de um ativo acompanhada do registro de um imposto de renda diferido passivo.

		Aquisição de ativo
Db \<Cr\>	Ativo	$< P_t >$
Db \<Cr\>	Ativo ou \<Passivo\>	$X - EF_{ee}$
Db \<Cr\>	Imposto de renda diferido	$< IR_d >$
Db \<Cr\>	Imposto de renda diferido	\<Pre\> ou *Pro*

---

[71] ED/2009/2.BC29-BC31.

14.4 *Leasing*

Em março de 2009, o IASB emitiu um DP sobre *leasing* no qual apresenta suas visões preliminares (e as visões preliminares do FASB) com relação a possíveis mudanças na contabilização de arrendamentos mercantis por parte de arrendatários (*lessees*). O documento também aborda algumas questões que deverão ser tratadas com relação à contabilização de arrendamentos por parte de arrendadores (*lessors*).

O IASB apresenta nesse documento uma proposta de modelo para solucionar os problemas atuais com relação à contabilização de arrendamentos por parte de arrendatários e que estão principalmente associados ao fato de que *leasings* operacionais são registrados de maneira distinta de *leasings* financeiros. Em *leasings* financeiros, o arrendatário reconhece em sua demonstração de posição financeira o ativo arrendado e uma obrigação correspondente de realizar pagamentos, enquanto em *leasings* operacionais, o arrendatário reconhece apenas os pagamentos do contrato como despesa quando incorridos.[72]

A classificação de contratos como *leasing* financeiro ou *leasing* operacional é complexa e abre espaço para que operações sejam estruturadas de maneira a atingir objetivos contábeis específicos. Além disso, o modelo atual é considerado conceitualmente falho e permite que transações iguais sejam contabilizadas de maneiras distintas.[73]

ⓘ *Insight* 1 – **O modelo proposto para arrendatários:** considerando os problemas existentes com o modelo atual para contabilização de arrendamentos por parte de arrendatários, o IASB e o FASB propuseram um novo modelo (*right-of-use model* ou modelo de direito de uso) que prevê, para todos os contratos de *leasing*,[74] o reconhecimento na demonstração de posição financeira de:

- um ativo (*right-of-use asset*), que representa o direito de uso do ativo arrendado; e

- um passivo, relativo à obrigação do arrendatário de pagar aluguéis.

A figura a seguir exemplifica o reconhecimento de acordo com o modelo proposto.

---

[72] DP/2009/1.1.4.

[73] DP/2009/1.1.12-1.15.

[74] O IASB e o FASB optaram, inicialmente, por utilizar o escopo existente nas normas atuais em IFRS (IAS 17 e IFRS 4) e US GAAP (FAS 13 e EITF 01-8). Preliminarmente, decidiram por não fazer exclusões e eliminar pequenas diferenças existentes entre IFRS e US GAAP com relação a essa questão. DP/2009/1.2.9-12.

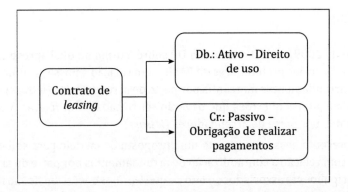

No DP, tanto o IASB quanto o FASB decidiram preliminarmente que, quando do reconhecimento inicial, o ativo referente ao direito de uso seja registrado a custo histórico pelo valor correspondente ao utilizado no registro do passivo.[75] O passivo, por sua vez, seria medido inicialmente com base no valor presente dos pagamentos do *leasing*, descontados pela taxa incremental de financiamento (*incremental borrowing rate*) do arrendatário.[76] Isso pode ser escrito da seguinte forma:

$$VP = \sum_{n=1}^{x} \frac{Pg_n}{(1+i)^n}$$

Onde:

VP = Valor presente dos pagamentos do aluguel

Pg = Pagamentos do aluguel

i = Taxa incremental de financiamento

n = Prazo do *leasing*, que vai do período 1 a x

O DP também traz algumas importantes conclusões preliminares com relação aos elementos da fórmula apresentada acima.

Os pagamentos de aluguel (Pg_n) incluiriam estimativas com relação a pagamentos contingentes[77] e valores residuais garantidos pelo arrendatário ao arrendador.[78] Na visão do IASB (e não na do FASB), esses valores seriam calculados utilizando-se a média ponderada dos pagamentos possíveis. Pg_n pode ser então escrito da seguinte forma:[79]

---

[75] DP/2009/1.4.23.

[76] DP/2009/1.4.15.

[77] DP/2009/1.7.11 e .7.20.

[78] DP/2009/1.7.46.

[79] O *Insight* 5 do tópico 14.3 também oferece exemplo de cálculo de média ponderada.

$$Pg_n = Pa + VRG_{médio} + PC_{médio}$$

Considerando-se que:

a) $VRG_{médio} = VRG \times p$

b) $PC_{médio} = \displaystyle\sum_{x=1}^{y} (Pc_x \times p_x)$

c) $1 = \displaystyle\sum_{x=1}^{y} p_x$

Onde:

Pa = Pagamentos mínimos do aluguel

VRG = Valor residual garantido

Pc = Pagamentos contingentes

p = Probabilidade de ocorrência do pagamento

Deve ser pontuado que o FASB decidiu preliminarmente que, caso os pagamentos de *leasing* sejam contingentes de variações em índices ou taxas, o arrendatário mediria sua obrigação inicial utilizando-se de índices ou taxas existentes na data em que o contrato for firmado. Mudanças nos pagamentos, em função de variações no índice ou na taxa, seriam reconhecidas no resultado do período.[80] O DP não apresenta decisão do IASB com relação a essa questão.

O prazo do *leasing* (*n*) utilizado na fórmula seria o mais provável de ocorrer (*most likely lease term*). Isso significa que o período contratual do *leasing* consideraria a possibilidade de ocorrência de renovações (*renewals*), antecipações (*terminations*) ou exercício de opções de compra (*purchase options*).[81] Se, por exemplo, uma entidade tivesse os seguintes prazos possíveis para a duração de um contrato de *leasing*, com as correspondentes probabilidades de ocorrência, escolheria o de maior probabilidade (no caso, n_2):

n_1	n_2	n_3	n_4
15%	35%	30%	20%

Naturalmente, a aplicação de tal requerimento poderia depender de um elevado grau de subjetividade da entidade. Para evitar problemas nesse sentido, tanto o IASB quanto o

---

[80] DP/2009/1.7.21.

[81] DP/2009/1.6.36 e .6.56.

FASB concluíram preliminarmente que seria necessária a elaboração de guias de aplicação do modelo, especificando que fatores contratuais, não contratuais e de negócios seriam considerados na determinação do prazo do *leasing*. As intenções da administração da entidade e práticas passadas não seriam consideradas como critérios a serem utilizados.[82]

Com relação à taxa de desconto utilizada para trazer os pagamentos a valor presente (*i*), o IASB e o FASB decidiram preliminarmente que deveria ser utilizada a taxa incremental de financiamento.[83] Com isso, espera-se chegar a um resultado mais próximo do que seria o valor justo da obrigação e simplificar a contabilidade de *leasing* (uma vez que a taxa implícita do contrato deixaria de ser necessária).[84]

ⓘ *Insight* 2 – Modelo do "ativo sobre direito de uso" – movimentação subsequente: o IASB e o FASB decidiram preliminarmente que: (1) o ativo referente ao direito de uso deveria ser medido a custo amortizado, tal como ativos imobilizados tratados de acordo com o IAS 16, e estaria sujeito a revisões por teste de *impairment*;[85] e (2) o passivo, relativo à obrigação do arrendatário de pagar aluguéis, deveria ser medido a custo amortizado, tal como financiamentos tratados de acordo com o IAS 39. Nesse DP, o IASB não se posicionou com relação à possibilidade de permitir que uma entidade opte pela medição a valor justo do passivo, de maneira semelhante ao que existe no IAS 39.[86]

As variações ocorridas nos fluxos de caixa de um contrato de *leasing* deveriam refletir na obrigação do arrendatário de realizar pagamentos com base na aplicação de um método chamado "*catch-up*". Através desse método, o saldo contábil do passivo seria ajustado pelo valor presente dos fluxos de caixa revisados, descontados com base na taxa efetiva original (a menos que a taxa incremental tenha sido revisada, conforme explicado a seguir).[87]

No caso da taxa incremental de financiamento, o IASB decidiu preliminarmente que a mesma deveria ser revisada e que a obrigação de um arrendatário de realizar pagamentos de *leasing* deveria ser remensurada para refletir tais revisões. O DP, entretanto, não explica o momento em que tal revisão seria feita.[88]

Com relação a pagamentos contingentes e valores residuais garantidos,[89] estes precisariam ser revisados na medida em que os valores estimados através de média ponderada sofressem alterações. O IASB decidiu preliminarmente que tais revisões deveriam ser

---

[82] DP/2009/1.6.41.

[83] Taxa incremental de financiamento é a taxa dos juros que um arrendatário teria que pagar em um *leasing* similar ou, se isso não for determinável, a taxa em que incorreria para fazer captações necessárias para adquirir ativo e com características similares às do *leasing* (prazo e risco). Vide IAS 17.4.

[84] DP/2009/1.4.15.

[85] DP /2009/1.5.42 e .5.44.

[86] DP/2009/1.5.19-20.

[87] DP/2009/1.5.29-30.

[88] DP/2009/1.5.24 e .5.30.

[89] DP/2009/1.7.25 e .48a.

Quanto ao prazo do *leasing*, o IASB e o FASB decidiram tentativamente por requerer a revisão do mesmo a cada data de reporte, com base em novos fatos e circunstâncias. Nesse caso, os efeitos do reconhecimento de tais revisões seriam registrados ajustando-se o valor contábil do ativo relativo ao direito de uso (tal como no caso de revisões em pagamentos contingentes e valores residuais garantidos).[91]

ⓘ *Insight* 3 – **Modelo para o arrendador:** o DP explica, no parágrafo 10.1, que em julho de 2008 o IASB e o FASB decidiram preliminarmente por postergar o desenvolvimento de um novo modelo de contabilização de *leasings* específico para arrendadores. Em função disso, o documento traz apenas questões que precisarão ser abordadas no futuro, quando da elaboração de um novo IFRS que trate desse assunto, sendo uma delas referente à aplicação do modelo de direito de uso.[92]

O DP prevê duas formas de refletir o modelo de direito de uso no balanço de arrendadores:

- na primeira, seria considerado que o arrendador transferiu para o arrendatário uma parcela do item arrendado. Com isso, deixaria de reconhecer o ativo arrendado e registraria simultaneamente um recebível (ativo financeiro) e o valor residual do ativo ao final do contrato (ativo não financeiro);[93]

- na segunda forma, assumir-se-ia que um contrato de *leasing* cria novos ativos e novas obrigações para o arrendador. Isso ocorreria, com base nessa forma de enxergar a questão, porque o arrendador não transferiria o controle sobre o ativo arrendado – na verdade, concederia um direito de uso sobre os benefícios econômicos futuros do ativo. Garantir que o arrendatário tenha acesso a tais benefícios corresponderia a uma obrigação de *performance* (*performance obligation*) que seria registrada pelo arrendador em contrapartida a um recebível (direito de receber pagamentos previstos no contrato).[94]

A figura a seguir resume os dois modelos apresentados.

---

[90] DP/2009/1.7.32 e.7.48c.

[91] DP/2009/1.6.47 e .6.54.

[92] DP/2009/1.1.20 e .10.1

[93] DP/2009/1.10.7-16.

[94] DP/2009/1.10.17-30.

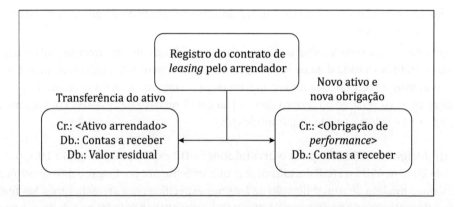

ⓘ **Insight 4 – Outras questões:** além da análise e decisões preliminares do IASB e do FASB com relação ao modelo de direito de uso, o DP apresenta algumas questões específicas relativas à contabilização de *leasing* por parte do arrendatário e do arrendador.

No caso do arrendatário:

- apresentação do ativo de direito de uso e da obrigação do arrendatário de realizar pagamentos (posição financeira, resultado e fluxo de caixa);[95]
- momento do reconhecimento inicial (nos casos em que o *leasing* se inicia efetivamente em uma data posterior à da contratação);[96]
- contabilização de *sale and leaseback*;[97]
- registro de custos iniciais diretos;[98]
- instruções para segregação de contratos de serviços, incluídos em arrendamentos;[99] e
- requerimentos de divulgação.[100]

No caso do arrendador:

- *subleasing*[101] (uma vez que a entidade intermediária pode acabar tendo que aplicar um modelo para a ponta da operação em que assume o papel de arren-

---

[95] DP/2009/1 – *Chapter 9: Presentation.*
[96] DP/2009/1.9.3-6.
[97] DP/2009/1.9.7-18.
[98] DP/2009/1.9.19-22.
[99] DP/2009/1.9.23-25.
[100] DP/2009/1.9.26-27.
[101] Vide tópico 7.7.

datário e outro modelo para a ponta do contrato em que assume o papel de arrendador);[102]

- propriedades para investimento, uma vez que o IAS 40 permite hoje a medição de tais ativos a valor justo;[103]
- medição inicial e subsequente;[104]
- arrendamentos com opções;
- pagamentos contingentes e valor residual garantido; e
- requerimentos de apresentação e divulgação.

14.5 Benefícios definidos: adiantamentos e capitalização mínima

Conforme mencionado no *Insight* do tópico 8.6, o IFRIC 14 fornece interpretações sobre: (1) quando reembolsos ou reduções em contribuições futuras devem ser considerados disponíveis para a entidade patrocinadora; (2) como requerimentos de capitalização mínima de um plano podem afetar a disponibilidade de reduções em contribuições futuras; e (3) quando requerimentos de capitalização mínima podem levar ao registro de um passivo.

A segunda questão interpretada pelo IFRIC, relativa a benefícios econômicos disponíveis através de reduções em contribuições futuras, provocou consequências indesejadas na prática. Isso ocorre em função do requerimento do IFRIC 14 de que o superávit de um plano, criado através de adiantamentos feitos, não seja considerado um benefício econômico disponível, caso o valor presente das contribuições estimadas para atender à capitalização mínima com relação ao custo do serviço futuro de um período superem o valor presente do custo do serviço futuro do mesmo período:[105]

$$BE_{RC} = \sum_{n=1}^{x} \left(\frac{CSF_n - CCMe_n}{(1 + i)^n} \right)$$

Onde:
BE_{RC} = Benefício econômico de reduções em contribuições
CSF_n = Custo do serviço futuro no período n
$CCMe_n$ = Contribuições para a capitalização mínima estimada com relação ao custo do serviço futuro no período n
i = Taxa de desconto

---

[102] DP/2009/1.10.35-44.

[103] DP/2009/1.10.46-49.

[104] DP/2009/1.10.45.

[105] ED/2009/4.BC2-BC3.

Na visão do IASB, entretanto, os adiantamentos feitos representariam um ativo para a entidade patrocinadora independentemente da existência de requerimentos de capitalização mínima com relação a serviços futuros.[106] Em função disso, publicaram em maio de 2009 o ED *Prepayments of a Minimum Funding Requirement*, com o objetivo de modificar os requerimentos do IFRIC 14. Pela proposta desse ED, detalhada no parágrafo 20, a empresa patrocinadora determinaria da seguinte forma um benefício econômico disponível através de reduções em contribuições futuras:

- At: ativo;
- S: superávit;
- Ad_{CCM}: adiantamento de contribuições relativas a requerimentos de capitalização mínima;
- CSF_n: custo com serviço futuro estimado para o período n;[107]
- $CCMe_n$: contribuições estimadas para atender à capitalização mínima com relação ao custo do serviço futuro no período n, caso nenhum adiantamento tivesse sido feito;
- i: Taxa de desconto.

$$(S - Ad_{CCM}) < \sum_{n=1}^{x} \left(\frac{CSF_n - CCMe_n}{(1 + i)^n} \right)$$

$$At = Ad_{CCM} + \sum_{n=1}^{x} \left(\frac{CSF_n - CCMe_n}{(1 + i)^n} \right) \quad \text{Não} \quad \text{Sim} \quad At = Ad_{CCM} + (S - Ad_{CCM})$$

$\displaystyle\sum_{n=1}^{x} \left(\frac{CSF_n - CCMe_n}{(1 + i)^n} \right)$ corresponde a quanto do superávit estaria efetivamente disponível à entidade patrocinadora na forma de benefícios econômicos obtidos através da redução de contribuições futuras (que já não sejam obrigatórias devido a requerimentos de capitalização mínima). Caso $\displaystyle\sum_{n=1}^{x} \left(\frac{CSF_n - CCMe_n}{(1 + i)^n} \right)$ ou $(S - Ad_{CCM})$ fosse negativo, a

---

[106] ED/2009/4.BC4.

[107] IFRIC 14.16-17.

entidade patrocinadora não registraria um passivo ou reduziria o ativo apurado com base em Ad_{CCM}.[108]

> ◀» **Ponto de Atenção:** o ED *Prepayments of a Minimum Funding Requirement* serviu como minuta das alterações do IFRIC 14, que foram emitidas pelo IASB em novembro de 2009 e discutidas no tópico 13.2 da presente publicação. As propostas do ED, entretanto, foram mantidas nesse capítulo para conhecimento do leitor.

14.6 Instrumentos financeiros: custo amortizado e *impairment*

Em 5 de novembro de 2009, o IASB emitiu o ED *Financial Instruments: Amortised Cost and Impairment* que contém as propostas para a segunda fase do projeto de substituição do IAS 39, as quais envolvem possíveis mudanças na metodologia para teste de *impairment* de ativos financeiros e na medição a custo amortizado como um todo.[109]

Essas mudanças ocorreriam através da incorporação da metodologia de fluxos de caixa esperados na medição a custo amortizado.[110] A tabela a seguir exemplifica como o IAS 39 requer que o custo amortizado seja medido atualmente e como o ED propõe que passe a ser medido no futuro:[111]

IAS 39	ED/2009/12
Montante reconhecido inicialmente	Montante reconhecido inicialmente
(–) Re-pagamentos do principal	(–) Re-pagamentos do principal
(+) ou (–) Amortização acumulada, utilizando-se o método da taxa efetiva	(+) ou (–) Amortização acumulada, utilizando-se o método da taxa efetiva
(–) Perdas de impairment	(+) ou (–) Adições ou reduções resultantes da revisão dos fluxos de caixa esperados na data de revisão
Saldo a custo amortizado	Saldo a custo amortizado

---

[108] ED/2009/4.20A.

[109] ED/2009/12.BC4.

[110] ED/2009/12.6.

[111] ED/2009/12.B1.

Conforme observado no quadro acima, as propostas do IASB alterariam a forma como as perdas de *impairment* de ativos financeiros são registradas em IFRS. O modelo atual do IAS 39 está baseado em uma metodologia de perda incorrida (*incurred loss approach*) segundo a qual estimativas com relação à futuras perdas de crédito (*credit losses*) não podem ser incorporadas na determinação da taxa de juros efetiva.[112]

Já no modelo de perda esperada (*expected loss model*) proposto no ED, ocorreria o oposto, isto é, uma entidade incluiria suas estimativas iniciais com relação às perdas de crédito esperadas na determinação da taxa de juros efetiva. Dessa forma, após o reconhecimento inicial de um ativo financeiro, perdas de *impairment* ocorreriam apenas em função de mudanças adversas nas estimativas originais das perdas de crédito esperadas.[113]

↝ **Ponto de Atenção:** na metodologia de perda esperada proposta no ED, as estimativas com relação aos montantes dos fluxos de caixa e ao momento em que os mesmos ocorrerão deverão ser calculadas com base na média dos resultados possíveis, ponderada em função das respectivas probabilidades de ocorrência (*probability-weighted possible outcomes*).[114]

↝ **Ponto de Atenção:** além das mudanças propostas para a medição a custo amortizado, o IASB também propôs uma série de requerimentos de apresentação e divulgação para itens medidos a custo amortizado.[115]

① *Insight* **1 – Método da taxa de juros efetiva**: comparado ao IAS 39, o ED traz instruções mais detalhadas sobre como o método da taxa efetiva deveria ser aplicado para a alocação de receitas e despesas de juros, quando da medição a custo amortizado de itens sujeitos a taxas de juros fixas ou flutuantes.[116]

① *Insight* **2 – Aplicação simplificada**: há uma expectativa de que a adoção da modelo de perda esperada envolverá custos significativos e necessitará de um período extenso de implementação.[117] O IASB procurou abordar a questão da complexidade do modelo propondo a inclusão de uma seção com princípios que regeriam aspectos práticos da medição a custo amortizado (desde que a aplicação de tais princípios não gerassem distorções materiais).[118]

---

[112] ED/2009/12.BC10.

[113] ED/2009/12.BC25.

[114] ED/2009/12.8.

[115] ED/2009/12.11-22.

[116] ED/2009/12.B11-B14.

[117] ED/2009/12.BC29.

[118] ED/2009/12.B15 e .BC38d.

15

Pesquisas em *websites*

Alguém que procure definir um tratamento contábil em IFRS, ou que simplesmente deseje manter-se atualizado com relação às novidades das normas internacionais de contabilidade, pode encontrar uma grande quantidade de informações na Internet. Entidades responsáveis pela emissão de pronunciamentos contábeis, entidades regulatórias, empresas de auditoria, conselhos de contabilidade e associações profissionais costumam manter páginas na internet (*websites*) que podem ser bastante úteis para consultas pontuais ou rotineiras.

O objetivo neste anexo é o de apresentar para o leitor algumas das opções de *websites* disponíveis atualmente e que podem render bons resultados em uma pesquisa.

 Ponto de Atenção: as informações a seguir foram compiladas quando da elaboração desta obra e podem ter sido modificadas.

15.1 IFRS

International Accounting Standards Board – IASB (<www.iasb.org>)

Na página do IASB, além do texto atualizado dos IFRSs em vigor (inclusive para Pequenas e Médias Empresas – SMEs), podem ser encontradas diversas informações relativas às novidades dos projetos do IASB e do IFRIC. O IASB também disponibiliza resumos das reuniões de seus conselheiros (*Board Members*), comentários sobre EDs e DPs recebidos de partes interessadas e documentos utilizados nos trabalhos do IFRIC (*agenda papers*).

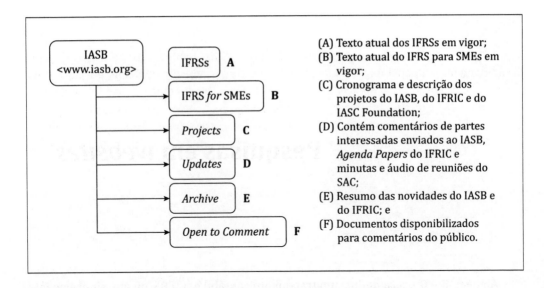

European Commission – DG Markt
(<www.ec.europa.eu/internal_market>)

A partir de 1º de janeiro de 2005, as normas internacionais de contabilidade tornaram-se obrigatórias, na União Europeia, para entidades locais listadas em mercados regulados e que preparassem informações contábeis consolidadas.[1] Entretanto, essa adoção não foi irrestrita, uma vez que qualquer novo IFRS deve passar por um processo de aprovação (*endorsement*) conduzido pela Comissão Europeia. Com isso, desenvolveu-se uma estrutura de revisão das normas internacionais de contabilidade na União Europeia que pode oferecer informações interessantes para quem esteja realizando algum tipo de pesquisa.

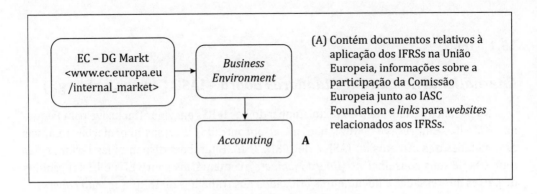

---

[1] Regulation (EC) nº 1606/2002 (IAS Regulation).

Empresas de auditoria

As quatro grandes empresas de auditoria no mundo,[2] também chamadas de *big four*, desempenham um papel importante na aplicação consistente dos IFRSs no dia a dia, uma vez que as normas internacionais de contabilidade são baseadas em princípios. O volume de recursos investido por elas na interpretação e divulgação de informações sobre IFRS resulta em materiais disponíveis para consulta (publicações, cartas-comentário e guias de aplicação e divulgação, por exemplo) e *websites* que oferecem informações bastante atualizadas. Abaixo, são apresentadas algumas recomendações.

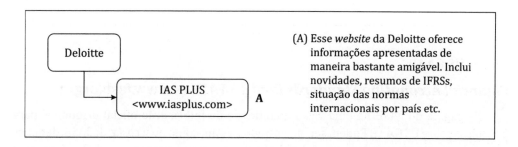

(A) Esse *website* da Deloitte oferece informações apresentadas de maneira bastante amigável. Inclui novidades, resumos de IFRSs, situação das normas internacionais por país etc.

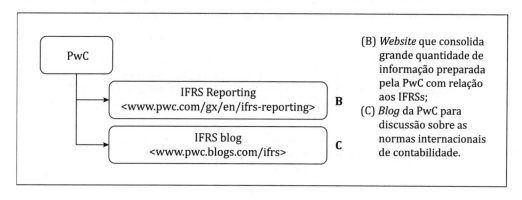

(B) *Website* que consolida grande quantidade de informação preparada pela PwC com relação aos IFRSs;
(C) *Blog* da PwC para discussão sobre as normas internacionais de contabilidade.

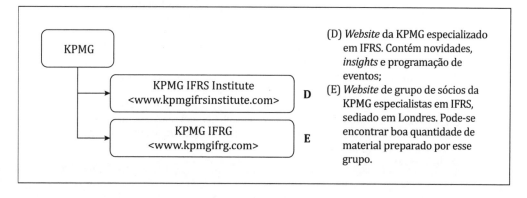

(D) *Website* da KPMG especializado em IFRS. Contém novidades, *insights* e programação de eventos;
(E) *Website* de grupo de sócios da KPMG especialistas em IFRS, sediado em Londres. Pode-se encontrar boa quantidade de material preparado por esse grupo.

---

[2] PricewaterhouseCoopers (PwC), Deloitte Touche Tohmatsu (Deloitte), Ernst & Young (EY) e KPMG.

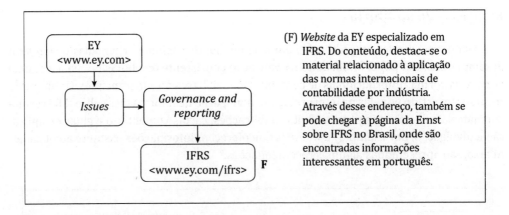

(F) *Website* da EY especializado em IFRS. Do conteúdo, destaca-se o material relacionado à aplicação das normas internacionais de contabilidade por indústria. Através desse endereço, também se pode chegar à página da Ernst sobre IFRS no Brasil, onde são encontradas informações interessantes em português.

15.2 US GAAP

Financial Accounting Standards Board – FASB (<www.fasb.org>)

Na página do FASB há uma vasta quantidade de informação oficial disponível para pesquisas sobre US GAAP. Podem ser encontrados, assim como no *website* do IASB, detalhes sobre os projetos em andamento (planejamento, objetivo, cronograma etc.), minutas de pronunciamentos em fase de audiência pública e pronunciamentos em vigor.[3]

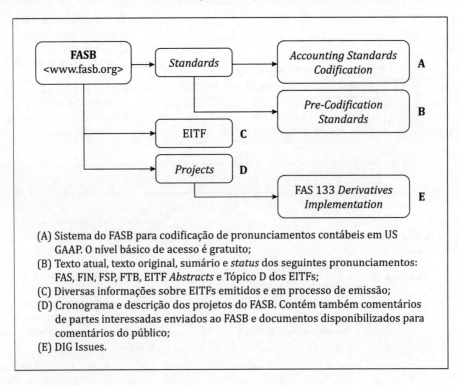

(A) Sistema do FASB para codificação de pronunciamentos contábeis em US GAAP. O nível básico de acesso é gratuito;
(B) Texto atual, texto original, sumário e *status* dos seguintes pronunciamentos: FAS, FIN, FSP, FTB, EITF *Abstracts* e Tópico D dos EITFs;
(C) Diversas informações sobre EITFs emitidos e em processo de emissão;
(D) Cronograma e descrição dos projetos do FASB. Contém também comentários de partes interessadas enviados ao FASB e documentos disponibilizados para comentários do público;
(E) DIG Issues.

---

[3] Oficiais (codificação) e não oficiais. Vide explicações sobre US GAAP no tópico 1.2.

U.S. Securities and Exchange Commission – SEC (<www.sec.gov>)

O *website* da SEC pode servir como excelente fonte de informações para aqueles que desejem fazer *benchmark* com relação a divulgações e definição de políticas contábeis em IFRS. Isso ocorre porque diversas empresas registradas e não americanas (FPIs) utilizam demonstrações contábeis elaboradas de acordo com os IFRSs (tal como emitidos pelo IASB) para arquivamento nos relatórios requeridos pela SEC. Uma FPI deve, por exemplo, arquivar demonstrações contábeis anuais incorporadas em um relatório denominado 20-F. Informações intermediárias em IFRS também podem ser arquivadas num formato denominado 6-K.

Adicionalmente, no *website* da SEC pode ser encontrado bastante material sobre requerimentos de divulgação e contabilização em US GAAP que eventualmente poderiam servir como base para definição de políticas contábeis em IFRS, nos casos em que o IASB não tenha definido um tratamento para a questão.[4]

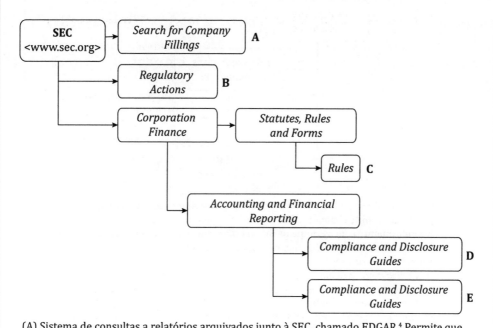

(A) Sistema de consultas a relatórios arquivados junto à SEC, chamado EDGAR.[4] Permite que sejam feitas consultas de diversas formas, inclusive por textos incluídos no corpo dos relatórios arquivados;
(B) Inclui regras propostas (*proposed rules*), regras finais (*final rules*) emitidas através de *releases* e *Concept Releases*;
(C) Inclui a Regulation S-X, com diversos requerimentos de divulgação para empresas registradas, e Guia para Indústrias (*Industry Guides*);
(D) Podem ser encontrados os *Staff Accounting Bulletins* (SABs) e interpretações da equipe da Divisão de Finanças Corporativas da SEC com relação a formas de divulgação;
(E) Discursos da equipe da SEC (*Staff Speeches*).

---

[4] *Electronic Data-Gathering, Analysis Retrieval System.*

American Institute of Certified Public Accountants – AICPA (<www.aicpa.org>)

O AICPA é uma associação de contadores públicos certificados nos EUA (*Certified Public Accountants* – CPA) e oferece serviços e informações a esses profissionais. Dessa forma, seu *website* contém recursos interessantes para consulta e pesquisas.

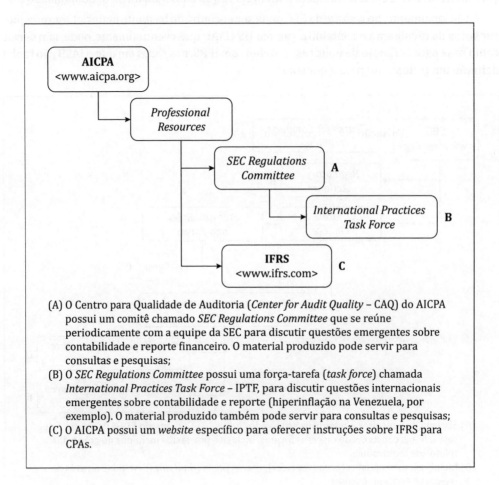

(A) O Centro para Qualidade de Auditoria (*Center for Audit Quality* – CAQ) do AICPA possui um comitê chamado *SEC Regulations Committee* que se reúne periodicamente com a equipe da SEC para discutir questões emergentes sobre contabilidade e reporte financeiro. O material produzido pode servir para consultas e pesquisas;
(B) O *SEC Regulations Committee* possui uma força-tarefa (*task force*) chamada *International Practices Task Force* – IPTF, para discutir questões internacionais emergentes sobre contabilidade e reporte (hiperinflação na Venezuela, por exemplo). O material produzido também pode servir para consultas e pesquisas;
(C) O AICPA possui um *website* específico para oferecer instruções sobre IFRS para CPAs.

Apêndice A

Simbologia utilizada

ΔX	Variação absoluta no valor de X
$\Delta^+ X$	Variação absoluta positiva no valor de X
$\Delta^- X$	Variação absoluta negativa no valor de X
$\Delta^e X$	Variação absoluta esperada no valor de X
$X < Y$	X é menor que Y (ou Y é maior que X)
$X \leq Y$	X é menor ou igual a Y (ou Y é maior ou igual a X)
máx($X - Y$, 0)	Valor máximo de $(X - Y)$
min($X - Y$, 0)	Valor mínimo de $(X - Y)$
$\sum_{n=1}^{x} (1 + n)$	Somatório de $(1 + 1)$ até $(1 + X)$: $(1 + 1) + (1 + 2) + ... + (1 + X)$
$\dfrac{X}{(1 + i)^x}$	X descontado a valor presente a uma taxa de i por n períodos
$\approx$	Aproximadamente igual a

Apêndice B

Conversão das referências para o sistema de codificação

Conforme explicado no tópico 1.2, com a emissão do FAS 168 pelo FASB, o sistema de codificação de pronunciamentos contábeis passa a ser a referência oficial para a elaboração de demonstrações contábeis de entidades não governamentais encerradas após 15 de setembro de 2009. Entretanto, as referências feitas aos pronunciamentos em US GAAP, incluídas nas notas de rodapé e no corpo do texto desta obra, utilizaram como base de consulta a literatura pré-codificação, definida no FAS 162.

Em função do exposto acima, este anexo tem como objetivo relacionar para o leitor as referências pré-codificação dos US GAAP, utilizadas nesta obra, com o sistema do FASB para codificação de pronunciamentos contábeis.

Página	Referência pré-codificação	Tópico	Subtópico	Seção
3	FAS 162.3	–	–	–
4	FAS 162.5	–	–	–
5	FAS 168.15	105	10	70
5	FAS 168.9-10	105	10	15
13	FAS 123-R.B259	–	–	–
15	ARB 51.2	810	10	15
16	FAS 157.5	820	10	20

Página	Referência pré-codificação	Codificação		
		Tópico	Subtópico	Seção
15	FAS 123-R.62-63	718	740	35
		718	740	45
15	FIN 46-R.15	810	10	25
17	FAS 141-R.62	–	–	–
17	FAS 141-R.26-28	805	20	25
		805	20	30
		805	740	25
		805	740	30
19	FAS 133.10e	815	10	15
20	FAS 133.20c	815	20	25
20	DIG Issue B15	815	15	25
20	FAS 133.6c	815	10	15
20	APB 21	835	30	45
20	FAS 159.A51	–	–	–
21	FAS 140.9a	860	10	40
21	FAS 140	860	40	05
21	FAS 133.68	815	20	25
21	FAS 133.432-436	815	20	55
21	FAS 133.377	–	–	–
22	FAS 133.443	–	–	–
23	APB 30.20	225	20	20

		Codificação		
Página	Referência pré-codificação	Tópico	Subtópico	Seção
24	ARB 43.ch4.4	330	10	30
24	ARB 43.ch4.9	330	10	35
24	FAS 102.5-7	230	10	15
25	FAS 95.23d	230	10	45
25	FAS 95.20a	230	10	45
25	FAS 95.22b	230	10	45
25	FAS 95.27f	230	10	45
25	SOP 01-6.14	942	305	45
25	ARB 45.3	605	35	05
25	SOP 81-1.34-42	605	35	25
26	FAS 109.9	740	10	25
26	FAS 109.31b	740	10	25
26	FAS 109.8c	740	10	30
26	EITF 95-09	740	10	15
27	FAS 109.35	740	20	45
27	FAS 109.41	740	10	45
27	FAS 109.47	740	10	50
27	FSP AUG AIR-1	–	–	–
27	AAG AIR.ch3.76-77	908	360	35
28	FAS 13.42	840	10	25
28	FIN 19.5	840	10	55

Página	Referência pré-codificação	Codificação		
		Tópico	Subtópico	Seção
28	FAS 13.7	840	10	25
28	FAS 13.33	840	40	25
28	FAS 13.7d	840	10	25
29	EITF 00-21	605	25	25
29	EITF 99-17.4	–	–	–
29	FAS 158.B118-B121	–	–	–
30	FAS 146.B62	–	–	–
32	ARB 51.4	810	10	45
32	FIN 46.R.14	810	10	25
32	APB 18.19	323	10	35
32	APB 18.20a	323	10	50
32	FAS 52.11	830	10	45
33	FAS 128.36-37	260	10	45
		205	20	60
33	FAS 142	–	–	–
33	FAS 144	–	–	–
34	FAS 5.3	450	20	25
35	SOP 96-1.132	410	30	35
35	FAS 146.B61	–	–	–
35	FIN 48.B65-B67	–	–	–
36	FAS 2.11	730	10	55

Página	Referência pré-codificação	Codificação		
		Tópico	Subtópico	Seção
36	SOP 98-1.31-32	350	40	25
		350	40	30
36	EITF 00-02.4-8	350	50	25
		350	50	55
40	FAS 141-R.B21	–	–	–
49	FAS 141-R.C8	–	–	–
50	EITF Topic D-97	805	50	S99
58	APB 12.12-17	835	30	35
66	FAS 133.10b	815	10	15
66	FAS 133.11b	815	10	15
66	FAS 133.10c	815	10	15
66	FAS 133.11a	815	10	15
66	FAS 133.11c	815	10	15
66	FAS 133.10a	815	10	15
66	FAS 133.58a	815	10	15
66	FAS 133.9b	815	10	15
66	FAS 133.57c(2)	815	10	15
66	FAS 133.58a	815	10	15
67	DIG Issue C20	815	10	15
68	FAS 133.10d	815	10	15
68	FAS 133.10i	815	10	15

Página	Referência pré-codificação	Codificação		
		Tópico	Subtópico	Seção
68	FAS 133.10f	815	10	15
68	FAS 133.11d	815	10	15
68	FAS 133.57a	815	10	15
69	DIG Issue A11	815	10	55
70	DIG Issue A6	815	10	55
71	FAS 133.57b	815	10	15
71	FAS 133.8	815	10	15
72	DIG Issue A1	815	10	55
72	FAS 133.6c	815	10	15
73	FAS 133.9a	815	10	15
73	FAS 133.57c(1)	815	10	15
74	DIG Issue A10	815	10	15
73	FAS 133.57c(2)	815	10	15
73	DIG Issue A7	815	10	15
75	FAS 133.305	–	–	–
76	FAS 133.61b	815	15	25
76	FAS 133.61i	815	15	25
76	FAS 133.309	–	–	–
77	FAS 133.311	815	15	55
77	FAS 133.61	815	15	25
81	FAS 133.416	–	–	–

Página	Referência pré-codificação	Codificação		
		Tópico	Subtópico	Seção
82	DIG Issue E17	815	20	25
84	FAS 133.102	815	30	55
84	FAS 133.162	815	30	55
87	FAS 133.62	815	20	35
87	DIG Issue E9	815	20	55
88	FAS 133.23	815	25	35
89	FAS 133.22	815	25	35
89	FAS 133.111-120	815	25	55
92	FAS 133.140	815	30	55
94	FAS 133.18c4	815	20	35
95	FAS 109 (sumário)	–	–	–
97	APB 11	–	–	–
116	FAS 13.8	840	10	25
116	FAS 13.7	840	10	25
116	FAS 13.72-90	–	–	–
117	FAS 13.5f	840	10	20
117	FAS 13.5e	840	10	20
119	FAS 13.5j.i.c	840	10	25
119	FAS 13.7d	840	10	25
120	FAS 13.5k	840	10	25
120	FAS 13.5m	840	20	25

Página	Referência pré-codificação	Codificação		
		Tópico	Subtópico	Seção
121	FAS 13.14	840	30	35
122	FAS 13.7	840	10	25
123	FAS 13.35-39	840	10	25
		840	30	40
122	FAS 13.14c	840	30	35
124	FAS 13.7c-7d	840	10	25
123	FAS 13.38a	840	30	40
123	FAS 13.7	840	10	25
123	FAS 13.8	840	10	25
123	FAS 13.7a	840	10	25
123	FAS 13.38b	840	30	40
124	FAS 13.38c	840	30	40
153	FAS 34.9f	835	20	15
155	EITF 99-9	815	25	35
156	FAS 34.16	835	20	30
157	FAS 34.57	835	20	35
163	FAS 128.36	260	10	45
176	FAS 144.11	360	10	35
180	FAS 144.18	360	10	35
181	FAS 144.B25-B26	–	–	–
182	FAS 143.12	360	10	35

		Codificação		
Página	Referência pré-codificação	Tópico	Subtópico	Seção
182	EITF 95-23	360	10	55
184	FAS 144.19-21	360	10	35
184	FAS 144.21	360	10	35
184	FAS 144.B33	–	–	–
184	FAS 144.B27-B33	–	–	–
190	FAS 143.17	410	20	15
189	FAS 143.2	410	20	15
190	FAS 13.5	840	10	25
194	FAS 143.3	840	20	25
195	FIN 47.1	840	20	25
		840	20	55
195	FIN 47.4	840	20	25
		840	20	55
195	CON 7.46	–	–	–
196	FIN 47.5	840	20	25
		840	20	55
198	FIN 47.5a	840	20	25
		840	20	55
196	FIN 47.5b	840	20	25
		840	20	55

Apêndice C

Listagem por assunto dos IFRS e categoria A do FAS 162

Neste apêndice foram listados, por assunto, os IFRSs e os pronunciamentos de US GAAP (pré-codificação) pertencentes à categoria A do FAS 162, em vigor quando da elaboração desta obra. Somente as interpretações do DIG sobre a aplicação do FAS133, que também fazem parte da categoria A do FAS 162, foram listadas em um apêndice[1] à parte devido à especificidade do assunto.

Espera-se que a listagem auxilie na localização de pronunciamentos que tratem de assuntos correlatos em ambos os princípios contábeis. A distribuição por assunto está estruturada da seguinte forma:

- Adoção inicial
- Pagamentos com base em ações
- Combinações de negócios
- Contratos de seguros
- Ativos de longo prazo mantidos para venda e operações descontinuadas
- Exploração e avaliação de recursos minerais
- Instrumentos financeiros (derivativos, títulos e valores mobiliários e outras questões)
- Reporte por segmentos
- Apresentação das demonstrações financeiras
- Estoques
- Demonstração de fluxos de caixa
- Benefícios a empregados
- Subvenções
- Conversão
- Capitalização de custos de captação
- Partes relacionadas
- Demonstrações de fundos
- Consolidação e transações com acionistas
- Equivalência patrimonial
- Inflação
- *Joint ventures*
- Lucro por ação
- Demonstrações intermediárias
- *Impairment*
- Provisões
- Intangíveis
- Propriedades para investimento

---

[1] Vide Apêndice D – Listagem de interpretações sobre derivativos em US GAAP.

- Políticas contábeis
- Eventos subsequentes
- Contratos de construção
- Imposto de renda
- Imobilizado
- *Leasing*
- Reconhecimento de receita

- Setor agrícola
- Setor imobiliário
- Atividades reguladas
- Entidades em fase de desenvolvimento
- Entidades sem fins lucrativos
- Outros assuntos

C1 Adoção inicial

- **IFRS.** IFRS 1 – *First-time Adoption of International Financial Reporting Standards*
- **US.** ARB 43 – *Restatement and Revision of Accounting Research Bulletins*

C2 Pagamento com base em ações

- **IFRS.** IFRS 2 – *Share-Based Payment*
- **IFRS.** IFRIC 8 – *Scope of IFRS 2*
- **IFRS.** IFRIC 11 – *IFRS 2 – Group and Treasury Share Transactions*
- **US.** FAS 123-R – *Share-Based Payment*
- **US.** ARB 43 – *Restatement and Revision of Accounting Research Bulletins*
- **US.** FSP FAS 123(R)-6 – *Technical Corrections of FASB Statement nº 123(R)*
- **US.** FSP FAS 123(R)-5 – *Amendment of FASB Staff Position FAS 123(R)-1*
- **US.** FSP FAS 123(R)-4 – *Classification of Options and Similar Instruments Issued as Employee Compensation that Allow for Cash Settlement upon the Occurrence of a Contingent Event*
- **US.** FSP FAS 123(R)-3 – *Transition Election Related to Accounting for the Tax Effects of Share-Based Payment Awards*
- **US.** FSP FAS 123(R)-2 – *Practical Accommodation to the Application of Grant Date as Defined in FASB Statement nº 123(R)*
- **US.** FSP FAS 123(R)-1 – *Classification and Measurement of Freestanding Financial Instruments Originally Issued in Exchange for Employee Services under FASB Statement nº 123(R)*
- **US.** FSP EITF 03-6-1 – *Determining Whether Instruments Granted in Share-Based Payment Transactions Are Participating Securities*

C3 Combinações de negócios

- **IFRS.** IFRS 3-R – *Business Combinations*
- **US.** FAS 141-R – *Business Combinations*
- **US.** FSP FAS 141-1 and FAS 142-1 – *Interaction of FASB Statements nº 141 and nº 142 and EITF Issue nº 04-2*
- **US.** FSP FAS 141(R)-1 – *Accounting for Assets Acquired and Liabilities Assumed in a Business Combination That Arise from Contingencies*

Apêndice C   265

C4   Contratos de seguros

- **IFRS.** IFRS 4 – *Insurance Contracts*
- **US.** FAS 163 – *Accounting for Financial Guarantee Insurance Contracts – an Interpretation of FASB Statement nº 60*
- **US.** FAS 120 – *Accounting and Reporting by Mutual Life Insurance Enterprises and by Insurance Enterprises for Certain Long-Duration Participating Contracts-an Amendment of FASB Statements 60, 97, and 113 and Interpretation nº 40*
- **US.** FAS 113 – *Accounting and Reporting for Reinsurance of Short-Duration and Long-Duration Contracts*
- **US.** FAS 97 – *Accounting and Reporting by Insurance Enterprises for Certain Long-Duration Contracts and for Realized Gains and Losses from the Sale of Investments*
- **US.** FAS 60 – *Accounting and Reporting by Insurance Enterprises*
- **US.** FIN 40 – *Applicability of Generally Accepted Accounting Principles to Mutual Life Insurance and Other Enterprises-an Interpretation of FASB Statements nº 12, 60, 97, and 113*
- **US.** FSP FAS 97-1 – *Situations in Which Paragraphs 17(b) and 20 of FASB Statement nº 97, Accounting and Reporting by Insurance Enterprises for Certain Long-Duration Contracts and for Realized Gains and Losses from the Sale of Investments, Permit or Require Accrual of an Unearned Revenue Liability*
- **US.** FSP FTB 85-4-1 – *Accounting for Life Settlement Contracts by Third-Party Investors*

C5   Ativos de longo prazo mantidos para venda e operações descontinuadas

- **IFRS.** IFRS 5 – *Non-Current Assets Held For Sale and Discontinued Operations*
- **US.** FAS 144 – *Accounting for the Impairment or Disposal of Long-Lived Assets*

C6   Exploração e avaliação de recursos minerais

- **IFRS.** IFRS 6 – *Exploration for and Evaluation of Mineral Resources*
- **US.** FAS 69 – *Disclosures about Oil and Gas Producing Activities (an Amendment of FASB Statements nº 19, 25, 33, and 39)*
- **US.** FAS 25 – *Suspension of Certain Accounting Requirements for Oil and Gas Producing Companies (an Amendment of FASB Statement nº 19)*
- **US.** FAS 19 – *Financial Accounting and Reporting by Oil and Gas Producing Companies*
- **US.** FIN 33 – *Applying FASB Statement nº 34 to Oil and Gas Producing Operations Accounted for by the Full Cost Method (an Interpretation of FASB Statement nº 34)*
- **US.** FIN 36 – *Accounting for Exploratory Wells in Progress at the End of a Period (an Interpretation of FASB Statement nº 19)*
- **US.** FSP FAS 19-1 – *Accounting for Suspended Well Costs*

C7   Instrumentos financeiros

- **IFRS.** IFRS 7– *Financial Instruments: Disclosures*

- **IFRS.** IAS 39 – *Financial Instruments: Recognition and Measurement*
- **IFRS.** IAS 32 – *Financial Instruments: Presentation*
- **IFRS.** IAS 21 – *The Effects of Changes in Foreign Exchange Rates*
- **IFRS.** IFRIC 9 –*Reassessment of Embedded Derivatives*
- **IFRS.** IFRIC 2 – *Members' Shares in Co-Operative Entities and Similar Instruments*

C7.1 Derivativos[2]

- **US.** FAS 161 – *Disclosures about Derivative Instruments and Hedging Activities – an Amendment of FASB Statement nº 133*
- **US.** FAS 149 – *Amendment of Statement 133 on Derivative Instruments and Hedging Activities*
- **US.** FAS 138 – *Accounting for Certain Derivative Instruments and Certain Hedging Activities-an Amendment of FASB Statement nº 133*
- **US.** FAS 137 – *Accounting for Derivative Instruments and Hedging Activities – Deferral of the Effective Date of FASB Statement nº 133– an Amendment of FASB Statement nº 133*
- **US.** FAS 133 – *Accounting for Derivative Instruments and Hedging Activities*
- **US.** FSP FAS 133-1 and FIN 45-4 – *Disclosures about Credit Derivatives and Certain Guarantees: An Amendment of FASB Statement nº 133 and FASB Interpretation nº 45; and Clarification of the Effective Date of FASB Statement nº 161*

C7.2 Títulos e valores mobiliários

- **US.** FAS 115 – *Accounting for Certain Investments in Debt and Equity Securities*
- **US.** ARB 43 – *Restatement and Revision of Accounting Research Bulletins*
- **US.** FSP FAS 115-2 and FAS 124-2 – *Recognition and Presentation of Other-Than-Temporary Impairments*
- **US.** FSP FAS 115-1 and FAS 124-1 – *The Meaning of Other-Than-Temporary Impairment and its Application to Certain Investments*

C7.3 Outros[3]

- **US.** FAS 166 – *Accounting for Transfers of Financial Assets – an Amendment of FASB Statement nº 140*
- **US.** FAS 159 – *The Fair Value Option for Financial Assets and Financial Liabilities – Including an Amendment of FASB Statement nº 115*
- **US.** FAS 156 – *Accounting for Servicing of Financial Assets – an Amendment of FASB Statement nº 140*

---

[2] Vide também DIG *Issues* no Apêndice D – Listagem de interpretações sobre derivativos em US GAAP.

[3] Vide também FAS 97 em Contratos de Seguros.

Apêndice C   267

- **US.** FAS 155 – *Accounting for Certain Hybrid Financial Instruments – an Amendment of FASB Statements nº 133 and 140*
- **US.** FAS 150 – *Accounting for Certain Financial Instruments with Characteristics of Both Liabilities and Equity*
- **US.** FAS 140 – *Accounting for Transfers and Servicing of Financial Assets and Extinguishments of Liabilities-a Replacement of FASB Statement nº 125*
- **US.** FAS 134 – *Accounting for Mortgage-Backed Securities Retained after the Securitization of Mortgage Loans Held for Sale by a Mortgage Banking Enterprise – an Amendment of FASB Statement nº 65*
- **US.** FAS 126 – *Exemption from Certain Required Disclosures about Financial Instruments for Certain Nonpublic Entities – an Amendment to FASB Statement nº 107*
- **US.** FAS 118 – *Accounting by Creditors for Impairment of a Loan-Income Recognition and Disclosures – an Amendment of FASB Statement nº 114*
- **US.** FAS 107 – *Disclosures about Fair Value of Financial Instruments*
- **US.** FAS 84 – *Induced Conversions of Convertible Debt-an Amendment of APB Opinion nº 26*
- **US.** FAS 15 – *Accounting by Debtors and Creditors for Troubled Debt Restructurings*
- **US.** APB 26 – *Early Extinguishment of Debt*
- **US.** APB 21 – *Interest on Receivables and Payables*
- **US.** APB 14 – *Accounting for Convertible Debt and Debt Issued with Stock Purchase Warrants*
- **US.** APB 12 – *Omnibus Opinion-1967*
- **US.** APB 10 – *Omnibus Opinion-1966*
- **US.** APB 6 – *Status of Accounting Research Bulletins*
- **US.** ARB 43 – *Restatement and Revision of Accounting Research Bulletins*
- **US.** FSP FAS 150-5 – *Issuer's Accounting under Statement 150 for Freestanding Warrants and Other Similar Instruments on Shares that are Redeemable*
- **US.** FSP FAS 150-4 – *Issuers' Accounting for Employee Stock Ownership Plans under FASB Statement nº 150*
- **US.** FSP FAS 150-3 – *Effective Date, Disclosures, and Transition for Mandatorily Redeemable Financial Instruments of Certain Nonpublic Entities and Certain Mandatorily Redeemable Noncontrolling Interests under FASB Statement nº 150*
- **US.** FSP FAS 150-2 – *Accounting for Mandatorily Redeemable Shares Requiring Redemption by Payment of an Amount that Differs from the Book Value of Those Shares under FASB Statement nº 150*
- **US.** FSP FAS 150-1 – *Issuer's Accounting for Freestanding Financial Instruments Composed of More Than One Option or Forward Contract Embodying Obligations under FASB Statement nº 150*
- **US.** FSP FAS 140-4 and FIN 46(R)-8 – *Disclosures by Public Entities (Enterprises) about Transfers of Financial Assets and Interests in Variable Interest Entities*

- **US.** FSP FAS 140-3 – *Accounting for Transfers of Financial Assets and Repurchase Financing Transactions*
- **US.** FSP FAS 140-2 – *Clarification of the Application of Paragraphs 40(b) and 40(c) of FASB Statement nº 140*
- **US.** FSP FAS 140-1 – *Accounting for Accrued Interest Receivable Related to Securitized and Sold Receivables under FASB Statement nº 140*
- **US.** FSP APB 14-1 – *Accounting for Convertible Debt Instruments that May Be Settled in Cash upon Conversion (Including Partial Cash Settlement)*
- **US.** FSP SOP 94-6-1 – *Terms of Loan Products that May Give Rise to a Concentration of Credit Risk*
- **US.** FSP EITF 99-20-1 – *Amendments to the Impairment Guidance of EITF Issue nº 99-20*

C8 Reporte por segmentos

- **IFRS.** IFRS 8 – *Operating Segments*
- **US.** FAS 131 – *Disclosures about Segments of an Enterprise and Related Information*

C9 Apresentação das demonstrações financeiras

- **IFRS.** IAS 1 – *Presentation of Financial Statements*
- **US.** FAS 130 – *Reporting Comprehensive Income*
- **US.** FAS 129 – *Disclosure of Information about Capital Structure*
- **US.** FAS 78 – *Classification of Obligations that Are Callable by the Creditor – an Amendment of ARB nº 43, Chapter 3A*
- **US.** FAS 47 – *Disclosure of Long-Term Obligations*
- **US.** FAS 37 – *Balance Sheet Classification of Deferred Income Taxes – an Amendment of APB Opinion nº 11*
- **US.** FAS 6 – *Classification of Short-Term Obligations Expected to Be Refinanced – an Amendment of ARB nº 43, Chapter 3A*
- **US.** FIN 41 – *Offsetting of Amounts Related to Certain Repurchase and Reverse Repurchase Agreements – an FIN of APB Opinion nº 10 and a Modification of FASB FIN nº 39*
- **US.** FIN 39 – *Offsetting of Amounts Related to Certain Contracts – an FIN of APB Opinion nº 10 and FASB Statement nº 105*
- **US.** FIN 8 – *Classification of a Short-Term Obligation Repaid Prior to Being Replaced by a Long-Term Security – an FIN of FASB Statement nº 6*
- **US.** APB 30 – *Reporting the Results of Operations – Reporting the Effects of Disposal of a Segment of a Business, and Extraordinary, Unusual and Infrequently Occurring Events and Transactions*
- **US.** APB 13 – *Amending Paragraph 6 of APB Opinion nº 9, Application to Commercial Banks*
- **US.** APB 12 – *Omnibus Opinion – 1967*
- **US.** APB 10 – *Omnibus Opinion – 1966*

- **US.** APB 9 – *Reporting the Results of Operations – I. Net Income and the Treatment of Extraordinary Items and Prior Period Adjustments; II. Computation and Reporting of Earnings per Share*
- **US.** APB 6 – *Status of Accounting Research Bulletins*
- **US.** ARB 43 – *Restatement and Revision of Accounting Research Bulletins*
- **US.** FSP FAS 129-1 – *Disclosure Requirements under FASB Statement nº 129 Relating to Contingently Convertible Securities*
- **US.** FSP FIN 39-1 – *Amendment of FASB Interpretation nº 39*

C10 Estoques

- **IFRS.** IAS 2 – *Inventories*
- **US.** FAS 151 – *Inventory Costs – an Amendment of ARB nº 43, Chapter 4*
- **US.** FAS 86 – *Accounting for the Costs of Computer Software to Be Sold, Leased, or Otherwise Marketed*
- **US.** ARB 43 – *Restatement and Revision of Accounting Research Bulletins*

C11 Demonstração de fluxos de caixa

- **IFRS.** IAS 7 – *Statement of Cash Flows*
- **US.** FAS 104 – *Statement of Cash Flows-Net Reporting of Certain Cash Receipts and Cash Payments and Classification of Cash Flows from Hedging Transactions – an Amendment of FASB Statement nº 95*
- **US.** FAS 102 – *Statement of Cash Flows-Exemption of Certain Enterprises and Classification of Cash Flows from Certain Securities Acquired for Resale – an Amendment of FASB Statement nº 95*
- **US.** FAS 95 – *Statement of Cash Flows*

C12 Políticas contábeis

- **IFRS.** IAS 8 – *Accounting Policies, Changes in Accounting Estimates and Errors*
- **US.** FAS 154 – *Accounting Changes and Error Corrections – a Replacement of APB Opinion nº 20 and FASB Statement nº 3*
- **US.** FAS 16 – *Prior Period Adjustments*
- **US.** FIN 1 – *Accounting Changes Related to the Cost of Inventory – an FIN of APB Opinion nº 20*
- **US.** APB 22 – *Disclosure of Accounting Policies*
- **US.** APB 20 – *Accounting Changes*
- **US.** FSP SOP 90-7-1 – *An Amendment of AICPA Statement of Position 90-7*

C13 Eventos subsequentes

- IFRS. IAS 10 – *Events After the Balance Sheet Date*
- US. FAS 165 – *Subsequent Events*

C14 Contratos de construção

- **IFRS.** IAS 11 – *Construction Contracts*
- **US.** ARB 45 – *Long-Term Construction-Type Contracts*
- **US.** ARB 43 – *Restatement and Revision of Accounting Research Bulletins*

C15 Imposto de renda

- **IFRS.** IAS 12 – *Income Taxes*
- **IFRS.** SIC-25 – *Income Taxes – Changes in the Tax Status of an Entity or Its Shareholders*
- **IFRS.** SIC-21 – *Income Taxes – Recovery of Revalued Non-Depreciable Assets*
- **US.** FAS 109 – *Accounting for Income Taxes*
- **US.** FIN 48 – *Accounting for Uncertainty in Income Taxes – an FIN of FASB Statement nº 109*
- **US.** APB 23 – *Accounting for Income Taxes – Special Areas*
- **US.** APB 4 – *Accounting for the Investment Credit*
- **US.** APB 2 – *Accounting for the Investment Credit*
- **US.** FSP FAS 109-2 – *Effective Date of FASB Interpretation nº 48 for Certain Nonpublic Enterprises*
- **US.** FSP FAS 109-1 – *Effective Date of FASB Interpretation nº 48 for Certain Nonpublic Enterprises*
- **US.** FSP FIN 48-3 – *Definition of Settlement in FASB Interpretation nº 48*
- **US.** FSP FIN 48-2 – *Accounting and Disclosure Guidance for the Foreign Earnings Repatriation Provision within the American Jobs Creation Act of 2004*
- **US.** FSP FIN 48-1 – *Application of FASB Statement nº 109, Accounting for Income Taxes, to the Tax Deduction on Qualified Production Activities Provided by the American Jobs Creation Act of 2004*

C16 Imobilizado

- **IFRS.** IAS 16 – *Property, Plant and Equipment*
- **US.** FAS 153 – *Exchanges of Nonmonetary Assets – an Amendment of APB Opinion nº 29*
- **US.** FAS 143 – *Accounting for Asset Retirement Obligations*
- **US.** FAS 61 – *Accounting for Title Plant*
- **US.** FAS 51 – *Financial Reporting by Cable Television Companies*
- **US.** FIN 30 – *Accounting for Involuntary Conversions of Nonmonetary Assets to Monetary Assets – an FIN of APB Opinion nº 29*
- **US.** APB 6 – *Status of Accounting Research Bulletins*
- **US.** ARB 43 – *Restatement and Revision of Accounting Research Bulletins*

C17 *Leasing*

- **IFRS.** IAS 17 – *Leases*

- **IFRS.** IFRIC 4 – *Determining Whether an Arrangement Contains a Lease*
- **IFRS.** SIC-27 – *Evaluating the Substance of Transactions Involving the Legal Form of a Lease*
- **IFRS.** SIC-15 – *Operating Leases – Incentives*
- **US.** FAS 98 – *Accounting for Leases: Sale-Leaseback Transactions Involving Real Estate, Sales-Type Leases of Real Estate, Definition of the Lease Term, and Initial Direct Costs of Direct Financing Leases – an Amendment of FASB Statements nº 13, 66, and 91 and a Rescission of FASB Statement nº 26 and Technical Bulletin nº 79-11*
- **US.** FAS 91 – *Accounting for Nonrefundable Fees and Costs Associated with Originating or Acquiring Loans and Initial Direct Costs of Leases – an Amendment of FASB Statements nº 13, 60, and 65 and a Rescission of FASB Statement nº 17*
- **US.** FAS 29 – *Determining Contingent Rentals – an Amendment of FASB Statement nº 13*
- **US.** FAS 28 – *Accounting for Sales with Leasebacks – an Amendment of FASB Statement nº 13*
- **US.** FAS 27 – *Classification of Renewals or Extensions of Existing Sales-Type or Direct Financing Leases – an Amendment of FASB Statement nº 13*
- **US.** FAS 23 – *Inception of the Lease – an Amendment of FASB Statement nº 13*
- **US.** FAS 22 – *Changes in the Provisions of Lease Agreements Resulting from Refundings of Tax-Exempt Debt – an Amendment of FASB Statement nº 13*
- **US.** FAS 13 – *Accounting for Leases*
- **US.** FIN 27 – *Accounting for a Loss on a Sublease – an FIN of FASB Statement nº 13 and APB Opinion nº 30*
- **US.** FIN 26 – *Accounting for Purchase of a Leased Asset by the Lessee during the Term of the Lease – an FIN of FASB Statement nº 13*
- **US.** FIN 24 – *Leases Involving Only Part of a Building – an FIN of FASB Statement nº 13*
- **US.** FIN 23 – *Leases of Certain Property Owned by a Governmental Unit or Authority – an FIN of FASB Statement nº 13*
- **US.** FIN 21 – *Accounting for Leases in a Business Combination – an FIN of FASB Statement nº 13*
- **US.** FIN 19 – *Lessee Guarantee of the Residual Value of Leased Property – an FIN of FASB Statement nº 13*
- **US.** FSP FAS 13-2 – *Accounting for a Change or Projected Change in the Timing of Cash Flows Relating to Income Taxes Generated by a Leveraged Lease Transaction*
- **US.** FSP FAS 13-1 – *Accounting for Rental Costs Incurred during a Construction Period*

C18   Reconhecimento de receita

- **IFRS.** IAS 18 – *Revenue*
- **IFRS.** IFRIC 18 – *Transfers of Assets from Customers*
- **IFRS.** IFRIC 13 – *Customer Loyalty Programmes*
- **IFRS.** SIC-31– *Revenue – Barter Transactions Involving Advertising Services*
- **US.** FAS 68 – *Research and Development Arrangements*

- **US.** FAS 65 – *Accounting for Certain Mortgage Banking Activities*
- **US.** FAS 51 – *Financial Reporting by Cable Television Companies*
- **US.** FAS 50 – *Financial Reporting in the Record and Music Industry*
- **US.** FAS 49 – *Accounting for Product Financing Arrangements*
- **US.** FAS 48 – *Revenue Recognition When Right of Return Exists*
- **US.** FAS 45 – *Accounting for Franchise Fee Revenue*
- **US.** APB 29 – *Accounting for Nonmonetary Transactions*
- **US.** APB 21 – *Interest on Receivables and Payables*
- **US.** ARB 43 – *Restatement and Revision of Accounting Research Bulletins*
- **US.** FSP EITF 85-24-1 – *Application of EITF Issue nº 85-24 When Cash for the Right to Future Distribution Fees for Shares Previously Sold Is Received from Third Parties*

C19 Benefícios a empregados

- **IFRS.** IAS 19 – *Employee Benefits*
- **IFRS.** IFRIC 14 – *IAS 19 – The Limit on a Defined Benefit Asset, Minimum Funding Requirements and Their Interaction*
- **US.** FAS 158 – *Employers' Accounting for Defined Benefit Pension and Other Postretirement Plans – an Amendment of FASB Statements nº 87, 88, 106, and 132*
- **US.** FAS 146 – *Accounting for Costs Associated with Exit or Disposal Activities*
- **US.** FAS 132 – *Employers' Disclosures about Pensions and Other Postretirement Benefits – an Amendment of FASB Statements nº 87, 88, and 106*
- **US.** FAS 112 – *Employers' Accounting for Postemployment Benefits – an Amendment of FASB Statements nº 5 and 43*
- **US.** FAS 106 – *Employers' Accounting for Postretirement Benefits Other Than Pensions*
- **US.** FAS 88 – *Employers' Accounting for Settlements and Curtailments of Defined Benefit Pension Plans and for Termination Benefits*
- **US.** FAS 87 – *Employers' Accounting for Pensions*
- **US.** FAS 43 – *Accounting for Compensated Absences*
- **US.** FSP FAS 158-1 – *Determining Whether a One-Time Termination Benefit Offered in Connection with an Exit or Disposal Activity Is, in Substance, an Enhancement to an Ongoing Benefit Arrangement*
- **US.** FSP FAS 146-1 – *Accounting and Disclosure Requirements Related to the Medicare Prescription Drug, Improvement and Modernization Act of 2003*
- **US.** FSP FAS 132(R)-1 – *Employers' Disclosures about Postretirement Benefit Plan Assets*
- **US.** FSP FAS 106-2 – *Conforming Amendments to the Illustrations in FASB Statements nº 87, nº 88, and nº 106 and to the Related Staff Implementation Guides (257 pages)*

C20 Subvenções

- **IFRS.** IAS 20 – *Accounting for Government Grants and Disclosure of Government Assistance*

Apêndice C   **273**

- **IFRS.** SIC-10 – *Government Assistance – No Specific Relation to Operating Activities*

C21   Conversão

- **IFRS.** IAS 21 – *The Effects of Changes in Foreign Exchange Rates*
- **IFRS.** IFRIC 16 – *Hedges of a Net Investment in a Foreign Operation*
- **IFRS.** SIC-7 – *Introduction of the Euro*
- **US.** FAS 52 – *Foreign Currency Translation*
- **US.** FIN 37 – *Accounting for Translation Adjustments upon Sale of Part of an Investment in a Foreign Entity – an FIN of FASB Statement nº 52*

C22   Capitalização de custos de captação

- **IFRS.** IAS 23 – *Borrowing Costs*
- **US.** FAS 62 – *Capitalization of Interest Cost in Situations Involving Certain Tax-Exempt Borrowings and Certain Gifts and Grants – an Amendment of FASB Statement nº 34*
- **US.** FAS 58 – *Capitalization of Interest Cost in Financial Statements that Include Investments Accounted for by the Equity Method – an Amendment of FASB Statement nº 34*
- **US.** FAS 42 – *Determining Materiality for Capitalization of Interest Cost – an Amendment of FASB Statement nº 34*
- **US.** FAS 34 – *Capitalization of Interest Cost*

C23   Partes relacionadas

- **IFRS.** IAS 24 – *Related Party Disclosures*
- **US.** FAS 57 – *Related Party Disclosures*

C24   Demonstrações de fundos

- **IFRS.** IAS 26 – *Accounting and Reporting by Retirement Benefit Plans*
- **US.** FAS 110 – *Reporting by Defined Benefit Pension Plans of Investment Contracts – an Amendment of FASB Statement nº 35*
- **US.** FAS 35 – *Accounting and Reporting by Defined Benefit Pension Plans*

C25   Consolidação e transações com acionistas

- **IFRS.** IAS 27 – *Consolidated and Separate Financial Statements*
- **IFRS.** IFRIC 17 – *Distributions of Non-Cash Assets to Owners*
- **IFRS.** SIC-12 – *Consolidation – Special Purpose Entities*
- **US.** FAS 167 – *Amendments to FASB Interpretation nº 46*
- **US.** FAS 160 – *Noncontrolling Interests in Consolidated Financial Statements – an Amendment of ARB nº 51*
- **US.** FAS 94 – *Consolidation of All Majority-Owned Subsidiaries – an Amendment of ARB nº 51, with related amendments of APB Opinion nº 18 and ARB nº 43, Chapter 12*

- **US.** FIN 46(R) – *Consolidation of Variable Interest Entities (Revised December 2003) – an FIN of ARB nº 51*
- **US.** ARB 51 – *Consolidated Financial Statements*
- **US.** ARB 43 – *Restatement and Revision of Accounting Research Bulletins*
- **US.** FSP FIN 46(R)-7 – *Application of FASB Interpretation nº 46(R) to Investment Companies*
- **US.** FSP FIN 46(R)-6 – *Determining the Variability to Be Considered in Applying FASB Interpretation nº 46(R)*
- **US.** FSP FIN 46(R)-5 – *Implicit Variable Interests under FASB Interpretation nº 46 (Revised December 2003)*
- **US.** FSP FIN 46(R)-4 – *Technical Correction of FASB Interpretation nº 46 (Revised December 2003) Relating to Its Effects on Question nº 12 of EITF Issue nº 96-21*
- **US.** FSP FIN 46(R)-3 – *Evaluating Whether, as a Group, the Holders of the Equity Investment at Risk Lack the Direct or Indirect Ability to Make Decisions about an Entity's Activities through Voting Rights or Similar Rights under FASB Interpretation nº 46 (Revised December 2003)*
- **US.** FSP FIN 46(R)-2 – *Calculation of Expected Losses under FASB Interpretation nº 46 (Revised December 2003)*
- **US.** FSP FIN 46(R)-1 – *Reporting Variable Interests in Specified Assets of Variable Interest Entities as Separate Variable Interest Entities under Paragraph 13 of FASB Interpretation nº 46 (Revised December 2003)*

C26 Equivalência patrimonial

- **IFRS.** IAS 28 – *Investments in Associates*
- **US.** APB 18 – *The Equity Method of Accounting for Investments in Common Stock*
- **US.** FIN 35 – *Criteria for Applying the Equity Method of Accounting for Investments in Common Stock – an FIN of APB Opinion nº 18*
- **US.** FSP APB 18-1 – *Accounting by an Investor for Its Proportionate Share of Accumulated Other Comprehensive Income of an Investee Accounted for under the Equity Method in Accordance with APB Opinion nº 18 upon a Loss of Significant Influence*
- **US.** FSP SOP 78-9-1 – *Interaction of AICPA Statement of Position 78-9 and EITF Issue nº 04-5*

C27 Inflação

- **IFRS.** IAS 29 – *Financial Reporting in Hyperinflationary Economies*
- **IFRS.** IFRIC 7 – *Applying the Restatement Approach under IAS 29 "Financial Reporting in Hyperinflationary Economies"*
- **US.** FAS 89 – *Financial Reporting and Changing Prices*
- **US.** FAS 52 – *Foreign Currency Translation*

C28 *Joint ventures*

- **IFRS.** IAS 31 – *Interests in Joint Ventures*

Apêndice C 275

- **IFRS.** SIC-13 – *Jointly Controlled Entities – Non-Monetary Contributions by Venturers*
- **US.** APB 18 – *The Equity Method of Accounting for Investments in Common Stock*

C29 Lucro por ação

- **IFRS.** IAS 33 – *Earnings per Share*
- **US.** FAS 128 – *Earnings per Share*

C30 Demonstrações intermediárias

- **IFRS.** IAS 34 – *Interim Financial Reporting*
- **IFRS.** IFRIC 10 – *Interim Financial Reporting and Impairment*
- **US.** FIN 18 – *Accounting for Income Taxes in Interim Periods – an FIN of APB Opinion nº 28*
- **US.** APB 28 – *Interim Financial Reporting*
- **US.** FSP FAS 126-1 – *Applicability of Certain Disclosure and Interim Reporting Requirements for Obligors for Conduit Debt Securities*
- **US.** FSP FAS 107-1 and APB 28-1 – *Interim Disclosures about Fair Value of Financial Instruments*

C31 *Impairment*

- **IFRS.** IAS 36 – *Impairment of Assets*
- **US.** FAS 144 – *Accounting for the Impairment or Disposal of Long-Lived Assets*
- **US.** FSP FAS 144-1 – *Determination of Cost Basis for Foreclosed Assets under FASB Statement nº 15 and the Measurement of Cumulative Losses Previously Recognized under Paragraph 37 of FASB Statement nº 144*

C32 Provisões

- **IFRS.** IAS 37 – *Provisions, Contingent Liabilities and Contingent Assets*
- **IFRS.** IFRIC 6 – *Liabilities Arising from Participating in a Specific Market-Waste Electrical and Electronic Equipment*
- **IFRS.** IFRIC 5 – *Rights to Interests Arising from Decommissioning, Restoration and Environmental Rehabilitation Funds*
- **IFRS.** IFRIC 1 – *Changes in Existing Decommissioning, Restoration and Similar Liabilities*
- **US.** FAS 143 – *Accounting for Asset Retirement Obligations*
- **US.** FAS 114 – *Accounting by Creditors for Impairment of a Loan – an Amendment of FASB Statements nº 5 and 15*
- **US.** FAS 11 – *Accounting for Contingencies: Transition Method – an Amendment of FASB Statement nº 5*
- **US.** FAS 5 – *Accounting for Contingencies*
- **US.** FIN 47 – *Accounting for Conditional Asset Retirement Obligations – an FIN of FASB Statement nº 143*

- **US.** FIN 45 – *Guarantor's Accounting and Disclosure Requirements for Guarantees, Including Indirect Guarantees of Indebtedness of Others – an FIN of FASB Statements nº 5, 57, and 107 and rescission of FASB FIN nº 34*
- **US.** FIN 14 – *Reasonable Estimation of the Amount of a Loss – an FIN of FASB Statement nº 5*
- **US.** FSP FAS 143-1 – *Application of FASB Interpretation nº 45 to Minimum Revenue Guarantees Granted to a Business or Its Owners*
- **US.** FSP FIN 45-3 – *Whether FASB Interpretation nº 45 Provides Support for Subsequently Accounting for a Guarantor's Liability at Fair Value*
- **US.** FSP FIN 45-2 – *Accounting for Intellectual Property Infringement Indemnifications under FASB Interpretation nº 45*
- **US.** FSP FIN 45-1 – *Accounting for Electronic Equipment Waste Obligations*
- **US.** FSP AUG AIR-1 – *Accounting for Planned Major Maintenance Activities*
- **US.** FSP EITF 00-19-2 – *Accounting for Registration Payment Arrangements*

C33 Intangíveis

- **IFRS.** IAS 38 – *Intangible Assets*
- **IFRS.** SIC-32 – *Intangible Assets – Web Site Costs*
- **US.** FAS 147 – *Acquisitions of Certain Financial Institutions – an Amendment of FASB Statements nº 72 and 144 and FASB Interpretation nº 9*
- **US.** FAS 142 – *Goodwill and Other Intangible Assets*
- **US.** FAS 72 – *Accounting for Certain Acquisitions of Banking or Thrift Institutions – an Amendment of APB Opinion nº 17, an Interpretation of APB Opinions 16 and 17, and an Amendment of FASB Interpretation nº 9*
- **US.** FAS 63 – *Financial Reporting by Broadcasters*
- **US.** FAS 2 – *Accounting for Research and Development Costs*
- **US.** FIN 6 – *Applicability of FASB Statement nº 2 to Computer Software – an FIN of FASB Statement nº 2*
- **US.** FSP FAS 142-3 – *Determination of the Useful Life of Intangible Assets*
- **US.** FSP FAS 142-2 – *Application of FASB Statement nº 142 to Oil – and Gas-Producing Entities*

C34 Propriedade para investimento

- **IFRS.** IAS 40 – *Investment Property*

C35 Setor agrícola

- **IFRS.** IAS 41 – *Agriculture*

C36 Setor imobiliário

- **IFRS.** IAS 18 – *Revenue*

Apêndice C **277**

- **IFRS.** IAS 16 – *Property, Plant and Equipment*
- **IFRS.** IFRIC 15 – *Agreements for the Construction of Real Estate*
- **US.** FAS 152 – *Accounting for Real Estate Time-Sharing Transactions – an Amendment of FASB Statements nº 66 and 67*
- **US.** FAS 67 – *Accounting for Costs and Initial Rental Operations of Real Estate Projects*
- **US.** FAS 66 – *Accounting for Sales of Real Estate*
- **US.** FIN 43 – *Real Estate Sales – an FIN of FASB Statement nº 66*

C37 Atividades reguladas

- **IFRS.** IFRIC 12 – *Service Concession Arrangements*
- **IFRS.** SIC-29 – *Service Concession Arrangements – Disclosures*
- **US.** FAS 101 – *Regulated Enterprises-Accounting for the Discontinuation of Application of FASB Statement nº 71*
- **US.** FAS 92 – *Regulated Enterprises-Accounting for Phase-in Plans – an Amendment of FASB Statement nº 71*
- **US.** FAS 90 – *Regulated Enterprises-Accounting for Abandonments and Disallowances of Plant Costs – an Amendment of FASB Statement nº 71*
- **US.** FAS 71 – *Accounting for the Effects of Certain Types of Regulation*

C38 Entidades em fase de desenvolvimento

- **US.** FAS 7 – *Accounting and Reporting by Development Stage Enterprises*
- **US.** FIN 7 – *Applying FASB Statement nº 7 in Financial Statements of Established Operating Enterprises – an FIN of FASB Statement nº 7*

C39 Entidades sem fins lucrativos

- **US.** FAS 164 – *Not-for-Profit Entities: Mergers and Acquisitions – Including an Amendment of FASB Statement nº 142*
- **US.** FAS 136 – *Transfers of Assets to a Not-for-Profit Organization or Charitable Trust That Raises or Holds Contributions for Others*
- **US.** FAS 124 – *Accounting for Certain Investments Held by Not-for-Profit Organizations*
- **US.** FAS 117 – *Financial Statements of Not-for-Profit Organizations*
- **US.** FAS 116 – *Accounting for Contributions Received and Contributions Made*
- **US.** FAS 99 – *Deferral of the Effective Date of Recognition of Depreciation by Not-for-Profit Organizations – an Amendment of FASB Statement nº 93*
- **US.** FAS 93 – *Recognition of Depreciation by Not-for-Profit Organizations*
- **US.** FSP FAS 117-1 – *Endowments of Not-for-Profit Organizations: Net Asset Classification of Funds Subject to an Enacted Version of the Uniform Prudent Management of Institutional Funds Act, and Enhanced Disclosures for All Endowment Funds*
- **US.** FSP SOP 94-3-1 and AAG HCO-1 – *Omnibus Changes to Consolidation and Equity Method Guidance for Not-for-Profit Organizations*

C40 Outros assuntos

- **US.** FAS 168 – *The FASB Accounting Standards CodificationTM and the Hierarchy of Generally Accepted Accounting Principles – a Replacement of FASB Statement nº 162*
- **US.** FAS 157 – *Fair Value Measurements*
- **US.** ARB 46 – *Discontinuance of Dating Earned Surplus*
- **US.** FSP FAS 157-4 – *Determining Fair Value When the Volume and Level of Activity for the Asset or Liability Have Significantly Decreased and Identifying Transactions that Are Not Orderly*
- **US.** FSP FAS 157-3 – *Determining the Fair Value of a Financial Asset When the Market for that Asset Is Not Active*
- **US.** FSP FAS 157-2 – *Effective Date of FASB Statement nº 157*
- **US.** FSP FAS 157-1 – *Application of FASB Statement nº 157 to FASB Statement nº 13 and Other Accounting Pronouncements that Address Fair Value Measurements for Purposes of Lease Classification or Measurement under Statement 13*
- **US.** FSP SOP 07-1-1 – *Effective Date of AICPA Statement of Position 07-1*
- **US.** FSP AAG INV-1 and SOP 94-4-1 – *Reporting of Fully Benefit-Responsive Investment Contracts Held by Certain Investment Companies Subject to the AICPA Investment Company Guide and Defined-Contribution Health and Welfare and Pension Plans*

Apêndice D

Listagem de interpretações sobre derivativos em US GAAP

Conforme mencionado no tópico 1.2, fazem parte da literatura pré-codificação dos US GAAP as interpretações do Grupo de Implementação de Derivativos (*Derivative Implementation Group* – DIG). Essas interpretações oferecem instruções sobre diversas questões com as quais entidades podem se deparar quando da aplicação do FAS 133.

Em função disso, a obra inclui este Apêndice, com o objetivo de facilitar a procura do leitor por referências que possam auxiliar na solução de algum problema específico envolvendo a contabilização de derivativos. A distribuição por assunto está estruturada da seguinte forma:

- Definição de derivativo
- Derivativos embutidos
- Exceções do escopo do FAS 133
- Reconhecimento e medição de derivativos
- *Hedge* – geral

- *Hedges* de valor justo
- *Hedges* de fluxo de caixa
- *Hedges* de moeda estrangeira
- Divulgações
- Outros assuntos

D1 Definição de derivativo[1]

- Issue A1 – *Initial Net Investment*
- Issue A3 – *Impact of Market Liquidity on the Existence of a Market Mechanism*
- Issue A5 – *Penalties for Nonperformance that Constitute Net Settlement*
- Issue A6 – *Notional Amounts of Commodity Contracts*
- Issue A7 – *Effect of Contractual Provisions on the Existence of a Market Mechanism that Facilitates Net Settlement*
- Issue A8 – *Asymmetrical Default Provisions*
- Issue A10 – *Assets that Are Readily Convertible to Cash*

---

[1] Vide também Issue C13.

- Issue A11 – *Determination of an Underlying When a Commodity Contract Includes a Fixed Element and a Variable Element*
- Issue A12 – *Impact of Daily Transaction Volume on Assessment of Whether an Asset Is Readily Convertible to Cash*
- Issue A13 – *Whether Settlement Provisions that Require a Structured Payout Constitute Net Settlement under Paragraph 9(a)*
- Issue A14 – *Derivative Treatment of Stock Purchase Warrants Issued by a Company for Its Own Shares of Stock Where the Subsequent Sale or Transfer Is Restricted*
- Issue A15 – *Effect of Offsetting Contracts on the Existence of a Market Mechanism that Facilitates Net Settlement*
- Issue A16 – *Synthetic Guaranteed Investment Contracts*
- Issue A17 – *Contracts That Provide for Net Share Settlement*
- Issue A18 – *Application of Market Mechanism and Readily Convertible to Cash Subsequent to the Inception or Acquisition of a Contract*
- Issue A19 – *Impact of a Multiple Delivery Long-Term Supply Contract on Assessment of Whether an Asset Is Readily Convertible to Cash*
- Issue A21 – *Existence of an Established Market Mechanism that Facilitates Net Settlement under Paragraph 9(b)*
- Issue A23 – *Prepaid Interest Rate Swaps*

D2 Derivativos embutidos

- Issue B1 – *Separating the Embedded Derivative from the Host Contract*
- Issue B2 – *Leveraged Embedded Terms*
- Issue B3 – *Investor's Accounting for a Put or Call Option Attached to a Debt Instrument Contemporaneously with or Subsequent to Its Issuance*
- Issue B4 – *Foreign Currency Derivatives*
- Issue B5 – *Investor Permitted, but Not Forced, to Settle without Recovering Substantially All of the Initial Net Investment*
- Issue B6 – *Allocating the Basis of a Hybrid Instrument to the Host Contract and the Embedded Derivative*
- Issue B7 – *Variable Annuity Products and Policyholder Ownership of the Assets*
- Issue B8 – *Identification of the Host Contract in a Nontraditional Variable Annuity Contract*
- Issue B9 – *Clearly and Closely Related Criteria for Market Adjusted Value Prepayment Options*
- Issue B10 – *Equity-Indexed Life Insurance Contracts*
- Issue B11 – *Volumetric Production Payments*
- Issue B12 – *Beneficial Interests Issued by Qualifying Special-Purpose Entities*
- Issue B13 – *Accounting for Remarketable Put Bonds*
- Issue B14 – *Purchase Contracts with a Selling Price Subject to a Cap and a Floor*

- Issue B15 – *Separate Accounting for Multiple Derivative Features Embedded in a Single Hybrid Instrument*
- Issue B16 – *Calls and Puts in Debt Instruments*
- Issue B17 – *Term-Extending Options in Contracts Other Than Debt Hosts*
- Issue B18 – *Applicability of Paragraph 12 to Contracts that Meet the Exception in Paragraph 10(b)*
- Issue B19 – *Identifying the Characteristics of a Debt Host Contract*
- Issue B20 – *Must the Terms of a Separated Non-Option Embedded Derivative Produce a Zero Fair Value at Inception?*
- Issue B21 – *When Embedded Foreign Currency Derivatives Warrant Separate Accounting*
- Issue B22 – *Whether the Terms of a Separated Option-Based Embedded Derivative Must Produce a Zero Fair Value (Other than Time Value)*
- Issue B23 – *Terms of a Separated Non-Option Embedded Derivative When the Holder Has Acquired the Hybrid Instrument Subsequent to Its Inception*
- Issue B24 – *Interaction of the Requirements of EITF Issue nº 86-28 and Statement 133 Related to Structured Notes Containing Embedded Derivatives*
- Issue B25 – *Deferred Variable Annuity Contracts with Payment Alternatives at the End of the Accumulation Period*
- Issue B26 – *Dual-Trigger Property and Casualty Insurance Contracts*
- Issue B27 – *Dual-Trigger Financial Guarantee Contracts*
- Issue B28 – *Foreign Currency Elements of Insurance Contracts*
- Issue B29 – *Equity-Indexed Annuity Contracts with Embedded Derivatives*
- Issue B30 – *Application of Statement 97 and Statement 133 to Equity-Indexed Annuity Contracts*
- Issue B31 – *Accounting for Purchases of Life Insurance*
- Issue B32 – *Application of Paragraph 15(a) Regarding Substantial Party to a Contract*
- Issue B33 – *Applicability of Paragraph 15 to Embedded Foreign Currency Options*
- Issue B35 – *Application of Statement 133 to a Not-for-Profit Organization's Obligation Arising from an Irrevocable Split-Interest Agreement*
- Issue B36 – *Modified Coinsurance Arrangements and Debt Instruments that Incorporate Credit Risk Exposures that Are Unrelated or Only Partially Related to the Creditworthiness of the Obligor under those Instruments*
- Issue B37 – *Mandatorily Redeemable Preferred Stock Denominated in either a Precious Metal or a Foreign Currency*
- Issue B38 – *Evaluation of Net Settlement with Respect to the Settlement of a Debt Instrument through Exercise of an Embedded Put Option or Call Option*
- Issue B39 – *Application of Paragraph 13(b) to Call Options that are Exercisable only by the Debtor*
- Issue B40 – *Application of Paragraph 13(b) to Securitized Interests in Prepayable Financial Assets*

D3 Exceções do escopo do FAS 133

- Issue C1 – *Exception Related to Physical Variables*
- Issue C2 – *Application of the Exception to Contracts Classified in Temporary Equity*
- Issue C3 – *Exception Related to Share-Based Payment Arrangements*
- Issue C5 – *Exception Related to a Nonfinancial Asset of One of the Parties*
- Issue C6 – *Derivative Instruments Related to Assets Transferred in Financing Transactions*
- Issue C8 – *Derivatives that Are Indexed to Both an Entity's Own Stock and Currency Exchange Rates*
- Issue C10 – *Can Option Contracts and Forward Contracts with Optionality Features Qualify for the Normal Purchases and Normal Sales Exception?*
- Issue C12 – *Interpreting the Normal Purchases and Normal Sales Exception as an Election*
- Issue C13 – *When a Loan Commitment Is Included in the Scope of Statement 133*
- Issue C15 – *Normal Purchases and Normal Sales Exception for Certain Option-Type Contracts and Forward Contracts in Electricity*
- Issue C16 – *Applying the Normal Purchases and Normal Sales Exception to Contracts that Combine a Forward Contract and a Purchased Option Contract*
- Issue C18 – *Shortest Period Criterion for Applying the Regular-Way Security Trades Exception to When-Issued Securities or Other Securities that Do Not yet Exist*
- Issue C20 – *Interpretation of the Meaning of Not Clearly and Closely Related in Paragraph 10(b) Regarding Contracts with a Price Adjustment Feature*
- Issue C22 – *Exception Related to Embedded Credit Derivatives*

D4 Reconhecimento e medição de derivativos

- Issue D1 – *Application of Statement 133 to Beneficial Interests in Securitized Financial Assets*

D5 *Hedge* – geral

- Issue E2 – *Combinations of Options*
- Issue E3 – *Hedging with Intercompany Derivatives*
- Issue E4 – *Application of the Shortcut Method*
- Issue E5 – *Complex Combinations of Options*
- Issue E6 – *The Shortcut Method and the Provisions that Permit the Debtor or Creditor to Require* Prepayment
- Issue E7 – *Methodologies to Assess Effectiveness of Fair Value and Cash Flow Hedges*
- Issue E8 – *Assessing Hedge Effectiveness of Fair Value and Cash Flow Hedges Period-by-Period or Cumulatively under a Dollar-Offset Approach*
- Issue E9 – *Is Changing the Method of Assessing Effectiveness through Dedesignation of One Hedging Relationship and the Designation of a New One a Change in Accounting Principle?*

Apêndice D **283**

- Issue E10 – *Application of the Shortcut Method to Hedges of a Portion of an Interest-Bearing Asset or Liability (or Its Related Interest) or a Portfolio of Similar Interest-Bearing Assets or Liabilities*
- Issue E11 – *Hedged Exposure Is Limited but Derivative's Exposure Is Not*
- Issue E12 – *How Paragraph 68(c) Applies to an Interest Rate Swap that Trades at an Interim Date*
- Issue E15 – *Continuing the Shortcut Method after a Purchase Business Combination*
- Issue E16 – *Application of the Shortcut Method for an Interest Rate Swap-in-Arrears*
- Issue E17 – *Designating a Normal Purchase Contract or a Normal Sales Contract as the Hedged Item in a Fair Value Hedge or Cash Flow Hedge*
- Issue E18 – *Designating a Zero-Cost Collar with Different Notional Amounts as a Hedging Instrument*
- Issue E19 – *Methods of Assessing Hedge Effectiveness When Options Are Designated as the Hedging Instrument*
- Issue E20 – *The Strike Price for Determining When a Swap Contains Mirror-Image Call Provision*
- Issue E22 – *Accounting for the Discontinuance of Hedging Relationships Arising from Changes in Consolidation Practices Related to Applying FASB Interpretation nº 46 or 46(R)*
- Issue E23 – *Issues Involving the Application of the Shortcut Method under Paragraph 68*

D6 *Hedges* de valor justo

- Issue F1 – *Stratification of Servicing Assets*
- Issue F2 – *Partial-Term Hedging*
- Issue F3 – *Firm Commitments-Statutory Remedies for Default Constituting a Disincentive for Nonperformance*
- Issue F4 – *Interaction of Statement 133 and Statement 114*
- Issue F5 – *Basing the Expectation of Highly Effective Offset on a Shorter Period than the Life of the Derivative*
- Issue F6 – *Concurrent Offsetting Matching Swaps and Use of One as Hedging Instrument*
- Issue F7 – *Application of Written-Option Test in Paragraph 20(c) to Collar-Based Hedging Relationships*
- Issue F8 – *Hedging Mortgage Servicing Right Assets Using Preset Hedge Coverage Ratios*
- Issue F9 – *Hedging a Portion of a Portfolio of Fixed-Rate Loans*
- Issue F10 – *Definition of Firm Commitment in Relation to Long-Term Supply Contracts with Embedded Price Caps or Floors*
- Issue F11 – *Hedging a Portfolio of Loans*

D7 *Hedges* de fluxo de caixa

- Issue G1 – *Hedging an SAR Obligation*

- Issue G2 – *Hedged Transactions that Arise from Gross Settlement of a Derivative ("All in One" Hedges)*
- Issue G3 – *Discontinuation of a Cash Flow Hedge*
- Issue G4 – *Hedging Voluntary Increases in Interest Credited on an Insurance Contract Liability*
- Issue G5 – *Hedging the Variable Price Component*
- Issue G7 – *Measuring the Ineffectiveness of a Cash Flow Hedge under Paragraph 30(b) When the Shortcut Method Is Not Applied*
- Issue G9 – *Assuming No Ineffectiveness When Critical Terms of the Hedging Instrument and the Hedged Transaction Match in a Cash Flow Hedge*
- Issue G10 – *Need to Consider Possibility of Default by the Counterparty to the Hedging Derivative*
- Issue G11 – *Defining the Risk Exposure for Hedging Relationships Involving an Option Contract as the Hedging Instrument*
- Issue G12 – *Use of Shortcut Method for Cash Flow Hedge of Variable-Rate Operating Lease*
- Issue G13 – *Hedging the Variable Interest Payments on a Group of Floating-Rate Interest-Bearing Loans*
- Issue G14 – *Assessing the Probability of the Forecasted Acquisition of a Marketable Security Hedged by a Purchased Option or Warrant*
- Issue G15 – *Combinations of Options Involving One Written Option and Two Purchased Options*
- Issue G16 – *Designating the Hedged Forecasted Transaction When its Timing Involves Some Uncertainty within a Range*
- Issue G17 – *Impact on Accumulated Other Comprehensive Income of Issuing Debt with a Term that Is Shorter than Originally Forecasted*
- Issue G18 – *Impact on Accumulated Other Comprehensive Income from Issuing Debt at a Date that Is Not the Same as Originally Forecasted*
- Issue G19 – *Hedging Interest Rate Risk for the Forecasted Issuances of Fixed-Rate Debt Arising from a Rollover Strategy*
- Issue G20 – *Assessing and Measuring the Effectiveness of a Purchased Option Used in a Cash Flow Hedge*
- Issue G21 – *Determination of the Appropriate Hypothetical Derivative for Floating-Rate Debt That Is Prepayable at Par at Each Interest Reset Date*
- Issue G22 – *Using a Complex Option as a Hedging Derivative*
- Issue G23 – *Hedging Portions of a Foreign-Currency-Denominated Financial Asset or Liability Using the Cash Flow Model*
- Issue G25 – *Using the First-Payments-Received Technique in Hedging the Variable Interest Payments on a Group of Non-Benchmark-Rate-Based Loans*
- Issue G26 – *Hedging Interest Cash Flows on Variable-Rate Assets and Liabilities that Are Not Based on a Benchmark Interest Rate*

Apêndice D   285

D8   *Hedges* de moeda estrangeira

* Issue H1 – *Hedging at the Operating Unit Level*
* Issue H4 – *Hedging Foreign-Currency-Denominated Interest Payments*
* Issue H5 – *Hedging a Firm Commitment or Fixed-Price Agreement Denominated in a Foreign Currency*
* Issue H6 – *Accounting for Premium or Discount on a Forward Contract Used as the Hedging Instrument in a Net Investment Hedge*
* Issue H7 – *Frequency of Designation of Hedged Net Investment*
* Issue H8 – *Measuring the Amount of Ineffectiveness in a Net Investment Hedge*
* Issue H9 – *Hedging a Net Investment with a Compound Derivative that Incorporates Exposure to Multiple Risks*
* Issue H10 – *Hedging Net Investment with the Combination of a Derivative and a Cash Instrument*
* Issue H11 – *Designation of a Foreign-Currency-Denominated Debt Instrument as Both the Hedging Instrument in a Net Investment Hedge and the Hedged Item in a Fair Value Hedge*
* Issue H12 – *Designation of an Intercompany Loan or Other Payable as the Hedging Instrument in a Fair Value Hedge of an Unrecognized Firm Commitment*
* Issue H13 – *Reclassifying into Earnings Amounts Accumulated in Other Comprehensive Income Related to a Cash Flow Hedge of a Forecasted Foreign-Currency-Denominated Intercompany Sale*
* Issue H14 – *Offsetting a Subsidiary's Exposure on a Net Basis in Which Neither Leg of the Third-Party Position Is in the Treasury Center's Functional Currency*
* Issue H15 – *Using a Forward Contract to Hedge a Forecasted Foreign Currency Transaction that Becomes Recognized*
* Issue H16 – *Reference in Paragraph 40(e) about Eliminating All Variability in Cash Flows*

D9   Divulgações

* Issue I1 – *Interaction of the Disclosure Requirements of Statement 133 and Statement 47*
* Issue I2 – *Near-Term Reclassification of Gains and Losses that Are Reported in Accumulated Other Comprehensive Income*

D10   Outros assuntos

* Issue K1 – *Determining Whether Separate Transactions Should Be Viewed as a Unit*
* Issue K2 – *Are Transferable Options Freestanding or Embedded?*
* Issue K3 – *Determination of Whether Combinations of Options with the Same Terms Must Be Viewed as Separate Option Contracts or as a Single Forward Contract*
* Issue K4 – *Income Statement Classification of Hedge Ineffectiveness and the Component of a Derivative's Gain or Loss Excluded from the Assessment of Hedge Effectiveness*
* Issue K5 – *Transition Provisions for Applying the Guidance in Statement 133 Implementation Issues*

Apêndice E

Listagem de questões do guia de implementação do IAS 39

O objetivo com este apêndice é semelhante ao do Apêndice D. Entretanto, as informações listadas a seguir referem-se a questões específicas de requerimentos existentes em IFRS com relação à contabilização e divulgação de instrumentos financeiros. Tais questões são abordadas no Guia de Implementação do IAS 39 elaborado pela equipe do IASB.[1] A distribuição por assunto está estruturada da seguinte forma:

- Escopo
- Definições
- Derivativos embutidos
- Reconhecimento e reversão de reconhecimento (incluindo reconhecimento inicial e compra ou venda do tipo *regular way*)
- Medição (incluindo medição inicial de ativos e passivos financeiros, considerações sobre medição de valor justo, ganhos e perdas e *impairment* de ativos financeiros)

- *Hedges* (incluindo instrumentos de *hedge*, itens cobertos por *hedge*, contabilização de *hedge*, eficácia de *hedges*, *hedges* de fluxo de caixa e outros assuntos referentes a *hedges*)
- Outros assuntos

E1 Escopo

- *Practice of settling net: forward contract to purchase a commodity*
- *Option to put a non-financial asset*

E2 Definições

- *Definition of a financial instrument: gold bullion*

---

[1] *Guidance on Implementing International Accounting Standard 39 Financial Instruments: Recognition and Measurement.*

- *Definition of a derivative: examples of derivatives and underlyings*
- *Definition of a derivative: settlement at a future date, interest rate swap with net or gross settlement*
- *Definition of a derivative: prepaid interest rate swap (fixed rate payment obligation prepaid at inception or subsequently)*
- *Definition of a derivative: prepaid pay-variable, receive-fixed interest rate swap*
- *Definition of a derivative: offsetting loans*
- *Definition of a derivative: option not expected to be exercised*
- *Definition of a derivative: foreign currency contract based on sales volume*
- *Definition of a derivative: prepaid forward*
- *Definition of a derivative: initial net investment*
- *Definition of held for trading: portfolio with a recent actual pattern of short-term profit-taking*
- *Definition of held for trading: balancing a portfolio*
- *Definition of held-to-maturity financial assets: index-linked principal*
- *Definition of held-to-maturity financial assets: index-linked interest*
- *Definition of held-to-maturity financial assets: sale following rating downgrade*
- *Definition of held-to-maturity financial assets: permitted sales*
- *Definition of held-to-maturity investments: sales in response to entity-specific capital requirements*
- *Definition of held-to-maturity financial assets: pledged collateral, repurchase agreements (repos) and securities lending agreements*
- *Definition of held-to-maturity financial assets: "tainting"*
- *Definition of held-to-maturity investments: sub-categorisation for the purpose of applying the "tainting" rule*
- *Definition of held-to-maturity investments: application of the "tainting" rule on consolidation*
- *Definition of loans and receivables: equity instrument*
- *Definition of loans and receivables: banks' deposits in other banks*
- *Definition of amortised cost: perpetual debt instruments with fixed or market-based variable rate*
- *Definition of amortised cost: perpetual debt instruments with decreasing interest rate*
- *Example of calculating amortised cost: financial asset*
- *Example of calculating amortised cost: debt instruments with stepped interest payments*
- *Regular way contracts: no established market*
- *Regular way contracts: forward contract*
- *Regular way contracts: which customary settlement provisions apply?*
- *Regular way contracts: share purchase by call option*
- *Recognition and derecognition of financial liabilities using trade date or settlement date accounting*

Apêndice E **289**

E3   Derivativos embutidos

- *Embedded derivatives: separation of host debt instrument*
- *Embedded derivatives: separation of embedded option*
- *Embedded derivatives: accounting for a convertible bond*
- *Embedded derivatives: equity kicker*
- *Embedded derivatives: debt or equity host contract*
- *Embedded derivatives: synthetic instruments*
- *Embedded derivatives: purchases and sales contracts in foreign currency*
- *Embedded foreign currency derivatives: unrelated foreign currency provision*
- *Embedded foreign currency derivatives: currency of international commerce*
- *Embedded derivatives: holder permitted, but not required, to settle without recovering substantially all of its recognised investment*
- *Embedded derivatives: reliable determination of fair value*

E4   Reconhecimento e reversão de reconhecimento

E4.1   Reconhecimento inicial

- *Recognition: cash collateral*

E4.2   Compra ou venda do tipo *regular way*

- *Trade date vs settlement date: amounts to be recorded for a purchase*
- *Trade date vs settlement date: amounts to be recorded for a sale*
- *Settlement date accounting: exchange of non-cash financial assets*

E5   Medição

E5.1   Medição inicial de ativos e passivos financeiros

- *Initial measurement: transaction costs*

E5.2   Considerações sobre medição de valor justo

- *Fair value measurement considerations for investment funds*
- *Fair value measurement: large holding*

E5.3   Ganhos e perdas

- *Available-for-sale financial assets: exchange of shares*
- *IAS 39 and IAS 21 available-for-sale financial assets: separation of currency component*
- *IAS 39 and IAS 21 exchange differences arising on translation of foreign entities: other comprehensive income or profit or loss?*
- *IAS 39 and IAS 21 interaction between IAS 39 and IAS 21*

E5.4 *Impairment* de ativos financeiros

* *Objective evidence of impairment*
* *Impairment: future losses*
* *Assessment of impairment: principal and interest*
* *Assessment of impairment: fair value hedge*
* *Impairment: provision matrix*
* *Impairment: excess losses*
* *Recognition of impairment on a portfolio basis*
* *Impairment: recognition of collateral*
* *Impairment of non-monetary available-for-sale financial asset*
* *Impairment: whether the available-for-sale reserve in equity can be negative*

E6 *Hedge*

E6.1 Instrumentos de *hedge*

* *Hedging the fair value exposure of a bond denominated in a foreign currency*
* *Hedging with a non-derivative financial asset or liability*
* *Hedge accounting: use of written options in combined hedging instruments*
* *Internal hedges*
* *Offsetting internal derivative contracts used to manage interest rate risk*
* *Offsetting internal derivative contracts used to manage foreign currency risk*
* *Internal derivatives: examples of applying Question F.1.6 (offsetting internal derivative contracts used to manage foreign currancy risk)*
* *Combination of written and purchased options*
* *Delta-neutral hedging strategy*
* *Hedging instrument: out of the money put option*
* *Hedging instrument: proportion of the cash flows of a cash instrument*
* *Hedges of more than one type of risk*
* *Hedging instrument: dual foreign currency forward exchange contract*
* *Concurrent offsetting swaps and use of one as a hedging instrument*

E6.2 Itens cobertos por *hedge*

* *Whether a derivative can be designated as a hedged item*
* *Cash flow hedge: anticipated issue of fixed rate debt*
* *Hedge accounting: core deposit intangibles*
* *Hedge accounting: hedging of future foreign currency revenue streams*
* *Cash flow hedges: "all in one" hedge*
* *Hedge relationships: entity-wide risk*
* *Cash flow hedge: forecast transaction related to an entity's equity*

- *Hedge accounting: risk of a transaction not occurring*
- *Held-to-maturity investments: hedging variable interest rate payments*
- *Hedged items: purchase of held-to-maturity investment*
- *Cash flow hedges: reinvestment of funds obtained from held-to-maturity investments*
- *Hedge accounting: prepayable financial asset*
- *Fair value hedge: risk that could affect profit or loss*
- *Intragroup and intra-entity hedging transactions*
- *Internal contracts: single offsetting external derivative*
- *Internal contracts: external derivative contracts that are settled net*
- *Partial term hedging*
- *Hedging instrument: cross-currency interest rate swap*
- *Hedged items: hedge of foreign currency risk of publicly traded shares*
- *Hedge accounting: stock index*
- *Hedge accounting: netting of assets and liabilities*

E6.3   Contabilização de *hedge*

- *Cash flow hedge: fixed interest rate cash flows*
- *Cash flow hedge: reinvestment of fixed interest rate cash flows*
- *Foreign currency hedge*
- *Foreign currency cash flow hedge*
- *Fair value hedge: variable rate debt instrument*
- *Fair value hedge: inventory*
- *Hedge accounting: forecast transaction*
- *Retrospective designation of hedges*
- *Hedge accounting: designation at the inception of the hedge*
- *Hedge accounting: identification of hedged forecast transaction*
- *Cash flow hedge: documentation of timing of forecast transaction*

E6.4   Eficácia de *hedges*

- *Hedging on an after-tax basis*
- *Hedge effectiveness: assessment on cumulative basis*
- *Hedge effectiveness: counterparty credit risk*
- *Hedge effectiveness: effectiveness tests*
- *Hedge effectiveness: less than 100 per cent offset*
- *Assuming perfect hedge effectiveness*

E6.5   *Hedges* de fluxo de caixa

- *Hedge accounting: non-derivative monetary asset or non-derivative monetary liability used as a hedging instrument*

- *Cash flow hedges: performance of hedging instrument*
- *Cash flow hedges: forecast transaction occurs before the specified period*
- *Cash flow hedges: measuring effectiveness for a hedge of a forecast transaction in a debt instrument*
- *Cash flow hedges: firm commitment to purchase inventory in a foreign currency*

E6.6 Outros assuntos referentes a *hedges*

- *Hedge accounting: management of interest rate risk in financial institutions*
- *Hedge accounting considerations when interest rate risk is managed on a net basis*
- *Illustrative example of applying the approach in Question F.6.2 (Hedge accounting considerations when interest rate risk is managed on a net basis)*
- *Hedge accounting: premium or discount on forward exchange contract*
- *IAS 39 and IAS 21 – fair value hedge of asset measured at cost*

E7 Outros assuntos

- *Disclosure of changes in fair value*
- *IAS 39 and IAS 7 – Hedge accounting: Statements of cash flows*

Apêndice F

Listagem por assunto dos EITFs

Neste apêndice foram organizados por assunto os diversos EITFs em vigor quando da elaboração desta obra. A listagem procura refletir a forma como os IFRS são distribuídos entre os diferentes assuntos que abordam, com o objetivo de facilitar a consulta do leitor. Esse tipo de pronunciamento existente em US GAAP pode fornecer instruções e exemplos de tratamentos que, eventualmente, seriam considerados análogos para IFRS. A distribuição por assunto está estruturada da seguinte forma:

- Pagamentos com base em ações
- Combinações de negócios
- Seguros
- Operações descontinuadas
- Títulos e valores mobiliários
- Instrumentos conversíveis
- Derivativos
- Venda ou transferência de instrumentos financeiros
- Medição de instrumentos financeiros
- Outros instrumentos financeiros
- Reporte por segmentos
- Apresentação das demonstrações financeiras
- Estoques
- Demonstração de fluxos de caixa
- Políticas contábeis
- Contratos de construção

- Imposto de renda
- Imobilizado
- *Leasing*
- Venda de imóveis
- Reconhecimento de receita – outros
- Benefícios a empregados
- Conversão
- Capitalização de juros
- Consolidação
- Equivalência patrimonial
- Inflação
- *Joint ventures*
- Lucro por ação
- *Impairment*
- Provisões
- Intangíveis
- Atividades reguladas

Na página do EITF, no *website* do FASB (vide Anexo II), também pode ser encontrada uma listagem semelhante, onde EITFs são distribuídos pela natureza do assunto que tratam. Tal listagem, entretanto, distribui os EITFs por um número inferior de assuntos.

F1 Pagamentos com base em ações

* EITF 01-1: *Accounting for a Convertible Instrument Granted or Issued to a Nonemployee for Goods or Services or a Combination of Goods or Services and Cash*
* EITF 00-8: *Accounting by a Grantee for an Equity Instrument to Be Received in Conjunction with Providing Goods or Services*
* EITF 00-12: *Accounting by an Investor for Stock-Based Compensation Granted to Employees of an Equity Method Investee*
* EITF 00-16: *Recognition and Measurement of Employer Payroll Taxes on Employee Stock-Based Compensation*
* EITF 00-18: *Accounting Recognition for Certain Transactions Involving Equity Instruments Granted to other than Employees*
* EITF 00-23: *Issues Related to the Accounting for Stock Compensation under APB Opinion nº 25 and FASB Interpretation nº 44*
* EITF 96-18: *Accounting for Equity Instruments that Are Issued to other than Employees for Acquiring, or in Conjunction with Selling, Goods or Services*

F2 Combinações de negócios

* EITF 04-3: *Mining Assets: Impairment and Business Combinations*
* EITF 02-5: *Definition of "Common Control" in Relation to FASB Statement nº 141*
* EITF 02-11: *Accounting for Reverse Spinoffs*
* EITF 97-2: *Application of FASB Statement nº 94 and APB Opinion nº 16 to Physician Practice Management Entities and Certain Other Entities with Contractual Management Arrangements*
* EITF 87-21: *Change of Accounting Basis in Master Limited Partnership Transactions*
* EITF 86-9: *IRC Section 338 and Push-Down Accounting*
* EITF 86-14: *Purchased Research and Development Projects in a Business Combination*
* EITF 84-35: *Business Combinations: Sale of Duplicate Facilities and Accrual of Liabilities*
* EITF 84-42: *Push-Down of Parent Company Debt to a Subsidiary*

F3 Seguros

* EITF 06-5: *Accounting for Purchases of Life Insurance – Determining the Amount that Could Be Realized in Accordance with FASB Technical Bulletin nº 85-4*
* EITF 03-8: *Accounting for Claims-Made Insurance and Retroactive Insurance Contracts by the Insured Entity*
* EITF 01-10: *Accounting for the Impact of the Terrorist Attacks of September 11, 2001*
* EITF 99-4: *Accounting for Stock Received from the Demutualization of a Mutual Insurance Company*
* EITF 93-6: *Accounting for Multiple-Year Retrospectively Rated Contracts by Ceding and Assuming Enterprises*

Apêndice F **295**

- EITF 93-14: *Accounting for Multiple-Year Retrospectively Rated Insurance Contracts by Insurance Enterprises and Other Enterprises*

F4 Operações descontinuadas

- EITF 03-13: *Applying the Conditions in Paragraph 42 of FASB Statement nº 144 in Determining whether to Report Discontinued Operations*
- EITF 88-25: *Ongoing Accounting and Reporting for a Newly Created Liquidating Bank*
- EITF 87-24: *Allocation of Interest to Discontinued Operations*

F5 Títulos e valores mobiliários

- EITF 96-10: *Impact of Certain Transactions on the Held-to-Maturity Classification under FASB Statement nº 115*
- EITF 96-11: *Accounting for Forward Contracts and Purchased Options to Acquire Securities Covered by FASB Statement nº 115*
- EITF 96-12: *Recognition of Interest Income and Balance Sheet Classification of Structured Notes*
- EITF 96-15: *Accounting for the Effects of Changes in Foreign Currency Exchange Rates on Foreign-Currency-Denominated Available-for-Sale Debt Securities*
- EITF 94-8: *Accounting for Conversion of a Loan into a Debt Security in a Debt Restructuring*
- EITF 91-5: *Nonmonetary Exchange of Cost-Method Investments*
- EITF 89-18: *Divestitures of Certain Investment Securities to an Unregulated Commonly Controlled Entity under FIRREA*
- EITF 86-40: *Investments in Open-End Mutual Funds that Invest in U.S.Government Securities*
- EITF 85-23: *Effect of a Redemption Agreement on Carrying Value of a Security*
- EITF 85-39: *Implications of SEC Staff Accounting Bulletin nº 59 on Noncurrent Marketable Equity Securities*

F6 Instrumentos conversíveis

- EITF 07-2: *Accounting for Convertible Debt Instruments that Are Not Subject to the Guidance in Paragraph 12 of APB Opinion nº 14*
- EITF 06-6: *Debtor's Accounting for a Modification or Exchange of Convertible Debt Instruments*
- EITF 06-7: *Issuer's Accounting for a Previously Bifurcated Conversion Option in a Convertible Debt Instrument When the Conversion Option No Longer Meets the Bifurcation Criteria in FASB Statement nº 133*
- EITF 08-4: *Transition Guidance for Conforming Changes to Issue nº 98-5*
- EITF 05-1: *Accounting for the Conversion of an Instrument that Became Convertible upon the Issuer's Exercise of a Call Option*

- EITF 05-2: *Meaning of "Conventional Convertible Debt Instrument" in Issue nº 00-19*
- EITF 03-7: *Accounting for the Settlement of the Equity-Settled Portion of a Convertible Debt Instrument that Permits or Requires the Conversion Spread to Be Settled in Stock (Instrument C of Issue nº 90-19)*
- EITF 02-15: *Determining whether Certain Conversions of Convertible Debt to Equity Securities Are within the Scope of FASB Statement nº 84*
- EITF 00-27: *Application of Issue nº 98-5 to Certain Convertible Instruments*
- EITF 99-1: *Accounting for Debt Convertible into the Stock of a Consolidated Subsidiary*
- EITF 98-5: *Accounting for Convertible Securities with Beneficial Conversion Features or Contingently Adjustable Conversion Ratios*
- EITF 90-19: *Convertible Bonds with Issuer Option to Settle for Cash upon Conversion*
- EITF 85-17: *Accrued Interest upon Conversion of Convertible Debt*

F7 Derivativos

- EITF 03-14: *Participants' Accounting for Emissions Allowances under a "Cap and Trade" Program*
- EITF 03-11: *Reporting Realized Gains and Losses on Derivative Instruments that Are Subject to FASB Statement nº 133 and Not "Held for Trading Purposes" as Defined in Issue nº 02-3*
- EITF 02-2: *When Certain Contracts that Meet the Definition of Financial Instruments Should Be Combined for Accounting Purposes*
- EITF 02-3: *Issues Involved in Accounting for Derivative Contracts Held for Trading Purposes and Contracts Involved in Energy Trading and Risk Management Activities*
- EITF 02-8: *Accounting for Options Granted to Employees in Unrestricted, Publicly Traded Shares of an Unrelated Entity*
- EITF 01-12: *The Impact of the Requirements of FASB Statement nº 133 on Residual Value Guarantees in Connection with a Lease*
- EITF 00-4: *Majority Owner's Accounting for a Transaction in the Shares of a Consolidated Subsidiary and a Derivative Indexed to the Minority Interest in That Subsidiary*
- EITF 00-6: *Accounting for Freestanding Derivative Financial Instruments Indexed to, and Potentially Settled in, the Stock of a Consolidated Subsidiary*
- EITF 00-9: *Classification of a Gain or Loss from a Hedge of Debt That Is Extinguished*
- EITF 00-19: *Accounting for Derivative Financial Instruments Indexed to, and Potentially Settled in, a Company's Own Stock*
- EITF 99-2: *Accounting for Weather Derivatives*
- EITF 97-7: *Accounting for Hedges of the Foreign Currency Risk Inherent in an Available-for-Sale Marketable Equity Security*
- EITF 90-22: *Accounting for Gas-Balancing Arrangements*
- EITF 85-27: *Recognition of Receipts from Made-Up Rental Shortfalls*
- EITF 85-29: *Convertible Bonds with a "Premium Put"*

F8 Venda ou transferência de instrumentos financeiros

- EITF 03-15: *Interpretation of Constraining Conditions of a Transferee in a Collaterali-zed Bond Obligation Structure*
- EITF 02-9: *Accounting for Changes that Result in a Transferor Regaining Control of Financial Assets Sold*
- EITF 02-12: *Permitted Activities of a Qualifying Special-Purpose Entity in Issuing Bene-ficial Interests under FASB Statement nº 140*
- EITF 01-2: *Interpretations of APB Opinion nº 29*
- EITF 99-8: *Accounting for Transfers of Assets that Are Derivative Instruments but that Are Not Financial Assets*
- EITF 99-20: *Recognition of Interest Income and Impairment on Purchased Beneficial Interests and Beneficial Interests that Continue to Be Held by a Transferor in Securitized Financial Assets*
- EITF 98-8: *Accounting for Transfers of Investments that Are in Substance Real Estate*
- EITF 90-21: *Balance Sheet Treatment of a Sale of Mortgage Servicing Rights with a Subservicing Agreement*
- EITF 89-2: *Maximum Maturity Guarantees on Transfers of Receivables with Recourse*
- EITF 87-30: *Sale of a Short-Term Loan Made under a Long-Term Credit Commitment*
- EITF 87-34: *Sale of Mortgage Servicing Rights with a Subservicing Agreement*
- EITF 86-8: *Sale of Bad-Debt Recovery Rights*
- EITF 85-25: *Sale of Preferred Stocks with a Put Option*
- EITF 85-40: *Comprehensive Review of Sales of Marketable Securities with Put Arrange-ments*
- EITF 85-13: *Sale of Mortgage Service Rights on Mortgages Owned by Others*
- EITF 84-5: *Sale of Marketable Securities with a Put Option*

F9 Modificações de instrumentos financeiros

- EITF 02-4: *Determining Whether a Debtor's Modification or Exchange of Debt Instru-ments Is within the Scope of FASB Statement nº 15*
- EITF 01-7: *Creditor's Accounting for a Modification or Exchange of Debt Instruments*
- EITF 98-14: *Debtor's Accounting for Changes in Line-of-Credit or Revolving-Debt Arrangements*
- EITF 96-19: *Debtor's Accounting for a Modification or Exchange of Debt Instruments*
- EITF 96-22: *Applicability of the Disclosures Required by FASB Statement nº 114 When a Loan Is Restructured in a Troubled Debt Restructuring into Two (or More) Loans*
- EITF 91-2: *Debtor's Accounting for Forfeiture of Real Estate Subject to a Nonrecourse Mortgage*
- EITF 87-18: *Use of Zero Coupon Bonds in a Troubled Debt Restructuring*
- EITF 87-19: *Substituted Debtors in a Troubled Debt Restructuring*
- EITF 86-32: *Early Extinguishment of a Subsidiary's Mandatorily Redeemable Preferred Stock*
- EITF 86-36: *Invasion of a Defeasance Trust*

F10 Outros instrumentos financeiros

- EITF 08-8: *Accounting for an Instrument (or an Embedded Feature) with a Settlement Amount that Is Based on the Stock of an Entity's Consolidated Subsidiary*
- EITF 08-5: *Issuer's Accounting for Liabilities Measured at Fair Value with a Third-Party Credit Enhancement*
- EITF 07-5: *Determining Whether an Instrument (or Embedded Feature) Is Indexed to an Entity's Own Stock*
- EITF 05-4: *The Effect of a Liquidated Damages Clause on a Freestanding Financial Instrument Subject to Issue nº 00-19*
- EITF 01-6: *The Meaning of "Indexed to a Company's Own Stock"*
- EITF 98-15: *Structured Notes Acquired for a Specified Investment Strategy*
- EITF 97-3: *Accounting for Fees and Costs Associated with Loan Syndications and Loan Participations after the Issuance of FASB Statement nº 125*
- EITF 93-1: *Accounting for Individual Credit Card Acquisitions*
- EITF 92-5: *Amortization Period for Net Deferred Credit Card Origination Costs*
- EITF 90-18: *Effect of a "Removal of Accounts" Provision on the Accounting for a Credit Card Securitization*
- EITF 88-20: *Difference between Initial Investment and Principal Amount of Loans in a Purchased Credit Card Portfolio*
- EITF 88-22: *Securitization of Credit Card and Other Receivable Portfolios*
- EITF 86-15: *Increasing-Rate Debt*
- EITF 86-21: *Application of the AICPA Notice to Practitioners Regarding Acquisition, Development, and Construction Arrangements to Acquisition of an Operating Property*
- EITF 86-28: *Accounting Implications of Indexed Debt Instruments*
- EITF 86-45: *Imputation of Dividends on Preferred Stock Redeemable at the Issuer's Option with Initial Below-Market Dividend Rate*
- EITF 85-9: *Revenue Recognition on Options to Purchase Stock of Another Entity*
- EITF 84-4: *Acquisition, Development, and Construction Loans*
- EITF 84-19: *Mortgage Loan Payment Modifications*
- EITF 84-20: *GNMA Dollar Rolls*

F11 Reporte por segmentos

- EITF 04-10: *Determining whether to Aggregate Operating Segments that Do Not Meet the Quantitative Thresholds*

F12 Apresentação das demonstrações financeiras

- EITF 06-3: *How Taxes Collected from Customers and Remitted to Governmental Authorities Should Be Presented in the Income Statement (That Is, Gross versus Net Presentation)*
- EITF 01-13: *Income Statement Display of Business Interruption Insurance Recoveries*
- EITF 01-10: *Accounting for the Impact of the Terrorist Attacks of September 11, 2001*

- EITF 00-1: *Investor Balance Sheet and Income Statement Display under the Equity Method for Investments in Certain Partnerships and Other Ventures*
- EITF 01-14: *Income Statement Characterization of Reimbursements Received for "Out-of-Pocket" Expenses Incurred*
- EITF 96-9: *Classification of Inventory Markdowns and Other Costs Associated with a Restructuring*
- EITF 95-22: *Balance Sheet Classification of Borrowings Outstanding under Revolving Credit Agreements that Includes both a Subjective Acceleration Clause and a Lock-Box Arrangement*
- EITF 89-3: *Balance Sheet Presentation of Savings Accounts in Financial Statements of Credit Unions*
- EITF 89-11: *Sponsor's Balance Sheet Classification of Capital Stock with a Put Option Held by an Employee Stock Ownership Plan*
- EITF 88-15: *Classification of Subsidiary's Loan Payable in Consolidated Balance Sheet When Subsidiary's and Parent's Fiscal Years Differ*
- EITF 86-5: *Classifying Demand Notes with Repayment Terms*
- EITF 86-22: *Display of Business Restructuring Provisions in the Income Statement*
- EITF 86-25: *Offsetting Foreign Currency Swaps*
- EITF 86-30: *Classification of Obligations When a Violation Is Waived by the Creditor*
- EITF 85-1: *Classifying Notes Received for Capital Stock*
- EITF 85-2: *Classification of Costs Incurred in a Takeover Defense*

F13 Estoques

- EITF 06-12: *Accounting for Physical Commodity Inventories for Entities within the Scope of the AICPA Audit and Accounting Guide, Brokers and Dealers in Securities*
- EITF 04-6: *Accounting for Stripping Costs Incurred during Production in the Mining Industry*
- EITF 03-10: *Application of Issue nº 02-16 by Resellers to Sales Incentives Offered to Consumers by Manufacturers*
- EITF 86-13: *Recognition of Inventory Market Declines at Interim Reporting Dates*
- EITF 86-46: *Uniform Capitalization Rules for Inventory under the Tax Reform Act of 1986*
- EITF 84-10: *LIFO Conformity of Companies Relying on Insilco Tax Court Decision*
- EITF 84-24: *LIFO Accounting Issues*

F14 Demonstração de fluxos de caixa

- EITF 02-6: *Classification in the Statement of Cash Flows of Payments Made to Settle an Asset Retirement Obligation within the Scope of FASB Statement nº 143*
- EITF 95-13: *Classification of Debt Issue Costs in the Statement of Cash Flows*

F15 Políticas contábeis

- EITF 84-9: *Deposit Float of Banks*

F16 Contratos de construção

- EITF 86-7: *Recognition by Homebuilders of Profit from Sales of Land and Related Construction Contracts*

F17 Imposto de renda

- EITF 06-11: *Accounting for Income Tax Benefits of Dividends on Share-Based Payment Awards*
- EITF 05-8: *Income Tax Consequences of Issuing Convertible Debt with a Beneficial Conversion Feature*
- EITF 02-13: *Deferred Income Tax Considerations in Applying the Goodwill Impairment Test in FASB Statement nº 142*
- EITF 98-11: *Accounting for Acquired Temporary Differences in Certain Purchase Transactions that Are Not Accounted for as Business Combinations*
- EITF 95-9: *Accounting for Tax Effects of Dividends in France in Accordance with FASB Statement nº 109*
- EITF 95-10: *Accounting for Tax Credits Related to Dividend Payments in Accordance with FASB Statement nº 109*
- EITF 95-20: *Measurement in the Consolidated Financial Statements of a Parent of the Tax Effects Related to the Operations of a Foreign Subsidiary that Receives Tax Credits Related to Dividend Payments*
- EITF 94-1: *Accounting for Tax Benefits Resulting from Investments in Affordable Housing Projects*
- EITF 94-10: *Accounting by a Company for the Income Tax Effects of Transactions among or with Its Shareholders under FASB Statement nº 109*
- EITF 93-9: *Application of FASB Statement nº 109 in Foreign Financial Statements Restated for General Price-Level Changes*
- EITF 93-12: *Recognition and Measurement of the Tax Benefit of Excess Tax-Deductible Goodwill Resulting from a Retroactive Change in Tax Law*
- EITF 93-13: *Effect of a Retroactive Change in Enacted Tax Rates that Is Included in Income from Continuing Operations*
- EITF 93-16: *Application of FASB Statement nº 109 to Basis Differences within Foreign Subsidiaries that Meet the Indefinite Reversal Criterion of APB Opinion nº 23*
- EITF 93-17: *Recognition of Deferred Tax Assets for a Parent Company's Excess Tax Basis in the Stock of a Subsidiary that Is Accounted for as a Discontinued Operation*
- EITF 92-8: *Accounting for the Income Tax Effects under FASB Statement nº 109 of a Change in Functional Currency When an Economy Ceases to Be Considered Highly Inflationary*

Apêndice F **301**

- EITF 91-8: *Application of FASB Statement nº 96 to a State Tax Based on the Greater of a Franchise Tax or an Income Tax*
- EITF 89-20: *Accounting for Cross Border Tax Benefit Leases*
- EITF 88-4: *Classification of Payment Made to IRS to Retain Fiscal Year*
- EITF 87-8: *Tax Reform Act of 1986: Issues Related to the Alternative Minimum Tax*
- EITF 85-31: *Comptroller of the Currency's Rule on Deferred Tax Debits*

F18   Imobilizado

- EITF 97-11: *Accounting for Internal Costs Relating to Real Estate Property Acquisitions*
- EITF 90-8: *Capitalization of Costs to Treat Environmental Contamination*
- EITF 89-13: *Accounting for the Cost of Asbestos Removal*
- EITF 89-14: *Valuation of Repossessed Real Estate*

F19   *Leasing*

- EITF 08-2: *Lessor Revenue Recognition for Maintenance Services*
- EITF 08-3: *Accounting by Lessees for Maintenance Deposits*
- EITF 05-3: *Accounting for Rental Costs Incurred during the Construction Period*
- EITF 05-6: *Determining the Amortization Period for Leasehold Improvements Purchased after Lease Inception or Acquired in a Business Combination*
- EITF 01-8: *Determining whether an Arrangement Contains a Lease*
- EITF 01-12: *The Impact of the Requirements of FASB Statement nº 133 on Residual Value Guarantees in Connection with a Lease*
- EITF 00-11: *Lessors' Evaluation of whether Leases of Certain Integral Equipment Meet the Ownership Transfer Requirements of FASB Statement nº 13*
- EITF 99-13: *Application of Issue nº 97-10 and FASB Interpretation nº 23 to Entities that Enter into Leases with Governmental Entities*
- EITF 98-9: *Accounting for Contingent Rent*
- EITF 97-1: *Implementation Issues in Accounting for Lease Transactions, including those Involving Special-Purpose Entities*
- EITF 97-10: *The Effect of Lessee Involvement in Asset Construction*
- EITF 96-21: *Implementation Issues in Accounting for Leasing Transactions Involving Special-Purpose Entities*
- EITF 95-4: *Revenue Recognition on Equipment Sold and Subsequently Repurchased Subject to an Operating Lease*
- EITF 95-6: *Accounting by a Real Estate Investment Trust for an Investment in a Service Corporation*
- EITF 95-17: *Accounting for Modifications to an Operating Lease that Do Not Change the Lease Classification*
- EITF 93-8: *Accounting for the Sale and Leaseback of an Asset that Is Leased to Another Party*

- EITF 92-1: *Allocation of Residual Value or First-Loss Guarantee to Minimum Lease Payments in Leases Involving Land and Building(s)*
- EITF 90-14: *Unsecured Guarantee by Parent of Subsidiary's Lease Payments in a Sale-Leaseback Transaction*
- EITF 90-15: *Impact of Nonsubstantive Lessors, Residual Value Guarantees, and Other Provisions in Leasing Transactions*
- EITF 90-20: *Impact of an Uncollateralized Irrevocable Letter of Credit on a Real Estate Sale-Leaseback Transaction*
- EITF 89-16: *Consideration of Executory Costs in Sale-Leaseback Transactions*
- EITF 88-21: *Accounting for the Sale of Property Subject to the Seller's Preexisting Lease*
- EITF 87-7: *Sale of an Asset Subject to a Lease and Nonrecourse Financing: "Wrap Lease Transactions"*
- EITF 86-17: *Deferred Profit on Sale-Leaseback Transaction with Lessee Guarantee of Residual Value*
- EITF 86-33: *Tax Indemnifications in Lease Agreements*
- EITF 86-43: *Effect of a Change in Tax Law or Rates on Leveraged Leases*
- EITF 86-44: *Effect of a Change in Tax Law on Investments in Safe Harbor Leases*
- EITF 85-16: *Leveraged Leases*
- EITF 84-37: *Sale-Leaseback Transaction with Repurchase Option*

F20 Venda de imóveis

- EITF 07-6: *Accounting for the Sale of Real Estate Subject to the Requirements of FASB Statement nº 66 When the Agreement Includes a Buy-Sell Clause*
- EITF 06-8: *Applicability of the Assessment of a Buyer's Continuing Investment under*
- *FASB Statement nº 66 for Sales of Condominiums*
- EITF 00-13: *Determining Whether Equipment Is "Integral Equipment" Subject to FASB Statements nº 66 and nº 98*
- EITF 88-12: *Transfer of Ownership Interest as Part of Down Payment under FASB Statement nº 66*
- EITF 88-24: *Effect of Various Forms of Financing under FASB Statement nº 66*
- EITF 87-9: *Profit Recognition on Sales of Real Estate with Insured Mortgages or Surety Bonds*
- EITF 86-6: *Antispeculation Clauses in Real Estate Sales Contracts*
- EITF 84-17: *Profit Recognition on Sales of Real Estate with Graduated Payment Mortgages or Insured Mortgages*

F21 Reconhecimento de receita – outros

- EITF 08-1: *Revenue Arrangements with Multiple Deliverables*
- EITF 08-9: *Milestone Method of Revenue Recognition*

- EITF 06-1: *Accounting for Consideration Given by a Service Provider to Manufacturers or Resellers of Equipment Necessary for an End-Customer to Receive Service from the Service Provider*
- EITF 04-13: *Accounting for Purchases and Sales of Inventory with the Same Counter-party*
- EITF 03-5: *Applicability of AICPA Statement of Position 97-2 to Non-Software Deliverables in an Arrangement Containing More-Than-Incidental Software*
- EITF 02-16: *Accounting by a Customer (Including a Reseller) for Certain Consideration Received from a Vendor*
- EITF 01-4: *Accounting for Sales of Fractional Interests in Equipment*
- EITF 01-9: *Accounting for Consideration Given by a Vendor to a Customer (Including a Reseller of the Vendor's Products)*
- EITF 01-2: *Interpretations of APB Opinion nº 29*
- EITF 00-3: *Application of AICPA Statement of Position 97-2 to Arrangements that Include the Right to Use Software Stored on Another Entity's Hardware*
- EITF 00-10: *Accounting for Shipping and Handling Fees and Costs*
- EITF 00-21: *Revenue Arrangements with Multiple Deliverables*
- EITF 00-22: *Accounting for "Points" and Certain Other Time-Based or Volume-Based Sales Incentive Offers, and Offers for Free Products or Services to Be Delivered in the Future*
- EITF 00-24: *Revenue Recognition: Sales Arrangements that Include Specified-Price Trade-in Rights*
- EITF 00-26: *Recognition by a Seller of Losses on Firmly Committed Executory Contracts*
- EITF 99-17: *Accounting for Advertising Barter Transactions*
- EITF 99-19: *Reporting Revenue Gross as a Principal versus Net as an Agent*
- EITF 96-17: *Revenue Recognition under Long-Term Power Sales Contracts that Contain Both Fixed and Variable Pricing Terms*
- EITF 95-1: *Revenue Recognition on Sales with a Guaranteed Minimum Resale Value*
- EITF 95-4: *Revenue Recognition on Equipment Sold and Subsequently Repurchased Subject to an Operating Lease*
- EITF 93-11: *Accounting for Barter Transactions Involving Barter Credits*
- EITF 91-6: *Revenue Recognition of Long-Term Power Sales Contracts*
- EITF 91-9: *Revenue and Expense Recognition for Freight Services in Process*
- EITF 88-14: *Settlement of Fees with Extra Units to a General Partner in a Master Limited Partnership*
- EITF 88-18: *Sales of Future Revenues*
- EITF 87-10: *Revenue Recognition by Television "Barter" Syndicators*
- EITF 85-20: *Recognition of Fees for Guaranteeing a Loan*
- EITF 85-24: *Distribution Fees by Distributors of Mutual Funds that Do Not Have a Front-End Sales Charge*

F22 Benefícios a empregados

- EITF 06-10: *Accounting for Deferred Compensation and Postretirement Benefit Aspects of Collateral Assignment Split-Dollar Life Insurance Arrangements*
- EITF 06-4: *Accounting for Deferred Compensation and Postretirement Benefit Aspects of Endorsement Split-Dollar Life Insurance Arrangements*
- EITF 06-2: *Accounting for Sabbatical Leave and Other Similar Benefits Pursuant to FASB Statement nº 43*
- EITF 05-5: *Accounting for Early Retirement or Postemployment Programs with Specific Features (Such as Terms Specified in Altersteilzeit Early Retirement Arrangements)*
- EITF 03-2: *Accounting for the Transfer to the Japanese Government of the Substitutional Portion of Employee Pension Fund Liabilities*
- EITF 03-4: *Determining the Classification and Benefit Attribution Method for a "Cash Balance" Pension Plan*
- EITF 96-5: *Recognition of Liabilities for Contractual Termination Benefits or Changing Benefit Plan Assumptions in Anticipation of a Business Combination*
- EITF 93-3: *Plan Assets under FASB Statement nº 106*
- EITF 92-13: *Accounting for Estimated Payments in Connection with the Coal Industry Retiree Health Benefit Act of 1992*
- EITF 91-7: *Accounting for Pension Benefits Paid by Employers after Insurance Companies Fail to Provide Annuity Benefits*
- EITF 90-3: *Accounting for Employers' Obligations for Future Contributions to a Multiemployer Pension Plan*
- EITF 89-8: *Expense Recognition for Employee Stock Ownership Plans*
- EITF 89-10: *Sponsor's Recognition of Employee Stock Ownership Plan Debt*
- EITF 88-1: *Determination of Vested Benefit Obligation for a Defined Benefit Pension Plan*
- EITF 88-23: *Lump-Sum Payments under Union Contracts*
- EITF 86-27: *Measurement of Excess Contributions to a Defined Contribution Plan or Employee Stock Ownership Plan*

F23 Conversão

- EITF 01-5: *Application of FASB Statement nº 52 to an Investment Being Evaluated for Impairment that Will Be Disposed Of*
- EITF 92-4: *Accounting for a Change in Functional Currency when an Economy Ceases to Be Considered Highly Inflationary*
- EITF 87-12: *Foreign Debt-for-Equity Swaps*

F24 Capitalização de juros

- EITF 99-9: *Effect of Derivative Gains and Losses on the Capitalization of Interest*

Apêndice F 305

F25 Consolidação

- EITF 08-10: *Selected Statement 160 Implementation Questions*
- EITF 06-9: *Reporting a Change in (or the Elimination of) a Previously Existing Difference between the Fiscal Year-End of a Parent Company and that of a Consolidated Entity or between the Reporting Period of an Investor and that of an Equity Method Investee*
- EITF 04-5: *Determining whether a General Partner, or the General Partners as a Group, Controls a Limited Partnership or Similar Entity when the Limited Partners Have Certain Rights*
- EITF 04-7: *Determining whether an Interest Is a Variable Interest in a Potential Variable Interest Entity*
- EITF 99-16: *Accounting for Transactions with Elements of Research and Development Arrangements*
- EITF 98-2: *Accounting by a Subsidiary or Joint Venture for an Investment in the Stock of Its Parent Company or Joint Venture Partner*
- EITF 98-6: *Investor's Accounting for an Investment in a Limited Partnership When the Investor Is the Sole General Partner and the Limited Partners Have Certain Approval or Veto Rights*
- EITF 97-2: *Application of FASB Statement nº 94 and APB Opinion nº 16 to Physician Practice Management Entities and Certain Other Entities with Contractual Management Arrangements*
- EITF 97-14: *Accounting for Deferred Compensation Arrangements Where Amounts Earned Are Held in a Rabbi Trust and Invested*
- EITF 96-16: *Investor's Accounting for an Investee When the Investor Has a Majority of the Voting Interest but the Minority Shareholder or Shareholders Have Certain Approval or Veto Rights*
- EITF 95-6: *Accounting by a Real Estate Investment Trust for an Investment in a Service Corporation*
- EITF 85-12: *Retention of Specialized Accounting for Investments in Consolidation*
- EITF 85-21: *Changes of Ownership Resulting in a New Basis of Accounting*
- EITF 84-4: *Acquisition, Development, and Construction Loans*
- EITF 84-15: *Grantor Trusts Consolidation*
- EITF 84-23: *Leveraged Buyout Holding Company Debt*

F26 Equivalência patrimonial

- EITF 08-6: *Equity Method Investment Accounting Considerations*
- EITF 06-9: *Reporting a Change in (or the Elimination of) a Previously Existing Difference between the Fiscal Year-End of a Parent Company and that of a Consolidated Entity or between the Reporting Period of an Investor and that of an Equity Method Investee*
- EITF 03-16: *Accounting for Investments in Limited Liability Companies*
- EITF 02-14: *Whether an Investor Should Apply the Equity Method of Accounting to Investments Other than Common Stock*

- EITF 02-18: *Accounting for Subsequent Investments in an Investee after Suspension of Equity Method Loss Recognition*
- EITF 01-2: *Interpretations of APB Opinion nº 29*
- EITF 99-10: *Percentage Used to Determine the Amount of Equity Method Losses*
- EITF 98-13: *Accounting by an Equity Method Investor for Investee Losses When the Investor Has Loans to and Investments in Other Securities of the Investee*
- EITF 85-46: *Partnership's Purchase of Withdrawing Partner's Equity*

F27 Joint ventures

- EITF 07-1: *Accounting for Collaborative Arrangements*
- EITF 98-4: *Accounting by a Joint Venture for Businesses Received at Its Formation*

F28 Lucro por ação

- EITF 07-4: *Application of the Two-Class Method under FASB Statement nº 128 to Master Limited Partnerships*
- EITF 04-8: *The Effect of Contingently Convertible Instruments on Diluted Earnings per Share*
- EITF 04-12: *Determining whether Equity-Based Compensation Awards Are Participating Securities*
- EITF 03-6: *Participating Securities and the Two-Class Method under FASB Statement nº 128*
- EITF 99-7: *Accounting for an Accelerated Share Repurchase Program*
- EITF 97-14: *Accounting for Deferred Compensation Arrangements Where Amounts Earned Are Held in a Rabbi Trust and Invested*
- EITF 92-3: *Earnings-per-Share Treatment of Tax Benefits for Dividends on Unallocated Stock Held by an Employee Stock Ownership Plan (Consideration of the Implications of FASB Statement nº 109 on Issue 2 of EITF Issue nº 90-4)*
- EITF 90-4: *Earnings-per-Share Treatment of Tax Benefits for Dividends on Stock Held by an Employee Stock Ownership Plan*
- EITF 89-12: *Earnings-per-Share Issues Related to Convertible Preferred Stock Held by an Employee Stock Ownership Plan*
- EITF 85-18: *Earnings-per-Share Effect of Equity Commitment Notes*

F29 Impairment

- EITF 04-3: *Mining Assets: Impairment and Business Combinations*
- EITF 04-4: *Allocation of Goodwill to Reporting Units for a Mining Enterprise*
- EITF 02-7: *Unit of Accounting for Testing Impairment of Indefinite-Lived Intangible Assets*
- EITF 01-10: *Accounting for the Impact of the Terrorist Attacks of September 11, 2001*
- EITF 01-2: *Interpretations of APB Opinion nº 29*

- EITF 99-14: *Recognition by a Purchaser of Losses on Firmly Committed Executory Contracts*
- EITF 95-23: *The Treatment of Certain Site Restoration/Environmental Exit Costs When Testing a Long-Lived Asset for Impairment*
- EITF 87-4: *Restructuring of Operations: Implications of SEC Staff Accounting Bulletin nº 67*
- EITF 87-22: *Prepayments to the Secondary Reserve of the FSLIC*

F30   Provisões

- EITF 03-17: *Subsequent Accounting for Executory Contracts that Have Been Recognized on an Entity's Balance Sheet*
- EITF 03-12: *Impact of FASB Interpretation nº 45 on Issue nº 95-1*
- EITF 01-10: *Accounting for the Impact of the Terrorist Attacks of September 11, 2001*
- EITF 95-5: *Determination of What Risks and Rewards, If Any, Can Be Retained and Whether Any Unresolved Contingencies May Exist in a Sale of Mortgage Loan Servicing Rights*
- EITF 92-2: *Measuring Loss Accruals by Transferors for Transfers of Receivables with Recourse*
- EITF 91-10: *Accounting for Special Assessments and Tax Increment Financing Entities*
- EITF 89-13: *Accounting for the Cost of Asbestos Removal*
- EITF 85-20: *Recognition of Fees for Guaranteeing a Loan*
- EITF 85-44: *Differences between Loan Loss Allowances for GAAP and RAP*

F31   Intangíveis

- EITF 08-7: *Accounting for Defensive Intangible Assets*
- EITF 07-3: *Accounting for Nonrefundable Advance Payments for Goods or Services Received for Use in Future Research and Development Activities*
- EITF 03-9: *Determination of the Useful Life of Renewable Intangible Assets under FASB Statement nº 142*
- EITF 03-17: *Subsequent Accounting for Executory Contracts that Have Been Recognized on an Entity's Balance Sheet*
- EITF 00-2: *Accounting for Web Site Development Costs*
- EITF 99-5: *Accounting for Pre-Production Costs Related to Long-Term Supply Arrangements*
- EITF 97-13: *Accounting for Costs Incurred in Connection with a Consulting Contract or an Internal Project that Combines Business Process Reengineering and Information Technology Transformation*
- EITF 96-6: *Accounting for the Film and Software Costs Associated with Developing Entertainment and Educational Software Products*
- EITF 88-5: *Recognition of Insurance Death Benefits*

- EITF 85-41: *Accounting for Savings and Loan Associations under FSLIC Management Consignment Program*

F32 Atividades reguladas

- EITF 97-4: *Deregulation of the Pricing of Electricity Issues Related to the Application of FASB Statements nº 71 and 101*
- EITF 93-4: *Accounting for Regulatory Assets*
- EITF 92-7: *Accounting by Rate-Regulated Utilities for the Effects of Certain Alternative Revenue Programs*
- EITF 92-12: *Accounting for OPEB Costs by Rate-Regulated Enterprises*

Anexo A

Itens monetários e não monetários

Itens monetários são definidos pelo IAS 21 no parágrafo 8 como caixa e equivalentes de caixa e ativos e passivos a serem recebidos ou pagos em um montante fixo ou determinável de unidades monetárias. Esse conceito também tem aplicação em outros IFRSs, tais como o IAS 29 e o IAS 39. Entretanto, não há instruções que auxiliem na classificação de itens específicos do balanço.

Informação desse tipo seria encontrada em US GAAP no parágrafo 96 do FAS 89, cuja definição de item monetário pode ser considerada equivalente à utilizada em IFRS, ainda que o pronunciamento seja aplicável à divulgação dos efeitos de variações nos preços. No quadro abaixo procura-se reproduzir os critérios utilizados em US GAAP.[1]

Ativos	Monetários	Não monetários
• Caixa e equivalente a caixa	X	
• Posse de moeda estrangeira[a]	X	
• TVM: ações ordinárias		X

---
[1] Paragraph 96 of FASB Statement No. 89, Financial Reporting and Changing Prices, copyright © by Financial Accounting Foundation, 401 Merritt 7, Norwalk, CT 06856, is reproduced by permission.
[a] Apesar de a classificação como item não monetário ser tecnicamente preferível, o FAS 89 utiliza a classificação de item monetário por questões práticas quando da aplicação do método de correção em base consolidada.

Ativos	Monetários	Não monetários
• TVM: ações preferenciais conversíveis (*convertible*) ou participantes (*participating*)	Tratamento semelhante ao de bônus conversíveis	
• TVM: ações preferenciais não conversíveis e não participantes	X	
• Bônus não conversíveis (ou conversíveis, mas avaliados primariamente pelo mercado como dívida)	X	
• Bônus conversíveis avaliados primariamente pelo mercado como ações		X
• Investimentos negociáveis em títulos de renda fixa pertencentes a instituições financeiras[2]		X
• Contas e títulos (*notes*) a receber (incluindo provisões para perda)	X	
• Hipotecas com taxas variáveis	X	
• Estoques utilizados em contratos para os quais é praticado preço de mercado na data de entrega		X
• Estoques utilizados em contratos para os quais é praticado preço contratual na data de entrega	X	
• Estoques de *commodities* sem valores fixados por *hedges*[3]		X
• Estoques de *commodities* com valores fixados por *hedges*	X	
• Demais estoques		X
• Empréstimos a empregados	X	

---

[2] FAS 89.97-98.

[3] FAS 89.99-100.

Ativos	Monetários	Não monetários
• Adiantamentos que não sirvam para obter uma quantidade determinada de serviços futuros	X	
• Recebíveis de longo prazo	X	
• Depósitos reembolsáveis	X	
• Adiantamentos para investidas	X	
• Investimento em participações não consolidadas		X
• Fundos de pensão, repagamento de bônus (*sinking funds*), entre outros	Classificação dependerá dos ativos do fundo	
• Imobilizado e depreciação acumulada		X
• Valor residual não garantido de um ativo sujeito a arrendamento financeiro[4]		X
• ICF diferido em transação de *leasing* alavancado[5]	Depende do elemento dominante	
• Parcela do valor contábil de um ativo sujeito a arrendamento operacional incancelável que represente direitos a quantias fixas em espécie[6]		X
• Seguro de vida (*cash surrender value*)	X	
• Compromissos de compra – parcela paga em preços contratuais fixos		X

---

[4] FAS 89.101-102.

[5] FAS 89.103-104.

[6] FAS 89.105-106.

Ativos	Monetários	Não monetários
• Adiantamentos a fornecedores – a preços contratuais fixos	X	
• Imposto diferido ativo[a]	X	
• Intangíveis (patentes, marcas, licenças)		X
• *Goodwill*		X
• Custos diferidos com aquisição de apólice de seguro de vida[a]	X	
• Gastos diferidos com aquisição de apólice de seguro de ativos e casualidades (*casualties*) relativos a prêmios não realizados (*unearned premiums*)		X
• Outros intangíveis e gastos diferidos		X

Passivos	Monetários	Não monetários
• Contas e títulos a pagar	X	
• Despesas provisionadas (salários etc.)	X	
• Férias provisionadas com base em remuneração variável		X
• Dividendos a pagar	X	

---

[a] Apesar de a classificação como item não monetário ser tecnicamente preferível, o FAS 89 utiliza a classificação de item monetário por questões práticas quando da aplicação do método de correção em base consolidada.

Passivos	Monetários	Não monetários
• Obrigações a pagar em moeda estrangeira	X	
• Compromissos de venda – parcela recebível a preços contratuais fixos		X
• Adiantamentos de clientes – a preços contratuais fixos		X
• Perdas provisionadas em compromissos de compra (em essência, uma obrigação)	X	
• Receita diferida associada à obrigação de prestar serviço		X
• Depósitos reembolsáveis	X	
• Bônus a pagar e outras obrigações de longo prazo	X	
• Prêmio ou desconto não amortizado e juros pré-pagos	X	
• Bônus conversível a pagar	X	
• Obrigações com planos de pensão – valores fixos	X	
• Obrigações com planos de pensão – outros		X
• Obrigações com garantias		X
• Imposto diferido passivo[a]	X	
• ICF diferido		X

---

[a] Apesar de a classificação como item não monetário ser tecnicamente preferível, o FAS 89 utiliza a classificação de item monetário por questões práticas quando da aplicação do método de correção em base consolidada.

Passivos	Monetários	Não monetários
• Obrigação devida com apólice de seguro de vida	X	
• Obrigação devida com apólice de seguro de ativos e casualidades	X	
• Prêmio não realizado relativo a seguro de ativos e casualidades		X
• Obrigações de instituições financeiras com depósitos	X	

Patrimônio líquido:	Monetários	Não monetários
• NCI		X
• Ações da entidade ou de subsidiárias que estejam sujeitas a recompra (*redemption*) obrigatória por montante fixo	X	

Glossário

Acordos de capacidade (*capacity agreements*) – Acordo no qual um comprador adquire direitos sobre uma capacidade específica do vendedor.

Acordos do tipo *take-or-pay* – Acordo no qual um comprador se compromete a pagar uma quantia predeterminada pelo direito de adquirir uma quantidade específica de um ativo objeto.

Associadas (*associates*) – Entidades (incluindo parcerias) sobre as quais um investidor exerce influência significativa e que não sejam consideradas subsidiárias ou participações em *joint ventures*.

Arrendador (*lessor*) – Parte, em um *leasing*, que disponibiliza o ativo arrendado mediante o recebimento de valores contratados.

Arrendatário (*lessee*) – Parte, em um *leasing*, que utiliza o ativo arrendado, mediante o pagamento de valores contratados.

Ativo financeiro (*financial asset*) – (1) Caixa; (2) instrumentos de participação em outras entidades; (3) determinados direitos contratuais; ou (4) em determinadas situações, contratos que serão liquidados com instrumentos de participação da própria entidade.

Ativo intangível – Ativo não monetário identificável e sem substância física.

Ativos corporativos (*corporate assets*) – Para fins de teste de *impairment*, são ativos (que não *goodwill*) que contribuem para os fluxos de caixa futuros de mais de uma unidade geradora de caixa.

Beneficiário primário (*primary beneficiary*) – Parte que consolida uma entidade de participação variável, uma vez que absorve a maioria das perdas esperadas e/ou recebe a maioria dos retornos residuais esperados, devido às participações variáveis que detém.

Benefícios fiscais (*tax benefits*) – Benefícios econômicos na forma de reduções em pagamento de imposto de renda.

Contingência – A confirmação de algo se dará através da ocorrência (ou não ocorrência) de um ou mais eventos futuros incertos, que não estão totalmente sob o controle de uma entidade.

Contratos de garantias financeiras (*financial guarantees*) – Contrato que requer de um emissor o reembolso ao detentor por perdas incorridas, caso um devedor deixe de fazer pagamentos de acordo com os temos de um instrumento financeiro.

Contratos de terceirização (*outsourcing arrangements*) – Acordo no qual um comprador adquire serviços específicos de terceiros.

Controle – Poder de definir as políticas financeiras e operacionais de uma entidade, de maneira a obter benefícios com suas atividades.

Custos auxiliares (*ancillary costs*) – Custos não reembolsáveis incorridos com a contratação do financiamento.

Demonstrações financeiras consolidadas – Demonstrações financeiras de um grupo apresentado como uma única entidade econômica.

Demonstrações financeiras individuais (*separate financial statements*) – Demonstrações financeiras elaboradas por um controlador (ou investidor) nas quais os investimentos são contabilizados a custo ou a valor justo e não com base nos resultados e patrimônio líquido das investidas.

Depreciação – Alocação sistemática do montante depreciável de um ativo, durante sua vida útil.

Depreciação acumulada – Conta redutora do custo histórico de um ativo, na qual é acumulada a contrapartida da depreciação alocada para o resultado.

Entidade de participação variável (*variable interest entity* – VIE) – Entidade sujeita a consolidação em US GAAP, quando determinados critérios do FIN 46(R) são atendidos. Esses critérios estão relacionados ao patrimônio investido sob risco (*equity investment at risk*) da entidade.

Financiamentos e recebíveis (*loans and receivables*) – Ativos financeiros com pagamentos e vencimento fixados e que não sejam cotados em mercados ativos. Não incluem: (1) instrumentos classificados como mantidos para negociação (*held-for-trading*); (2) instrumentos designados como medidos a valor justo através do resultado; (3) instrumentos designados como disponíveis para venda (*available-for-sale*); ou (4) instrumentos cujo investimento inicial feito pelo detentor não será substancialmente recuperado, por motivos que não a deterioração de crédito.

Instrumento financeiro – Qualquer contrato que dê origem a um ativo financeiro de uma entidade e a um passivo financeiro (ou instrumento de participação) de outra.

Instrumentos de participação (*equity instrument*) – Contratos que evidenciam participação residual nos ativos líquidos de uma entidade.

Instrumentos financeiros registrados a valor justo através do resultado (*at fair value through profit or loss*) – Instrumentos financeiros medidos a valor justo após o reconhecimento inicial, com variações em tal valor sendo reconhecidas no resultado do período. Incluem:

Glossário **317**

(1) instrumentos classificados como mantidos para negociação; (2) derivativos; ou (3) instrumentos para os quais for utilizada a opção de medição a valor justo.

Investimentos em créditos fiscais (*investment tax credits* – ITC) – Crédito fiscal obtido com a aquisição de um ativo.

Investimentos líquidos em operações estrangeiras (*net investment in a foreign operation*) – Montante da participação de um entidade (entidade de reporte) sobre os ativos líquidos de uma operação estrangeira. Pode incluir itens monetários recebíveis ou pagáveis à operação estrangeira, desde que a liquidação destes não esteja planejada e nem seja provável de ocorrer em um futuro previsível.

Investimentos mantidos até o vencimento (*held-to-maturity*) – Ativos financeiros com pagamentos e vencimento fixados. A entidade deve ter a intenção e capacidade de manter a posse do instrumento até seu vencimento. Não incluem: (1) derivativos; (2) instrumentos designados como medidos a valor justo através do resultado; (3) instrumentos designados como disponíveis para venda (*available-for-sale*); ou (4) instrumentos que atendam à definição de financiamentos e recebíveis.

Joint ventures – Acordo contratual no qual uma ou mais partes conduzem alguma atividade econômica sujeita a controle compartilhado. Podem ocorrer na forma de: (1) ativos controlados em conjunto; (2) operações controladas em conjunto; ou (3) entidades controladas em conjunto.

Lucros tributáveis (*taxable income*) – Excesso de receitas tributáveis sobre as despesas dedutíveis e isenções aplicáveis, conforme definido pela autoridade fiscal.

Mercado ativo (*active market*) – Mercado que atenda às seguintes condições: (1) os itens negociados no mercado são homogêneos; (2) compradores e vendedores podem ser encontrados a qualquer momento e estão dispostos a negociar; (3) os preços estão disponíveis para o público.

Método linear de depreciação – Método de depreciação que resulta em uma despesa constante durante a vida útil do ativo, a menos que o valor residual contábil deste se altere.

Obrigação de *performance* (*performance obligation*) – Obrigação em que uma entidade se compromete contratualmente a transferir um ativo para um cliente.

Obrigações de contratação de financiamentos (*loan commitments*) – Compromisso firme de oferecer crédito sob termos e condições predeterminadas.

Operações descontinuadas (*discontinued operations*) – Componente do qual uma entidade tenha se desfeito (ou que se encontre classificado como disponível para venda) e que: (1) represente uma linha de negócios (ou área geográfica) separada e relevante para as operações; (2) seja parte de um único plano coordenado da entidade para se desfazer de uma linha de negócios (ou área geográfica) separada e relevante para as operações; ou (3) seja uma subsidiária adquirida exclusivamente com o objetivo de revenda.

Opção de renovação com barganha (*bargain renewal option*) – Termo contratual que permite a um arrendatário renovar um *leasing* por aluguéis suficientemente inferiores ao que seria considerado um aluguel justo do ativo na data em que a opção se torna exercível. Dessa forma, o exercício da opção seria considerado razoavelmente certo.

318 IFRS: Entendendo e aplicando as normas internacionais de contabilidade • Strube Lima

Outros resultados abrangentes (*other comprehensive income* – OCI) – Receitas e despesas que não tenham sido reconhecidas no resultado do período.

Pagamentos contingentes (*contingent rents*) – Parcela dos pagamentos de um *leasing* que depende de valores associados a fatores que variam por motivos que não a passagem do tempo.

Partes relacionadas – Partes: (1) com as quais há uma relação (direta ou indireta) de controle, influência significativa ou controle conjunto; (2) que sejam membros da alta administração da entidade ou de sua controladora; (3) que sejam familiares próximos de indivíduos dos itens 1 ou 2; (4) que sejam planos de benefícios destinados aos empregados da entidade ou de suas entidades relacionadas; (5) que sejam controladas (em conjunto ou não) ou influenciadas de maneira significativa por indivíduos dos itens 2 ou 3; (6) que tenham um controlador em comum com a entidade.

Participação não controladora (*non-controlling interest*) – Patrimônio de uma entidade que não seja atribuível (direta ou indiretamente) ao controlador.

Participantes de um mercado (*market participants*) – Compradores e vendedores de um mercado que: (1) não são partes relacionadas; (2) são suficientemente informados; e (3) são capazes e estão dispostos a negociar.

Passivo financeiro (*financial liability*) – Obrigação contratual que pode ser liquidada: (1) em espécie, com a entrega de ativos financeiros; (2) com a troca (em condições desfavoráveis para a entidade devedora) de instrumentos financeiros; ou (3) em determinadas situações, com instrumentos de participação da própria entidade.

Prejuízos fiscais não utilizados – Perdas determinadas em conformidade com regras da autoridade fiscal e que não puderam ser recuperadas no mesmo período em que foram apuradas.

Propriedade para investimento (*investment property*) – Imóvel mantido pelo proprietário (ou por um arrendatário em um *leasing* financeiro) apenas com os objetivos de: (1) receber aluguéis; (2) lucrar com a apreciação do capital; ou (3) ambos.

Provável – Um evento é considerado provável quando a probabilidade deste ocorrer é maior do que a de não ocorrer.

Receita financeira a realizar (*unearned financial income*) – Conta redutora do valor total que um arrendador tem a receber em um *leasing*. Resulta da diferença entre o investimento bruto e o investimento líquido em um *leasing*.

Reserva de reavaliação (*revaluation surplus*) – Componente do patrimônio líquido no qual são reconhecidos aumentos no valor contábil de um ativo, em função de sua reavaliação (a menos que a reavaliação reverta perdas reconhecidas no resultado de períodos anteriores).

Resultado abrangente (*comprehensive income*) – Variação no patrimônio ocorrida durante o período e resultante de eventos e transações que não envolvam acionistas (atuando como tal).

Sociedade de propósito específico (*special purpose entity* – SPE) – Entidade criada para atingir objetivos específicos e bem definidos.

Subsidiária integral (*wholly owned*) – A participação na subsidiária é detida integralmente por uma controladora.

Taxa de câmbio – Relação de troca entre duas moedas.

Taxa de desconto (*discount rate*) – Taxa utilizada para trazer um valor futuro a valor presente.

Taxa de juros efetiva (*effective interest rate*) – Taxa que desconta a estimativa de fluxos de caixa futuros esperados durante o prazo do instrumento (ou por um prazo menor, se necessário), de maneira a se obter o valor contábil (para instrumento financeiro, valor justo no reconhecimento inicial).

Taxa incremental de financiamento (*incremental borrowing rate*) – Taxa de juros que um arrendatário teria que pagar em um *leasing* similar ou, se isso não for determinável, a taxa em que incorreria para fazer as captações necessárias para adquirir o ativo. As captações precisariam ter características similares às do *leasing* (prazo e risco).

Transação isenta (*arm's length*) – Transação que ocorreria tal como entre partes não relacionadas e que não seria forçada ou em situação crítica.

Bibliografia

Websites

- *Financial Accounting Standards Board* – FASB: <www.fasb.org>.
- *International Accounting Standards Board* – IASB: <www.iasb.org>.
- *US Securities and Exchange Commission* – SEC: <www.sec.gov>.

Livros

- HULL, John C. *Opções, futuros e outros derivativos*. 3. ed. São Paulo: BM&F, 1998.
- ROBBINS, Stephen P. *Comportamento organizacional*. 11. ed. São Paulo: Pearson Prentice Hall, 2005.

Pronunciamentos

- AASB 1036, emitido pelo *Australian Accounting Standards Board* – dezembro de 2007. Disponível em: <www.aasb.com.au/Archive/pre-2005-AASB-standards.aspx>. Acesso em: 26 ago. 2009.
- IFRS: Pronunciamentos vigentes em 26 ago. 2009 (a menos que indicado o contrário) estão referenciados ao longo da publicação nas notas de rodapé ou no corpo do texto.
- US GAAP: Pronunciamentos vigentes em 26 ago. 2009 (a menos que indicado o contrário) estão referenciados ao longo da publicação nas notas de rodapé ou no corpo do texto.

Relatórios financeiros

- Air France: 20-F de 2006. Disponível em: <www.sec.gov>. Acesso em: 26 ago. 2009.
- ArcelorMittal: 20-F de 2008. Disponível em: <www.sec.gov>. Acesso em: 26 ago. 2009.
- British Petroleum: 20-F de 2007. Disponível em: <www.sec.gov>. Acesso em: 26 ago. 2009.

- Danone: 20-F de2006. Disponível em: <www.sec.gov>. Acesso em: 26 ago. 2009.
- Ericsson: 20-F de 2007. Disponível em: <www.sec.gov>. Acesso em: 26 ago. 2009.
- Hotéis Intercontinental: 20-F de 2007. Disponível em: <www.sec.gov>. Acesso em: 26 ago. 2009.
- Lafarge: 20-F de 2006. Disponível em: <www.sec.gov>. Acesso em: 26 ago. 2009.

Outras informações

- FASB e IASB. *Discussion Paper DP/2009/1 Leases Preliminary Views* – março de 2009. Disponível em: <www.iasb.org/NR/rdonlyres/FF3A33DB-E40D-4125-9ABD-9AF51EB92627/0/DPLeasesPreliminaryViews.pdf>. Acesso em: 23 dez. 2009.
- IASB. *Exposure Draft ED/2009/2 Income Tax* – março de 2009. Disponível em: <www.iasb.org/NR/rdonlyres/8A6D0AC9-B6BE-4B87-BD02-B058B5F12148/0/EDIncomeTaxesStandard.pdf>. Acesso em: 23 dez. 2009.
- IASB. *Exposure Draft ED/2009/4 Prepayments of a Minimum Funding Requirement* – maio de 2009. Disponível em: <www.iasb.org/NR/rdonlyres/9B68404D-A007-45FD-8F73-74F3688653E8/0/EDAmendmentsIFRIC14.pdf>. Acesso em: 23 dez. 2009.
- IASB. *Exposure Draft ED/2009/5 Fair Value Measurement* – maio de 2009. Disponível em: <www.iasb.org/NR/rdonlyres/C4096A25-F830-401D-8E2E-9286B194798E/0/EDFairValueMeasurement_website.pdf>. Acesso em: 23 dez. 2009.
- IASB. *Exposure Draft ED/2009/7 Financial Instruments: Classification and Measurement* – julho de 2009. Disponível em: <www.iasb.org/NR/rdonlyres/D1598224-3609-4F0A-82D0-6DC598C3249B/0/EDFinancialInstrumentsClassificationandMeasurement.pdf>. Acesso em: 23 dez. 2009.
- IASB. *Exposure Draft ED/2009/12 Financial Instruments: Amortised Cost and Impairment* – novembro de 2009. Disponível em: <www.iasb.org/NR/rdonlyres/9C66B0E5-E177-4004-A20B-C0076FCC3BFB/0/vbEDFIImpairmentNov09.pdf>. Acesso em: 23 dez. 2009.
- IASB Staff. *Agenda paper 11: Financial Instruments: Phase 3 – Hedge Accounting: Applying cash flow hedge accounting mechanics to a fair value hedges* – 6 de outubro de 2009. Disponível em: <www.iasb.org/NR/rdonlyres/3984C0DE-E689-4189-98CB-D3F75D76CD4E/0/061009b11obs.pdf>. Acesso em: 23 dez. 2009.
- Commission Regulation (EC) nº 1606/2002 (IAS Regulation) – julho de 2002. Disponível em: <www.ec.europa.eu/internal_market>. Acesso em: 26 ago. 2009.
- Commission Regulation (EC) nº 1289/2008 – dezembro de 2008. Disponível em: <www.ec.europa.eu/internal_market>. Acesso em: 26 ago. 2009.
- *Due Process Handbook for the IASB* – outubro de 2008. Disponível em: <www.iasb.org/About+Us/>. Acesso em: 26 ago. 2009.
- *FASB Proposal, Principles-Based Approach to U.S. Standard Setting* – outubro de 2002. Disponível em: <www.fasb.org>. Acesso em: 26 ago. 2009.
- Guia *"Who we are and what we do"*, sobre o IASC Foundation e o IASB – julho de 2009. Disponível em: <www.iasb.org/About+Us/>. Acesso em: 26 ago. 2009.

- *IASC Foundation Constitution* – fevereiro de 2009. Disponível em: <www.iasb.org>. Acesso em: 26 ago. 2009.
- *Norwalk Agreement* – setembro de 2002. Disponível em: <www.fasb.org>. Acesso em: 26 ago. 2009.
- SEC Rule 33-8879 – dezembro de 2007. Disponível em: <www.sec.gov>. Acesso em: 26 ago. 2009.
- *Transcript of the Roundtable on IFRS in the U.S. Markets* – dezembro de 2007. Disponível em: <www.sec.gov>. Acesso em: 31 ago. 2009.

Índice remissivo

A

Ações contingentes (*contingently issuable shares*): LPA, 168

Acordos de capacidade (*capacity agreements*): Leasings, 113

Alíquota substancialmente em vigor (*substantially enacted tax rate*): Imposto de Renda, 104

Alocação intraperíodo (*intraperiod allocation*): Imposto de Renda, 229

Aquisições reversas (*reverse aquisitions*): Combinação de Negócios, 41

Arrendador do tipo *manufacturer* ou *dealer*: Leasings, 111

Ativo primário (*primary asset*): Impairment, 182

Ativos corporativos (*corporate assets*): Impairment, 176

Ativos do plano (*plan assets*): Benefícios Definidos, 133

Ativos indenizatórios (*indemnification assets*): Combinação de Negócios, 47

Ativos qualificáveis (*qualifying assets*): Capitalização de Custos de Captação, 151

B

Base fiscal (*Tax Basis*): Imposto de Renda, 227

C

Combinações de negócios ocorridas em estágios (*business combination achieved in stages* ou *step acquisition*): Combinações de Negócios, 40

Compras e vendas normais (*normal purchases and normal sales*): Derivativos, 66

Contratos a termo (*forward contracts*): Derivativos, 64

Contratos de compra a termo de *commodities* (*commodity contracts*): Derivativos, 69

Contratos de garantias financeiras (*financial guarantee contracts*): Derivativos, 68

Contratos de opções (*option contracts*): Derivativos, 64; LPA, 166

Contratos de *swap*, 65

Contratos de terceirização (*outsourcing arrangements*): Leasings, 113

Contratos do tipo *take-or-pay*: Leasings, 114

Contratos futuros (*future contracts*): Derivativos, 64

Contratos que podem ser liquidados em espécie ou ações (*contracts that may be settled in ordinary shares or cash*): LPA, 168

Custo com juros (*interest cost*): Benefícios Definidos, 131

Custo com o serviço corrente (*current service cost*): Benefícios Definidos, 132

Custo com o serviço passado (*past service cost*): Benefícios Definidos, 131

Custos iniciais diretos (*initial direct costs*): Leasings, 120

Custos relacionados à aquisição (*acquisition related costs*): Combinações de Negócios, 55

D

Data de aquisição (*acquisition date*): Combinação de Negócios, 41

Data efetiva designada (*designated effective date*): Combinação de Negócios, 42

Desconto: Instrumentos Financeiros, 58

Direitos previamente concedidos e readquiridos com a combinação de negócios (*reacquired rights*): Combinação de Negócios, 47

Due process: Mudanças Possíveis, 213

E

Eficácia esperada (*expected effectiveness*): Hedges, 87

Entidades mútuas (*mutual entities*): Combinações de Negócios, 50

H

Hedge de fluxo de caixa (*cash flow hedge*): Hedges, 85

Hedge de investimento líquido em operações estrangeiras (*hedge of a net investment in a foreign operation*): Hedges, 85

Hedge de valor justo (*fair value hedge*): Hedges, 85

Hierarquia de medições a valor justo (*fair value hierarchy*): Valor Justo, 219

I

Imposto de renda diferido ativo: Imposto de Renda, 100

Imposto de renda diferido passivo: Imposto de Renda, 98

Instrumentos de participação (*equity instruments*): Instrumentos Financeiros, 223 Valor Justo, 219

Instrumentos financeiros registrados a valor justo com movimentações reconhecidas no resultado do período (*at fair value through profit or loss*): Instrumentos Financeiros, 221

Investimento bruto (*gross investment*): Leasings, 110

Investimento inicial líquido (*initial net investment*): Derivativos, 70

Investimento líquido (*net investment*): Leasings, 110

Investimentos em Créditos Fiscais (*Investment Tax Credits*): Leasings, 120

L

Liquidação em uma data futura (*settled at a future date*): Derivativos, 72

Lucro atribuível aos acionistas ordinários (*profit or loss attributable to ordinary equity holders of the parent entity*): LPA, 164

M

Média ponderada do número de ações ordinárias em vigor durante o período (*weighted average number of ordinary shares outstanding during the period*): LPA, 164

Melhor uso de um ativo (*highest and best use*): Valor Justo, 217

Mercado mais vantajoso ao qual a entidade avaliadora tem acesso (*most advantageous market*): Valor Justo, 216

Método de aquisição (*acquisition method*): Combinação de Negócios, 37

Método de custo (*cost approach*): Valor Justo, 218

Método de mercado (*market approach*): Valor Justo, 218

Índice remissivo **327**

Método de resultado (*income approach*): Valor Justo, 218

Modelo de custo (*cost model*): ARO, 192

Modelo de direito de uso (*right-of-use model*): Leasings, 235

Modelo de reavaliação (*revaluation model*): ARO, 192

N

Negociação de títulos do tipo *regular-way* (*"Regular-Way" security trades*): Derivativos, 66

Negócio (*business*): Combinação de Negócios, 37

O

Obrigações de contratação de financiamentos (*loan commitments*): Derivativos, 68

Opção de compra com barganha (*bargain purchase option*): Leasings, 115

Opção de renovação com barganha (*bargain renewal option*): Leasings, 117

Opção por valor justo (*fair value option*): Instrumentos Financeiros, 222

P

Pagamentos contingentes (*contingent consideration*): Combinações de Negócios, 54

Pagamentos contingentes (*contingent payments*): Leasings, 110

Participantes de um mercado (*market participant*): Valor Justo, 215

Período de medição (*measurement period*): Combinações de Negócios, 48

Prazo do arrendamento (*lease term*): Leasings, 117, 237

Prazo substancial (*substantial period of time*): Capitalização de Custos de Captação, 151

Preço de uma transação (*transaction price ou entry price*): Valor Justo, 215

Preço de saída (*exit price*): Valor Justo, 220

Prêmio: Instrumentos Financeiros, 58

Premissa de valoração em negociação (*in-exchange valuation premisse*): Valor Justo, 217

Premissa de valoração em uso (*in-use valuation premisse*): Valor Justo, 217

Principal mercado (*principal market*): Valor Justo, 216

Proporção de *hedge* (*hedge ratio*): Hedges, 87

Propriedade para investimento (*investment property*): Leasings, 124

Provisão para perda (*valuation allowance*): Imposto de Renda, 228

R

Receita financeira a realizar (*unearned finance income*): Leasings, 110

Requerimentos de capitalização mínima de um plano (*minimum funding requirements*): Benefícios Definidos, 145, 242

T

Taxa de capitalização (*capitalisation rate*): Capitalização de Custos de Captação, 157

Taxa de juros efetiva (*effective interest rate*): Instrumentos Financeiros, 58

Técnicas de valoração (*valuation techniques*): Valor Justo, 218

Títulos antidiluentes (*antidilutive*): LPA, 166

Títulos conversíveis (*convertible instruments*): LPA, 167

Títulos diluentes (*dilutive*): LPA, 166

Transação regular (*orderly*): Valor Justo, 215

V

Valor de face (*notional amount*): Derivativos, 68

Valor de uma opção no tempo (*time value*): Hedges, 84

Valor em uso (*value in use*): *Impairment*, 178

Valor intrínseco de uma opção (*intrinsic value*): *Hedges*, 84

Valor justo reduzido de custos de venda (*fair value less cost to sell*): *Impairment*, 178

Valor presente dos pagamentos mínimos do leasing (*present value of minimum lease payments*): *Leasings*, 115

Variáveis de um derivativo (*underlyings*): Derivativos, 68

Formato	17 x 24 cm
Tipografia	Cambria 10/13
Papel	Offset Sun Paper 75 g/m² (miolo)
	Supremo 250 g/m² (capa)
Número de páginas	344
Impressão	Lis Gráfica